综合实践活动课程论

杨培禾　主　编

曹温庆　副主编

首都师范大学出版社
CAPITAL NORMAL UNIVERSITY PRESS

图书在版编目（CIP）数据

综合实践活动课程论/杨培禾主编. —北京：首都师范大学出版社，2019.9（2024.8重印）

ISBN 978-7-5656-5250-9

Ⅰ.①综… Ⅱ.①杨… Ⅲ.①活动课程—教学研究—中小学 Ⅳ.①G632.3

中国版本图书馆CIP数据核字（2019）第190576号

ZONGHE SHIJIAN HUODONG KECHENGLUN

综合实践活动课程论

杨培禾　主编

曹温庆　副主编

责任编辑　孙志强

首都师范大学出版社出版发行

地　址　北京西三环北路105号

邮　编　100048

电　话　68418523（总编室）　68982468（发行部）

网　址　http://cnupn.cnu.edu.cn

印　刷　北京印刷集团有限责任公司

经　销　全国新华书店

版　次　2019年9月第1版

印　次　2024年8月第10次印刷

开　本　710mm×1000mm　1/16

印　张　15.75

字　数　248千

定　价　45.00元

《综合实践活动课程论》编委会

前　言

2001 年 6 月，教育部颁布了《基础教育课程改革纲要》，在我国的基础教育课程体系中首次设置综合实践活动课程，这标志着我国基础教育课程体系的结构性突破。2017 年 9 月，教育部正式颁布了《中小学综合实践活动课程指导纲要》（以下简称《指导纲要》），在《指导纲要》中规定综合实践活动课程作为必修课程从小学一年级到高中三年级开设，《指导纲要》还对综合实践活动课程理念、目标内容与活动方式、规划与实施、管理与保障进行了清晰的阐述。从 2001 年起笔者从事综合实践活动课程的理论与实践研究及师范大学本科综合实践活动课程论的教学工作近二十年，积累了理论研究成果与实践经验，2015 年出版了《小学综合实践活动课程与教学论》，该书一经出版就受到业界的好评，并多次重印。在《指导纲要》颁布后，笔者及其团队在深入研究《指导纲要》的基础上编著了本书。本书旨在对综合实践活动课程与教学理论进行系统的梳理和阐述，以深化对综合实践活动课程理论的探讨和教学实践的研究。本书有以下四个特点：

第一，体现前沿性。本书内容努力体现时代要求和先进的教育教学理念，以基本理论的阐述为主体，辅之以近年来大量的实践研究典型案例，将理论与实践的前沿研究呈现在本书中，理论清晰，案例鲜活。另外，本书对综合实践活动课程实施的难点问题——评价从理论到实践进行了翔实的阐述，有其独到的观点；对近年来成为热点的研学旅行作为综合实践活动课程考察探究的一项内容在一定程度上进行了阐述。

第二，强调创新性。本书在内容选择与体例呈现方式等方面都有所创新，力争能够代表教师教育教材发展的方向。本书编写的用意不仅立足于在课程层面让学习者能够认识课程、了解课程基本理论，还着眼于学习者在教学层面的学习需求，使其也能够了解本课程的教学理论与方法，为未来教师从事综合实践活动课程教学奠定基础。

第三，关注整体性。整体性突出表现在编写内容的整体性上，即本书编写中安排了综合实践活动课程的发展历程，国内外相关课程的发展状况，综合实践活动课程的理论基础，综合实践活动课程的理念、目标与教育价值，以及综合实践活动课程设计与实施以及评价等内容，力图帮助教师从宏观到微观了解综合实践活动课程的整体脉络，加深理解与把握综合实践活动课程的理论。

第四，兼顾实用性。本书作为教师职前培养教材，在内容编写上注重理论与实践相结合，加强了教学实践层面的探讨，既可用作教师职前培养教材，又可作为教师在职培训教材，为广大从事综合实践活动的教师、研学旅行课程的设计者提供了系统的课程理论及教学方法指导，搭建了一个理论联系实际的桥梁。

本书编写人员由首都师范大学、北京教育科学研究院、延边大学等从事综合实践活动课程教学的教师、教研人员组成。全书共九章，各章节编写分工如下：杨培禾撰写第一章、第九章和第二章第二节部分内容；张志坤、和继军、夏鹏翔、金香兰撰写第二章第一节；曹温庆撰写第六章、第七章和第二章第二节部分内容；刘玲撰写第三章、第八章；刘俊杉撰写第四章第一节；刘荣撰写第四章第二节；梁烜撰写第五章及第七章部分内容；陈树杰参加了本书中部分内容的撰写；金晓婉参加了第九章第三节部分内容的撰写。

本书采用了大量一线教师教学实践的研究成果，在此一并表示感谢！

在本书付梓之际笔者在想，编写本书的最大期许是什么？想来就是希望帮助全国的中小学培养出一批专业的综合实践活动课程教师，使每个学校都能开设综合实践活动课程，让综合实践活动课程能助力每个学生“德、智、体、美、劳”全面发展。

杨培禾

2019 年 4 月 30 日于首都师范大学

目　录

第一章　课程与课程发展

学习要点

1. 进步主义与要素主义关于课程的基本理论与其相对应的课程模式。
2. 学科课程与活动课程的形成与发展。
3. 学科课程与活动课程的主要学习方式在儿童认知发展方面的作用。
4. 新课程改革方案中增加综合实践活动课程的原因。

第一节　课程理论与课程发展

课程是社会的产物，与社会的政治、经济有着紧密的关系。课程设置反映了时代对人才的需求与社会发展的特点。21世纪初我国新一轮基础教育课程改革设置了综合实践活动课程，顺应了社会发展对人才培养的需求。学习课程理论，了解课程发展历程，有助于我们深入了解综合实践活动课程的价值，形成与社会发展相适应的现代教育观、课程观、学生观、教师观。

一、课程理论与课程理论发展

课程(Curriculum)起源于拉丁语，指在跑道上跑。这个词是个隐喻，其意思是从文学含义中引申出来的，在跑道上跑，可以引申为一个学习过程。“课程”这个概念有着各种不同的定义，在狭义的范畴可以将“课程”概括为：学校中各学科的学习，具有严格的结构性。在更广义开放的范畴可以将其概括为：学校的整体文化。基于将课程视为学校整体文化的认识，课程又可以分为显性的课程与隐性的课程，这两种课程可以赋予学习者学习经验的总体。课程观以及课程取向影响人们对于课程概念的理解。

知识、学生、经验、社会是课程所关注的内容，不同课程观所形成的课程理论有所不同，从而对知识、学生、经验和社会的关系在课程中的反应也有很大的区别。

杜威(J. Dewey)是进步主义的代表人物，其主张学生与知识、社会相关联的课程设计，通过经验把学生与知识统一起来。“进步主义课程强调经验和成长发展过程的质量，而不是内容和技能的掌握。”[①]其课程的着重点是注重经验或过程、综合学习方法、学习者的兴趣、动态的学习过程、适于发展的实践、强调真实世界，进步主义认为教师是教学的促进者，学生的学习要以小组合作探究为主要形式，学生评价侧重形成性评价，强调表现与反思，学生自评和互评是评价的核心。

以马斯洛（A. H. Maslow）、罗杰斯（C. R. Rogers）为代表的人本主义课程理论更加强调人的尊严、潜能和价值，强调学生的自我发展与自我实现。罗杰斯提出“意义学习”的概念，即“指一种是个体的行为、态度、个性以及在未来选择行为方针时发生重大变化的学习”[②]。这些变化包括学生的自我认同、自信、自我完善等方面。在这种“意义学习”的思想指导下，学生是学习的中心，而教师只是学习的促进者，与学生是一种平等的关系，在学习活动中，师生互相交流、平等对话，而这种教师角色的转变，使得教师更能深入到学生的内心世界中了解学生，帮助学生成长。

要素主义是现代西方教育思想的一个流派，与进步主义教育对立。要素主义强调“文化遗产”的重要性，认为经过历史检验的多数人的经验比个人经验更有意义，比根本没有经过检验的学生经验更有意义。要素主义者认为在人类遗产中有着“一种知识的基本核心”——共同的、不变的文化要素，其中包括各种基本知识、各种技艺及传统的“态度”“理想”等，这些要素是人们必须学习的，学校的主要任务就是要把这些共同的文化要素传授给学生。要素主义教育者强调以学科为中心和学习的系统性，强调学校要系统地传授给学生教材中的知识，主张教师在教育过程中起主导作用，因为教师掌握的知识更有权威性，学生要在教师的严格管束下学习学科系统知识，而不能凭兴趣学习。在学校的教学系统中教师应处于中心地位。

永恒主义在有些方面与要素主义相似。主张过去的东西是卓越的，特别是有伟大的著作家及其著作代表的过去的东西是无与伦比的，其实质是永久不变的。基于这种思想，永恒主义在课程目的上推崇促进学生理性发展，在课程设置上强调永恒的学科，认为学生学习的内容就应该是经典、永恒的东西。

一般认为，课程论是研究学校课程计划和课程标准的制订、实施和评价的理论。泰勒（R. W. Tyler）于 1949 年出版的《课程与教学的基本原理》为现代课程论奠定了基础。不同流派的课程论是各种哲学思想的反映。20 世纪 50 年代以来，涌现了不同的课程理论，美国的埃利斯（A. K. Ellis）在大量观察研究

---

① ［美］亚瑟·K. 埃利斯：《课程理论及其实践范例》，教育科学出版社 2005 年版，第 42 页。

② 靳玉乐、于泽元：《课程论》，人民教育出版社 2015 年版，第 109 页。

的基础上将课程理论分为三种模式，即基于进步主义和人本主义哲学思想下的学生中心课程、社会中心课程及基于要素主义和永恒主义哲学思想下的知识中心课程。

(一)学生中心课程

学生中心课程也被称为学习者中心课程，是一个典型的关于发现的课程，学生中心课程倡导者的目标就是学生的自我成功，即心理学家马斯洛(A. H. Maslow)所说的自我实现，这就意味着给学生的学习环境提供丰富的自我实现机会。学生中心课程的核心是学生而不是学科，学生中心课程的基础就是学生的成长和发展。学生中心课程是一个关于兴趣和经验的课程，这就要求为学生提供充满激励和创造性、能够自我实现的环境。学生中心课程以学生的兴趣和爱好、动机和需要、能力和态度等为基础来组织和设计课程。其倡导者认为，学生的学业成绩并不是不重要，但要把感情因素作为课程必不可少的因素加以对待，学生的学业成绩自然会提高。总之，学生中心课程把情感领域和认知领域加以整合，把知识与学生生活联系起来，这就使课程与教学更具有生成性。在学生中心课程中，教师的角色是学生学习的促进者。

(二)社会中心课程

社会中心课程目标结构是探究和解决社会问题，或者说让学生到真实社会中解决真实社会中的问题，因此社会中心课程是以社会问题解决为中心的课程。社会中心课程倡导者认为，传统的课程是培养“适应”社会的人，而社会中心课程倡导培养“改造世界”的人。课程内容指向社区事务和真实社会中的问题。社会中心课程观认为，不能用教科书和繁重的作业将学生与真实世界分隔开，课程必须围绕广泛的社会问题来组织，课程要力求与社会生活相关，重点放在学生公民意识和领导力的发展等方面。教学以问题解决为单元，帮助学生参与社会生活，发展批判精神。社会中心课程的主要教与学的方法是设计班级或小组的项目，学习形式是团队行动，在这样的课程中我们看到更多的是生生互动、学生自我决策和管理的情景，学术性的知识只是帮助解决问题的工具。社会中心课程的教师角色与学生中心课程一样，都是学习的促进者。

可以认为杜威所倡导的课程属于社会中心课程。杜威主张学生、知识、社会相统一的课程设计，提出“问题解决”的学习方式，认为学校应鼓励学生在问题解决的过程中获得知识，并提出著名的问题解决五步法，即问题的感觉、问题的界定、问题的假设、对假设的逻辑推理以及检验假设。在问题解决的过程中，学生与环境互动，获得大量的经验，收集到各种信息，是一个主动学习的过程。这种课程打破了传统课堂教学传授知识的课程教学模式。

另外，在学生评价方面，改变了教师用分数对学生学习结果的评价方式，强调了学生的自我评价。

(三)知识中心课程

知识中心课程也常常被称为学术性课程、学问中心课程。其对学生知识和技能的认识为：基础知识和技能是为学生所面对不确定未来的最好准备，其目标结构就是学习经典。所谓经典就是基本知识。课程倡导者明确提出学生要接受自由教育，即学术性教育，其中不包括职业教育、应用性课程及生活技能教育；课程倡导者强调要把人类文化遗产中最具有学术性的知识，连同知识体系的内在逻辑程序和结构作为课程的主体。知识中心课程与上述两种课程很大的区别在于课程的构建不是基于学生的兴趣，而是基于各学科系统的、有一定范围顺序的学术性知识，是以教科书为本位，关注独立学科基本知识和技能内容。在这种课程环境中教师是学术权威、是学科专家、是知识的传授者，学校是唯一的学习场所。知识中心课程其实就是我们说的传统课程，其评价与进步主义哲学观指导下的学生中心课程与社会中心课程评价有着很大的区别，评价的主要形式就是分等级评价、标准化考试。

从课程致力于回归基础、学习经典这方面看，要素主义是支撑知识中心课程的哲学思想之一；但是，从有些课程致力于学习伟大的、永恒的思想角度审视，永恒主义也是知识中心课程的哲学思想。

上述这三种课程模式，从全面教育的角度看，很难说哪种模式是具有绝对优势的课程模式，在学校教育实践过程中，广大教育者更希望在这三种模式中寻求一种平衡或者是互补，形成更有优势的课程或课程结构。

二、现代课程发展趋势

(一)发达国家的课程改革

20 世纪中期以前，课程改革主要是在西方教育发达国家进行，课程改革比较散乱，多是从教育学和课程论出发进行课程改革。应该承认，杜威(J. Dewey)提出的“教育及经验的不断改造或重组”“教育即生长”“教育是一个社会的过程”等哲学观点对 20 世纪的世界教育产生了巨大的影响，至今对我们的课程改革也有一定的影响。但这些哲学观点对当时的美国课程改革没有产生实质性的作用，因为美国政府在 20 世纪中期之后才逐渐介入课程改革，使课程改革具有了国家行为，如 20 世纪 80 年代美国颁布的“2061 计划”，90 年代连续发布的《国家教育目标年度报告》，特别是 1994 年克林顿总统以法令的形式签署发布了《2000 年目标：美国教育法》，建议美国 50 个州建立全州的课程和学业标准。这些政府行为对课程改革起到了推动的作用。

1996 年 8 月，日本发表题为“关于我国面向 21 世纪的教育”的咨询报告。报告指出，教育要在“宽松”中注重对学生基本素质和能力——“生存能力”的培养。可见，日本将“生存能力”作为教育改革的方向，对于“生存能力”，我们不能过于狭义地理解。日本在 2002 年实施的新课程方案中，在其“综合学习”课程的目标中提出：培养学生丰富的人性、社会性以及作为国际社会中生存的日本人的意识。

由此看出，课程发展是建立在课程理论发展的基础上，但课程改革并不单纯是教育系统内部的事情，在社会体系中，教育体系是与经济体系、政治体系相互作用的。

（二）我国的课程改革

我国的课程设置一直参照苏联的课程模式，进入 21 世纪前我国虽然多次进行了教育改革，但在课程改革层面并没有实质性的变革。进入 21 世纪后，伴随着知识经济的到来，世界各国为满足社会发展的需要，提高人才培养的质量，纷纷进行了教育改革，课程作为学校教育的核心，课程改革自然就成为教育改革的核心，其实这只是对课程改革从一个侧面的认识，这种认识是基于顺应社会政治经济的发展形势，并没有什么错误。但是从课程改革观念上看，课程改革也应该是课程发展过程中自我更新、自我发展的要求。课程改革不仅要顺应社会政治经济及公民对教育的需求，还应该走到社会的前沿，通过创新课程，促进公众和社会的教育价值观的提升，使课程改革积极地参与到创造未来的过程中。

新中国成立后多次进行教育改革，主要是在教材内容、教学大纲和学制年限上的改革。20 世纪 90 年代第七次教育改革对课程结构进行了调整，首次提出活动课的概念，但并没有强调活动课作为必修课程。进入 21 世纪，我国开始了新中国成立以来实质性的课程改革，说其是实质性的课程改革，是因为课程改革在课程理念、课程结构、课程管理形式等方面进行了全方位的改革。2001 年教育部颁布了《基础教育课程改革纲要（试行）》，在基础教育课程改革的具体目标中提出六个改变：

（1）改变课程过于注重知识传授的倾向，强调形成积极主动的学习态度，使获得基础知识与基本技能的过程同时成为学会学习和形成正确价值观的过程。

（2）改变课程结构过于强调学科本位、科目过多和缺乏整合的现状，整体设置九年一贯制的课程门类和课时比例，并设置综合课程，以适应不同地区和学生发展的需求，体现课程结构的均衡性、综合性和选择性。

（3）改变课程内容“难、繁、偏、旧”和过于注重书本知识的现状，加强课程内容与学生生活以及现代社会和科技发展的联系，关注学生的学习兴趣和经验，精选终身学习必备的基础知识和技能。

(4)改变课程实施过于强调接受学习、死记硬背、机械训练的现状，倡导学生主动参与、乐于探究、勤于动手，培养学生搜集和处理信息的能力、获取新知识的能力、分析和解决问题的能力以及交流与合作的能力。

(5)改变课程评价过分强调甄别与选拔的功能，发挥评价促进学生发展、教师提高和改进教学实践的功能。

(6)改变课程管理过于集中的状况，实行国家、地方、学校三级课程管理，增强课程对地方、学校及学生的适应性。

这六个改变，是我国课程发展的方向。《基础教育课程改革纲要(试行)》在课程结构方面提出了"小学以综合课程为主"，"小学中高年级开设综合实践活动课程"。"综合实践活动"作为一个崭新的课程成为国家课程方案中的必修课，综合实践活动课程的设置进一步完善了我国课程的结构，使学校课程结构由单一的学科课程为必修课程，转变为活动课程和学科课程共同组成学校的必修课程。

2017年9月，教育部为贯彻党的教育方针，坚持教育与生产劳动、社会实践相结合，引导学生深入理解和践行社会主义核心价值观，充分发挥中小学综合实践活动在立德树人中的重要作用，颁布了《中小学综合实践活动课程指导纲要》。《指导纲要》中明确规定，综合实践活动课程为必修课程，从小学一年级到高中开设。这一课程结构创新是教育理念创新的具体体现，正影响着学校、教师以及公众对课程的认识，引导并提升人们的教育价值观。

第二节　学科课程与活动课程

捷克教育家夸美纽斯(J. A. Comenius)提出了"泛智教育"思想，他认为学校教育的基本功能应当是给人以广泛的知识教育，在其《大教学论》中申明"把一切事物教给一切人的艺术"，即所有人都应当通过教育获得广泛的知识，发展智慧，实现人的全面发展的愿望。夸美纽斯整个教育思想体系的根本性原则是"教育适应自然"原则。夸美纽斯认为，"教育适应自然"包括两方面的含义：一是教育要适应大自然的发展法则；二是教育要适应学生个体的自然发展，即适应学生的天性、年龄特征。因此，夸美纽斯在重视学生对系统知识学习和继承的同时，还十分重视学生的活动。夸美纽斯的教育理论体系包含了当今教育课程体系中学科和活动两部分的内容，他的这些主张，不仅在当时起到了划时代的作用，而且也极大地启迪和引发了后来世界各国的教育改革运动。

一、学科课程

长期以来，学科课程是课程最主要、最基本的组织形态。在埃利斯的课程理论中，学科课程就是属于知识中心课程的范式。所谓学科课程，大体上是指学科结构课程理论中的“学术性”课程，也称分科课程，这一类课程“主张以学科知识结构作为课程设计的基础”[①]，以学科知识技能和理论的传播为主要目标。学科课程注重学科知识的逻辑性、系统性和完整性，有助于学生掌握基础知识，学校也容易组织教学及进行课程评价。学科课程体系在近代教育中有一个形成发展的过程。

(一)学科课程体系的形成与发展

在学科课程体系的形成与发展和不断完善的过程中，裴斯泰洛齐、赫尔巴特和斯宾塞等欧洲教育家发挥了重要的作用。

18 世纪和 19 世纪前半期，适应资本主义经济高速发展的需要，欧洲的学校教育迅速地发展起来。在教育实践发展的同时，也出现了一些著名的教育家，瑞士教育家裴斯泰洛齐(J. H. Pestalozzi)是其中一位杰出的代表人物，他是第一个提出学校“教育心理学论”的主张的人。他认为学生天生就有一些功能和能力，而每种功能都可以选择某些教学内容加以训练。他一生致力于改革教育，简化教法，认为人们的一切知识来源于发音能力、感觉能力和计算能力，而声音、形状和数目则是构成这三种能力的基本要素。用分科教学发展人的这些相应的要素，进而形成了关于初等教育中分科教学的完整的教学方法。

赫尔巴特(J. F. Herbart)是德国著名的哲学家、心理学家和教育家，他反对当时占统治地位的官能理论，主张用观念取而代之。他把人的心理活动归结为观念的活动，将以往被认为是心理功能的记忆、想象、情感、理解、判断和推理等心理现象，统统归结为人的各种观念在一定条件下的活动或连接。赫尔巴特认为，课程的价值在于提供适宜的资料去影响人们已有的思想和观念，并通过激发受教育者的多方兴趣而启其心智。他主张以学生多方面的兴趣作为设置课程的基础，并具体地把学生的兴趣分为两类六种，据此建立了自己的课程体系，将当时已有的知识编成教材，由教师依据教材向学生进行讲授。例如，为激发学生的经验兴趣就要设置自然(博物)、化学、地理等课程；为了激发学生思辨的兴趣，就要设置数学、逻辑和文法课程；为了激发学生的审美兴趣，学校则应开设文学、歌唱和图画；为了激发学生的同情兴

---

① 施良方：《课程理论》，教育科学出版社 1996 年版，第 14 页。

趣即人类交际知识的兴趣，学校不仅要开设本国语课程，还应开设外国语课程；为了激发学生的社会兴趣，历史、政治、法律等课程自然不可或缺；为了培养学生的宗教兴趣，神学在学校中便有了一席之地。由此可以看出，这一课程体系本质上就是以知识为中心的课程体系。

19世纪英国哲学家、教育家斯宾塞(H. Spencer)认为，凡在指导行动方面，最有价值的各种知识的获得，必包含着一种心理训练的作用，以促进能力的提高。而在教学过程中，通过分科式的教学在传播知识的同时，也就自然而然地发展了学生的记忆、判断、思维和想象等各种能力。他主张在学校中不仅应设置那些具有训练价值的古典课程，更应优先设置那些有内在价值的科学课程，并据此制定了教育史上第一个"实科教育体系"。将理科、农科、工艺、经济以及应用数学和家政等实际知识，纳入了课程内容之中，在理论和实践上结束了封建主义、古典人文主义对教育的统治地位，对后来的教育也产生了极为深远的影响。

(二)学科课程的主要学习方式

学科课程是传承人类文化遗产、学习系统文化的主要载体。学科课程的特征一是强调知识的系统传授，二是强调根据知识的逻辑理性编排课程。这就决定了学科课程的主要学习方式是继承性学习。继承性学习是指学习者在课堂教学中，通过教师以定论的形式讲授教材，来接受文化科学知识的一种学习方式。它不要求学习者去独立发现，只要求他们把教师所传授的东西加以内化，即把新学的材料与认知结构中的有关观念结合起来，并储存在认知结构中。

学校课程作为社会文化的一部分，既受社会政治、经济等因素的制约，同时也因其保存、传递和重建社会文化的职能而对社会发展产生重要的影响。学校课程尤其对社会文化中科学技术的保存、传递和发展具有重要的作用。通过学校课程的传授，科学技术才能得以继承并迅速地传播开来，而有了更多的接受过学校教育的人们广泛而深入地参加到社会生产过程中去，才能推动科学得以长足的发展。

在基础教育中，一般情况下都是以学科教学为中心，传输给学生的自然科学的知识和内容都是比较稳定的、一致的和共同的，即使有变化，也只是常见的改造和改革，很少有对概念、知识彻底颠覆的现象。所以，基础教育中的自然科学知识和技能最具有稳定性。在这样的条件下，以班级授课为基本形式，以系统的学科知识为主要内容，以教师讲、学生听为主要继承性学习方式，在大面积、高效率地传授社会文化方面，具有得天独厚的效果。

继承性学习有诸多优点，在学校里普遍发挥着作用，在可以预见的将来也不会退出历史舞台。但它毕竟具有一定的局限性，这种局限性集中地表现于人们经常批判的“三中心”这一弊端。

（1）以教室为中心。在教室里进行整齐划一的教学，本该是生动活泼的学习过程，一旦被学校和教室的围墙禁锢起来，学生的学习和外界完全隔离开来，一味地接受会使学生的思想窒息。

（2）以教材为中心。教学的内容、进度都要以教材为准，讲述的知识系统性强，学生学习的知识远离了他们的生活实际、脱离他们的经验，往往不能激发学生学习的欲望，学生常常不知道应该怎样把所学的知识应用于实际中。

（3）以教师为中心。教学过程一切围着教师转是传统教育中最典型的特点之一。教学过程在多数情况下教师始终是主角，学生只是知识的被动接受者。

“三中心”弊端的集中表现，是把复杂的教学过程简单化，像工厂流水线上的批量生产。漠视受教育者智能结构的多样性，用统一的模式对待本质上丰富多彩的受教育者，用一个标准去适应未来社会对受教育者多方面的需要，必然会抽掉教育过程中最有活力的情感因素，会违背因材施教的原则，从而使受教育者也变得机械起来，没有激情，没有个性，没有诗意，没有创新。这就是传统教育中继承性学习必须加以改革的原因所在。

二、活动课程

活动课程是指学校中有计划地组织开展的、以学生为主体、一切以学生亲历亲知为特征的课程。活动课程与学科课程不同，这一类课程不以知识的获取为主要目标，而是以学生主动参与、亲自实践、获得直接经验或体验为目的。

（一）活动类课程的形成与发展

活动课这种课程形态，实际上在古代中国和西方教育中早就以“萌芽”状态出现了。古罗马教育家昆体良（Quintilian）在公元1世纪曾提出“兴趣说”，提出课程最好要由学习者的兴趣决定。这种观点成为之后进步主义的思想基础。卢梭（J. J. Rouseau）在《爱弥儿》一书中描述了对学生进行自然教育的过程，强调经验性和与经验性学习相关的内容，反对被动地学习书本知识。瑞士教育家裴斯泰洛齐提出学校要创设培育学生的环境，关注学生个体的成长和发展，让学生通过具体的经验进行学习。

作为课程形态的活动课从理论上给予诠释并在实践中产生重大影响的则是在19世纪末至20世纪初以美国教育家杜威为代表的教育革新运动。杜威1894年创办了芝加哥大学实验学校，开始了他的教育改革实验。杜威教育理论的核心，可以概括为“教育即生活”“教育即生长”“教育即经验的改造”。

“教育即生活”，主张教育本身就是要能够满足学生兴趣的需要，为学生所喜爱。杜威反对传统教育关于“教育是生活准备”的理论，更反对借口“生活准备”而对学生实施脱离社会生活又脱离学生生活实际的所谓教育。

“教育即生长”旨在揭示一种新的学生发展观和教育观。在杜威看来，要使学生健康生长，就要尊重学生，一切教育和教学都要适合于学生的心理和生理的发展要求。教育即生长的根本目的在于，“将学生从被动的、被压抑的状态下解放出来”①。

杜威提出了“教育即经验的改造”的命题，这是因为在杜威看来，学生的“生长”是一个持续不断的社会化过程，是学生内部心理条件和外部社会条件相互作用的结果。这种作用恰是通过经验产生的。在杜威的理论中，所谓“经验”就是人的机体与环境相互作用的过程，是人们获取知识、形成能力、修养品德的有效载体，这个过程无疑也是人们运用智慧解决问题的过程。正是基于这样的理念，杜威便把“生长的理想归结为这样的观点，即教育是经验的持续不断的改组和改造”②。

杜威从经验论的哲学出发，反对将以完整的逻辑体系为表现形式的教材作为教育的起点，而必须以直接经验为起点。他认为教材仅仅是前人积累起来的系统的间接经验，远离了学生的生活和经验。按分门别类的学科系统编制的教材，肢解了学生从现实生活中得到的经验，因而难以激起他们学习的兴趣和愿望。他主张改变学校中“教师讲学生听”的旧模式，代之以师生共同活动、共同“经验”的新方式。他还主张在活动过程中要把知识的获得降到次要位置，因为“知识仅仅是已经获得并储存起来的学问，而智慧则是运用学问去指导改善生活的各种能力”③。变注重结果为注重过程，注意培养人的思维能力和掌握科学的思维方法，成为杜威教学理论的重要特点。比较杜威的教育理论和他所批判的传统教育，区别就在于“传统教育以知识为目的并以知识来扼杀智慧，杜威则以智慧为目的并以知识来增进智慧”④。

杜威的理论有其局限性，从课程论的层面上讲，虽然杜威并不反对间接经验和系统知识学习本身，只是反对传统教育中教师漠视学生的生硬灌输和学生学习过程中的死背强记。但是，单独使用活动过程必然会导致系统知识学习的削弱，用活动性、经验性的课程和教育方法全面替代了学科课程的学

① 吴式颖：《外国现代教育史》，人民教育出版社 1997 年版，第 43 页。
② 吴式颖：《外国现代教育史》，人民教育出版社 1997 年版，第 43 页。
③ 吴式颖：《外国现代教育史》，人民教育出版社 1997 年版，第 54 页。
④ 吴式颖：《外国现代教育史》，人民教育出版社 1997 年版，第 54 页。

习，始终不可能实现教学中“逻辑”和“心理”的统一，解决不了既学习系统知识又顾及学生的心理需要这样一个教育中的难题，最后只能以牺牲教育水平为代价，自然得不到社会公众的理解。此经验告诉我们，任何一种教育思想的贯彻实施，必然以一定的教育资源为载体。

杜威留给后人的绝不仅仅是活动课问题，“他解决现代教育问题的思路及其理论所反映出的总体精神，如要求加强教育、学校与社会生活的联系，使学校不只是消极地适应现代社会的变化，更要积极参与社会生活的变革；要求尊重学生的心理发展水平，使教育过程既具有成效，本身又有乐趣；要求加强理论与实践的联系，使理论能有效地指导实践并使自己受到检验和发展；等等。这些理论至今仍有很大的启发意义”①。

（二）活动课程的主要学习方式

活动课程的主要学习方式是实践性学习。实践性学习是基于经验的一种以解决问题为中心的学习，它可以表现为操作式学习、探究性学习、发现式学习、研究性学习等不同的形式。称谓不同，本质上则是一样的，都是组织学生通过实践活动主动探究，激发学生的学习兴趣，提高学生观察感知、分析和解决实际问题的能力。这样的学习不仅有助于学生获得直接的经验，而且可以帮助学生加深对间接知识的理解，因而越来越受到人们的重视。

实践性学习是人类与生俱来的一种本能性质的学习方式，千百年来早已存在于人类生活的各个方面。活动课程出现以后，实践性学习作为与这类课程相适应的学习方式受到人们的普遍关注，并力图从理论上予以探讨和规范。实践性学习可弥补接受性学习的不足，丰富学校教育中学生的学习方式。

1. 实践性学习在认知过程中的作用

实践是认识的起点，人类学习过程的本质就是实践的过程。从生理角度看，人类的学习是建立在一系列条件反射基础上的，俄国生理学家И. П. 巴甫洛夫(И. П. Павлов)认为，人的心理和精神，一切智力行为和随意运动，都是对信号的反应，都是在非条件反射的基础上所形成的条件反射。对人来说，客观刺激物作用于感受器，引起大脑皮层的活动，就产生了感觉、知觉、表象等心理活动。巴甫洛夫在条件反射学说的基础上还提出了两个信号系统学说，认为条件反射是一种信号活动，引起条件反射的刺激是信号刺激，信号可分为两大类：一类是以具体事物本身的理化性质来发挥刺激作用的，如铃声、灯光、食物的形态气味等，这些现实而具体的刺激信号称为第一信号。对第一信号发生反应的大脑皮质功能系统称为第一信号系统，是人类和动物

① 吴式颖：《外国现代教育史》，人民教育出版社1997年版，第60页。

所共有的。另一类是以具体事物所抽象出来的语言和文字来发挥刺激作用的，这些抽象的语言文字为第一信号的信号，故称为第二信号。对第二信号发生反应的大脑皮质功能系统，称为第二信号系统，这是人类所特有的，是人类在生产劳动、社会实践活动中逐渐形成的，也是人类区别于动物的主要特征。人类大脑皮质活动的特征是具有两个信号系统和语言功能，因此，人类的条件反射更复杂。

条件反射是在直接刺激的基础上，经过一定的学习过程形成的。这一学习过程可以看作是实践学习。例如，家长为了避免孩子发生烫伤事故，首先要给孩子建立“烫”的概念。这个概念的建立一定要让孩子(婴幼儿时期)实践体验各种烫的东西，我们可以把馒头、盘子、红薯等不同的东西放在一起加热后，分别让孩子在会有烫的感觉但不会烫伤的情况下一一触摸，每触摸一样物品后家长就说“烫”，孩子反复摸了不同物品，得到的是同一个感觉，在这样的实践体验后，孩子就建立了准确的“烫”的概念。之后孩子想触摸烫的物体前，只要家长说“烫”，孩子就会把手缩回。这个例子告诉我们婴幼儿早期认识事物和建立基本概念(即学习)都是在实践的基础上进行的，是靠感官来学习的。因此，实践性学习是认知的基本方式，而接受性学习是建立在实践性学习基础上的。

学生对周围世界的认识是通过游戏、实践活动、体验进行的。学生在各种活动中观察、感知外界事物，对观察、感知的事物建立基本概念，这些概念可能是零散的知识，但这些知识进入了学生思维图式的“脚手架”中。随着学生与外界人与事的丰富接触(实践)，会形成大量而复杂的条件反射，丰富学生对周围事物的认识，这一过程自然地增长了知识，同时这些知识经过分析综合形成复杂的概念甚至系统的知识。在大量的实践活动中学生逐渐理解了事物之间的复杂关系，学习处理各方面问题。学生在实践活动过程中，往往并不主要是由别人告诉他们该怎样或不该怎样来规范自己的行动，而是凭感觉，有时甚至是直觉。在不断的“纠错”过程中，实现着一个又一个的认识上的飞跃。在生活中有这样一个现象，成年人获得一个新产品，他会先看说明书，然后再去使用。而一个小学生拿到一个新产品后，他会不断地尝试着各种操作，很快就掌握了使用的方法。这就是说学生在接触新鲜事物时，往往会运用“尝试错误”的方法学习，这种在“尝试错误”的过程中逐渐掌握操作技能，就是实践性学习。

实践性学习始终伴随着人们的成长过程，成为人们积极主动认识世界的一种重要方式。实践性学习很大的一个特点就是探究，通过对实际问题进行“探究”进而求得答案，是科学家进行科学研究的基本方法，也是人类认识世界的主要方式。随着学生年龄的增长，阅历和知识的增加，组织小学生不断地通过对各种具体事物进行“研究”，就会使他们学习如何观察、如何质疑、如何提出假设、如何设计和组织实验，以至如何撰写实验报告和进行交流，所有这一切正是在演绎科学家们发现问题、提出假说、实验验证进而发现和创造新事物的全过程。当学生置身于这个过程的时候，他们自然会以极大的兴趣投入其中，在实际的操练中培养了自己分析问题和解决问题的能力，也就自然而然地知道了面对大千世界复杂纷繁的变幻应该如何学习了。而知道如何学习，就意味着学生能够自己找到新的信息和数据来解答他们对自然世界的疑问，能够自己使用新技术来解决所遇到的难题。

2. 实践性学习以学生发展为本

实践性学习，特别是作为实践性学习高级形式的探究性学习是围绕问题的解决展开的，而问题又多是在学生的实际经验中产生的，解决问题的前提条件则是学生兴趣、爱好或需要。这样一种尊重学生经验和主体精神的教学方法的选择，可以追溯到18世纪的欧洲。卢梭就反对脱离学生经验的文字说教，在著名的《爱弥儿》一书中，他就曾以其自然教育观出发，主张“首先要把培养学生爱好学习的兴趣和提高能力放在首位”[①]，反复强调应该让学生从经验中取得教训，从实践中去学习，呼吁“不要教他这样那样的学问，而要让他在学习中自己去发现那些问题”。卢梭明确地告诫人们说：“问题不在于教他有各种学问，而在于培养他有爱好学问的兴趣，而且当这种兴趣纷纷增加起来的时候，教给他研究学问的方法。毫无疑问，这是所有一切良好教育的一个基本原则。”[②]

20世纪初在欧洲的新教育运动中，比利时的德可乐利(O. Decroly)受卢梭的影响重视学生的本能与兴趣，将它们视为教育的基础，同时也重视环境对学生学习的作用，强调不能将学生的学习与生活割裂。德可乐利创办了新学校，在学校中以兴趣中心取代教学框架和教学大纲，以学生活动取代预先准备好的教材。

19世纪与20世纪之交，在席卷美国的进步教育的浪潮中，约翰·杜威更系统地提出了经验性学习的理论，主张以经验的增加和改造作为教育的基础，在他推出的“活动课程”中，就强调顺应学生的本性，让学生通过主动“作业”在解决问题的同时获得经验，培养学生的兴趣和锻炼能力。

布鲁纳(J. S. Bruner)曾申明：“如果我们要展望对学校来说什么是特别重

---

① 卢梭著，李平沤译：《爱弥儿》上卷，商务印书馆1991年版，第217页。

② 卢梭著，李平沤译：《爱弥儿》上卷，商务印书馆1991年版，第223页。

要的问题，我们就得问，怎样训练几代学生去发现问题。”①发现问题的基础就是实践，在实践中发现问题、分析问题、解决问题就是在实践中探究，这是实践性学习。学校教育不能急功近利地让学生一味地进行接受性学习，不能追求短时间快捷地灌输给学生大量的知识。要将以探究为中心的实践性学习引入我们的课堂，为学生提供发现问题的情境和解决问题的氛围。

三、实现两种课程的优势互补

新中国成立以来，经过历次教育改革，我们在学科教育方面积累了比较丰富的经验，我国中小学生对各学科基础知识掌握的扎实程度受到世人认可，这是我国基础教育的优势。学科教育方式属于继承性学习的范畴，主要采用教师讲、学生听的接受式方法，在这一学习过程中虽然也有实验、实习等实践学习的方法的使用，但也是处于次要或附属的地位。因此，以往我们教育的经验主要是实施学科课程的继承性学习方式的经验，对这些经验应该加以分析与总结，肯定其中正确的东西并予以继承甚至发扬，不能在批判应试教育时否定继承性学习。

然而，过分地强调继承性学习，必然会忽视实践性学习。继承性学习虽然会使受教育者在系统和完整地把握既有知识上具有一定的优势，过分地灌输却又会压抑学生的好奇心、学习热情和求知欲望，不可避免地会阻碍其实践能力的发展和创新精神的培养。长期以来，在基础教育阶段，学生的继承性学习方式和实践性学习方式失衡。在继承性学习方式的实施下，我们的教育重理论、轻实践，重结论、轻过程，重继承、轻创造的做法影响着全面发展的教育功能的落实。在当前科技发展一日千里、挑战与机遇并存的时代，我们的基础教育呼唤活动课程。21 世纪之初的课程改革将我国单一的学科课程体制改为学科课程与活动课程并存，从小学至高中设置综合实践活动课并将其作为国家必修课程，这是新中国成立后我国教育改革的重大突破。

在学校里，与学科课程和活动课程两类不同的课程相对应的两种基本的学习方式是继承性学习和实践性学习。教育目标不同，导致课程性质不同、学习方式不同，以及学习内容不同。在课程改革与实施的过程中，要从关注两类不同课程的内容和相应的学习方式出发，全面加强学校课程建设。

学科课程中以继承性学习为主要学习方式，帮助学生迅速有效地掌握那些以定论的形式直接呈现出来的既有知识，帮助学生了解前人积累的文化成果，为学生未来的发展打下良好的知识基础。这一类课程大多需要教师的主

① 布鲁纳著，邵瑞珍、张渭城译：《布鲁纳教育论著选》，人民教育出版社 1989 年版，第 371 页。

导作用，学生在学习过程中的“理解”和“识记”具有十分重要的意义。一般情况下，理解是实现知识内化的前提，识记则是学习的具体目的；特殊情况下，要求中小学生背诵某些暂时尚不理解的内容也不失为一种有效的学习方法。

活动课程对应基于经验的实践性学习，这一类课程以过程学习为特点，主要依靠学生发挥认知主体的作用。在动手、动脑解决问题的过程中，“模仿”和“探究”常常是主要的学习方法，“模仿”不仅能够获得技能，而且还能够帮助人们从中“悟理”；“探究”的目的则在于“发现”，通过“发现”的过程，学习研究事物的方法和提高解决问题的能力。在活动课程中，由于学习方式的改变，学生可以获得亲身的体验，获得鲜活的知识。活动课程在学生情感的发展、个性发展、价值观的形成等方面都具有学科课程所不可替代的作用。

新课程改革强调学习方式的变革，主张“自主、合作、探究”。针对以往“课程实施强调接受式学习，死记硬背，机械训练”等弊端，新课程倡导学生主动参与，乐于探究，勤于动手，培养学生的合作意识和合作能力，这无疑具有积极意义。但“自主、合作、探究”毕竟不是课程唯一有效的学习方式，也并非任何课程的内容都可以采用这些方法进行有效学习。学校教学中不宜笼统地倡导“转变”学习方式，不同的课程、不同的学习内容学生的学习方式要有所不同。

实现两类课程优势互补，两种学习方式相得益彰，不仅要关注由学科和活动两类课程组成的课程体系是否得到贯彻和实施，以保证国家课程计划的严肃性；还要看两类课程的教育功能是否得到充分而有效的发挥，课程的学术性基础是否得到保证，学生创新精神和实践能力是否实现了同步提高；用于各类课程的教育资源随着课程改革的发展进程是否不断完善，是否适用，其质量和水平较之以往是否不断提高；教师把握不同课程的教学理念、教学水平和教学艺术是否得到了改善。总之，小学要全面加强课程建设，在面对与解决诸多问题的过程中，都要考虑到这两种课程类型的特点和两种不同的学习方式，这是实现两类课程优势互补的重要思路。

综合实践活动课程的设置，完善了学校课程结构。在学校教育中，将两类课程结合起来，统一施教，既有利于保持和发扬我国学科教育的优势，又能有效地克服传统单一学科教育结构的不足，实现两类课程、两种学习方式的优势互补。

本章小结

一、基本概念

1. 学科课程，大体上是指学科结构课程理论中的“学术性”课程，也称分科课程，这一类课程“主张以学科知识结构作为课程设计的基础”[①]，以学科知识技能和理论的传播为主要目标。学科课程注重学科知识的逻辑性、系统性和完整性，有助于学生掌握基础知识，学校也容易组织教学及进行课程评价。学科课程体系在近代教育中有一个形成发展的过程。

2. 活动课程，是指学校中一切以学生亲历亲知为特征的课程类别，与学科课程不同，这一类课程不以知识的获取为主要目标，而是以学生主动参与、亲自实践、获得直接经验或体验为目的。

3. 继承性学习，是指学习者在课堂教学中，通过教师以定论的形式讲授教材，来接受文化科学知识的一种学习方式。

4. 实践性学习，实践性学习可以看作是基于经验的一种以解决问题为中心的学习，是组织学生通过实践活动主动探究，激发学生的学习兴趣，提高学生观察感知、分析和解决实际问题的能力。这样的学习不仅有助于学生获得直接的经验，而且可以帮助学生加深对间接知识的理解。

二、基本内容

1. 学科课程的主要学习方式是继承性学习，这种学习方式帮助学生迅速有效地掌握那些以定论的形式直接呈现出来的既有知识，帮助学生了解前人积累的文化成果，为学生未来发展打下了良好知识基础。它不要求学习者去独立发现，只要求他们把教师所传授的东西加以内化，即把新学的材料与认知结构中的有关观念结合起来，并储存在认知结构中。

2. 活动课程对应基于经验的实践性学习，这一类课程以过程学习为特点，主要依靠学生发挥认知主体的作用。在动手、动脑解决问题的过程中，“模仿”和“探究”常常是主要的学习方法，“模仿”不仅能够获得技能，而且还能帮助人们从中“悟理”；“探究”的目的则在于“发现”，通过“发现”的过程，学习研究事物的方法和提高解决问题的能力。

3. 实践性学习在认知过程中的作用

条件反射是在直接刺激基础上，经过一定的学习过程形成的。这一学习过程，可以看作是实践学习。学生对周围世界的认识是通过游戏、实践活动、体验进行的。实践性学习始终伴随着人们的成长过程，成为积极主动地认识世界的一种重要方式。

4. 实践性学习以学生发展为本

实践性学习，特别是作为实践性学习高级形式的研究性学习是围绕问题的解决展开的，而问题又多是在学生的实际经验中产生的，解决问题的前提

① 施良方：《课程理论》，教育科学出版社1996年版，第14页。

条件则是学生兴趣、爱好或需要。

5. 两类课程相得益彰，学科课程与活动课程，继承性学习与实践性学习，在学生认知与发展、发挥学校教育功能方面有各自的优势，将两种课程和两种学习方式结合起来，统一施教，既有利于保持和发扬我国教育的优势，又能有效地克服传统教育的不足，实现学习方式的优势互补，完善学生的认知过程。

探究与实践

1. 课程的目的是什么？
2. 什么样的知识最有价值？
3. 我们的课程应该传授哪些价值观？

第二章　综合实践类课程的发展

学习要点

1. 德、日、美各国综合实践类课程的发展历程。
2. 美国综合实践类课程的类型。
3. 德、日、美各国综合实践类课程的目标、内容、实施与评价。
4. 我国活动类课程的发展。

第一节　国外综合实践类课程的发展

一、德国小学综合实践类课程发展概况

近代西方的公立教育、义务教育制度、学科教育、师范教育、双元制职业教育等大多起源于德国。先进的职业理念、精湛的技艺、优质的服务得益于德国高质量的职业教育，同时，也与德国高度重视中小学阶段的学生实践能力的培养密不可分。下面我们通过德国小学阶段设置的课程和活动来了解一下德国实践教育的开展情况。

(一)综合实践类课程的由来及发展

1. 课程的名称

德国基础教育层级的学校为小学，在大部分的联邦州里，小学为四年制，只有柏林与勃兰登堡州为六年制。小学的教学计划各州不完全一致，但其教学科目一般设有：德语、数学、宗教/伦理、美术、艺术、体育、乡土—物象教学、手工、外语、促进课等。[①] 德国小学非常重视乡土—物象教学课，这门科目源于20世纪初兴起的合科教学运动，是将理科课程与社会课程综合在一起的一种综合课程，其目的并非让学生有组织、有系统地学习自然科学和社会科学的基础知识，而主要是让学生通过观察本地区的各种实物和现象，形成对乡土常识和乡土生活的统一认识，培养爱家乡之心和为社会服务的觉悟。

① 汪霞：《德国小学课程及其特点》，载《学科教育》1995年第5期。

德国小学的乡土—物象教学课的内容与我国的综合实践课程有些贴近。

2. 课程的发展

德国小学长期采用合科教学的形式，直到20世纪70年代，德国对于小学理科课程做出了重大改革，调整了原来的乡土课，向着综合实践课程转化。但是由于德国各州独立设计教学大纲和内容，所以各个地区、各个学校具体开展的综合实践类课程也是各具千秋。有的学校依然传承原来的乡土课，或乡土—物象教学课，如拜仁州的索德诺尔大街小学，有的学校则进一步突出了自然科学的内容，设立了以自然科学内容为重点的综合课程，如柏林的海因里希—齐勒小学。

虽然各个学校就综合实践类课程具有不同的称呼和组织形式，但是基本上所有的学校都会安排非常丰富的项目和活动。

(二)综合实践类课程的目标与内容

1. 课程的总目标

虽然德国各州独立制订课程计划，但总体来说，课程制定的目标，各州大致包括如下几个方面：第一，培养学生爱国家、爱乡土的观念和具有爱好和平社会的美德；第二，发展学生优良的道德品质、精神风貌、身体素质，传授基本知识与技能，激发其爱民族、爱劳动的观念；第三，培养学生敬神和尊重人权的观念，促进其为社会做出贡献的勇气；第四，培养学生的人文主义、民主主义及自由精神；第五，发展学生固有的禀赋，加强对各种能力的培养；第六，用欧洲文化及德国文化来陶冶学生，使之在现代经济与社会紧密联系的环境中，增进其生活必需的知识与技能。

2. 乡土—物象教学课的课程目标

德国小学乡土—物象教学课的基本目标包括：第一，强调课程的科学性。使学生逐步学会科学地看问题、想问题，通过面向科学，重视学生的选择能力和行为能力；使其主动地参与生活，而不仅仅是适应生活。第二，强调课程的活动性。使学生在活动中获得经验，促进对具体的一般关系的理解，从游戏活动、直觉活动发展到有意识的行为。第三，强调生活性。现实生活世界是学生获取知识、经验、理解与认识的大课堂，那些客观世界具体直观的形象、生活的直接经验及行为交往等，对于教学和活动的组织与效果都具有重要的意义。①

3. 乡土—物象教学课的课程内容

乡土—物象教学课涉及的范围非常广，主要包括生物、物理、化学、气

---

① 陈晓萍：《德国小学科学教育改革及启示》，载《新课程研究(教师教育)》2007年第2期。

象、技术、地理、交通安全、社会学习等领域，值得一提的是，这些领域涉及的事实，都是学生日常生活中能够接触到的，与学生的真实生活密切相关。

(三)综合实践类课程的实施与评价

乡土—物象教学课的组织与教学遵循的原则是直观性原则、自由活动原则、一切从学生出发的原则和整体性原则，它强调充分利用学生的经验，启发学生进行活动，促进学生的独立性；强调引导学生通过自己的活动去掌握知识与能力，它是一门致力于帮助学生更好地理解和渗透自己生活实际的一门课程。[①]

由于德国小学实行半天上课的教学传统，所以每天的学习课程门类和任务并不是很多，但活动类课程占比较大。就乡土—物象教学课来说，每周会安排 3～4 个课时。德国小学每个班级的学生在 25 人以内，上课形式灵活多样，乡土—物象教学课基本上都以活动的方式进行，而活动可能采取个人探究、小组协作、集体共同完成等组织形式。活动的地点可以在学校专门的教室进行，如手工或工艺劳动教室，也可以在学校的校园中进行，更多的还可能走出学校，在社区、工厂、博物馆、教育学习中心、自然场地等进行。

德国的小学阶段，各门课程的评价具有鲜明的特点，即不给予学生孩子功利的分数成就导向。在小学的一、二年级并没有各科成绩单，而是以教师评论来作为学习成果的考量。相应地，乡土—物象教学课更不会出现以分数进行评价的情况。

(四)综合实践类课程的特点与启示

德国小学的综合实践类课程可谓是系统而丰富，我们也可以从中总结出一些特点与经验，以促进我们国内小学综合实践课程的进步与发展。

1. 一切为了学生的发展

德国小学丰富多彩的综合实践类活动课程，其出发点和落脚点都是围绕着学生的发展展开的。例如，低年级以“认识身体”为主题的活动、高年级了解“媒体”的项目等主题的选取都是与适龄学生密切相关的内容，了解自己、认识别人、关注社会与自然，尽量从学生的视角看世界，寻找他们成长与生活中必需的，并且是感兴趣的主题和内容。

2. 主题专一，内容广泛

德国小学综合实践类课程主题的选取适合学生，主题内容学习与实践的周期一般都比较长，可能一个月，甚至一个学期，教师精心设计围绕这一主题的很多内容，环环相扣，逐步推进，让学生充分理解某一主题的方方面面

---

① 陈晓萍：《德国小学科学教育改革及启示》，载《新课程研究(教师教育)》2007 年第 2 期。

的内容，强调一种“慢”体验，避免快餐式地、走马观花式地、心血来潮式地学习，注重细节，注重学习与实践的质量。

3. 强调合作学习

综合实践活动类课程的重要特征之一体现在集体讨论与研究上，学生在小组合作学习中，通过与同伴的共同努力，提出问题、确定问题、确定目标、制订方案、搜集信息资料并进行分析处理、寻找问题的答案或结论。

4. 重视实践活动，融各学科知识为一体

德国小学综合实践类课程向学生提供了充分的时间和广阔的空间，通过让学生动手实验、亲身体验，让学生动脑思考、动手操作，寻找答案，而不由教师提供现成答案。在学习过程中，学生可以走出教室到自然中去，通过直接的活动学生可以更好地熟悉世界、发现世界。德国的小学教师广泛利用校内外教学资源，具有很强的课程资源开发与整合的能力，让学生通过丰富的实践活动获得知识。

5. 突出情境模拟和角色扮演

情境模拟和角色扮演可以让全体学生以观摩者、参与者的身份进入一个“真实的问题”的情境之中，通过角色扮演、分析和讨论，为学生提供实例来探讨各自的情感，洞察各自的态度和价值取向。尝试各种解决问题的策略，有利于培养学生分析问题、解决问题和组织活动的能力。[①]

6. 注重文化与历史

从乡土课程的设立，不难看出，德国小学非常注重让学生了解自己的家乡，了解周围的环境。这是一种朴素的关于成长的历史、文化、人民、习俗、自然等各个方面的综合性认知，而不是照着书本教材去学习和组织活动，更多的是生动真切地接触自己的文化和身边的历史，可以算是一种微观的文化和微观的历史认识与传承。再结合学校组织的一些项目与活动，将课程深化，更多地是走进家乡的社会与自然，亲身去体验与感悟。用自己的身体、自己的思维去认识家乡的历史与发展、传统与文化，进而为热爱自己的家乡、联邦州、国家，甚至为一种更宽广的热爱世界的情怀打下坚实的教育基础。

二、美国综合实践类课程发展概况

(一)综合实践类课程发展阶段

在美国，一方面，20 世纪以前的课程特点是课程内容的不断分化和充实，名目繁多的分科科目层出不穷。另一方面，19 世纪末，美国教育革新家弗朗

① 陈晓萍：《德国小学科学教育改革及启示》，载《新课程研究(教师教育)》2007 年第 2 期。

西斯·帕克(F. W. Parker)就任马萨诸塞州昆西市教育局局长时，采用与贯彻了赫尔巴特教学法中注重新旧知识联系的原则，同时又受惠于卢梭、裴斯泰洛齐的思想，把活动引入课程，视学生为中心，从而开创了美国综合课程的先河。但是美国综合课程浪潮的真正掀起是在进入20世纪以后。

1. 综合课程的形成

20世纪前半叶美国综合课程主要分为三种形式：

一是知识本位的课程综合。知识本位综合思想，发轫于赫尔巴特的教材联络论。联络论学说在19世纪进入美国，最后发展为相关课程、融合课程和广域课程三种类型，它们仍旧隶属于学科课程，但是又在不同程度上追求知识的综合，有别于原先的分科课程。其中，相关课程又译为关联课程，是指两门或两门以上的课程在教学中加强相互联系，但并不打破原来的学科界限；融合课程是把有着内在联系的不同的学科合并为一门新学科。在中小学，广域课程始于1919年社会科学委员会所倡导的有关民主问题的课程，它们主要对社会科学的内容进行了一定程度的综合和重组。

二是学生本位的综合课程，即活动课程。在美国，活动课程思想的先驱是帕克，但从理论上最深刻地论证活动课程的地位，在实践中进行长期实验的教育家自然非杜威莫属。杜威之后，活动课程才在美国乃至世界范围内蓬勃地发展起来，成为一种国际思潮。

三是社会本位综合课程。它是以社会生活领域或社会问题作为组织要素的综合课程，于20世纪30年代开始流行。

2. 综合课程的发展

20世纪60年代以来的综合课程主要经历了四个阶段：

第一阶段为综合理科课程，始于1964年，由来自各方的科学家、学者、教师在哈佛大学拟订了哈佛物理计划。该课程强调人文科学、社会科学和其他自然科学的内容。综合理科课程，一方面继承了前半个世纪谋求知识综合的思想，从类型上讲属于融合课程和广域课程；另一方面又吸收了学问中心课程注重知识结构、探究过程的优势，扬长避短，兼收并蓄，称得上是一种切实可行的综合方案。

第二阶段是人本主义综合课程。20世纪60年代发展的综合理科课程由于学科内容与社会现实严重脱节、专门知识与综合趋势的背道而驰等缺陷，严重影响了教育质量，终于在70年代为人本主义课程所替代。人本主义课程的一个显著特点就是注重综合(Integration，又译为统合)，其含义包括三个方面：一是学习者心理发展与教材结构逻辑的吻合；二是情感领域与认知领域的整合；三是相关学科在经验指导下的综合。因此，人本主义鼓励实行一种与社会上普遍流行的分科课程完全相对的综合课程。

第三阶段是20世纪80年代课程综合。美国教学视导与课程编制委员会(ASCD)于1981—1989年组织了一批学校研究并试行的课程方案。核心课程的主要组织原则是以基本的社会关注作为基础，例如全球性的相互依赖关系、公民的职责、生态学、经济生产和世界和平等，重视跨学科、跨领域主题活动开展和实施。

第四阶段是20世纪90年代以来的综合实践活动类课程，该类课程强调学生通过实践，增强探究和创新意识，学习科学研究方法，发展综合运用知识的能力，增强学校与社会的密切联系，培养学生的社会责任感。目前，美国各州范围内的不同学区和学校均较好地开设了综合实践类课程，尽管具体实施的课程五花八门，但都体现了主体研究性、综合实践性、社会参与性、生活性等基本特征。应该说美国20世纪90年代综合实践类课程是对前期综合课程的总结、完善和提升。[①]

(二)综合实践类课程的类型

尽管美国各州范围内的中小学均实施了综合实践类课程，但是在美国各州的课程方案中，没有统一的“综合实践活动”这一课程名称，各州都是根据自身的特点和优势设计具体的、不同类型的综合实践类课程。

单从课程综合性、实践性、活动性的角度考虑，美国综合实践类课程主要包括四种类型：

一是自然与社会研究。“科学·技术·社会”是美国中学课程中具有综合性和实践性的课程，它包括自然研究与社会研究两大方面。因而这种课程包含“自然探究”“社会科学”或“社会学习”等。社会研究或社会科学的基本学习活动方式是主题探究式的，从自然现象、社会经济、政治、文化、环境、职业等领域确定不同的主题，通过调查研究和问题研讨的方式来进行学习，一方面使学生获得探究能力；另一方面，增强学生的探究能力、科学精神，以及社会责任感和综合的社会实践能力。社会研究类的综合实践活动课从主题设计到学习活动方式，都具有强烈的研究性和反思性实践的特征。

二是设计学习。这种课程是一种应用性学习的课程，与课题的研究性学习相比较，设计学习更强调学生的自主设计和实践操作，如综合艺术设计、应用设计、产品设计、活动设计等，强调对学生生活中的现实问题的解决。

三是社会参与性学习。社会参与性学习的重点在于参与社会生活领域，接触社会现实，注重开展各种社会参与性的活动，如社区服务(包括参与养老

① 冯生尧：《美国综合课程评述》，载《外国教育资料》1992年第5期。

院活动、社会公益性活动等)、社会调查、考察与访问(包括访问政府首脑或地方政府官员等)。社会参与性学习往往体现不同地方的历史文化传统、社会生活方式和发展状况，它反映在不同学区的课程方案之中。

四是服务性学习。服务性学习是一种学生通过参与真实世界中所需的服务，用自己所学的课程知识服务于社区，从而促进知识和技能学习，并培养学生良好的公民责任感的教育形式。服务性学习既是一种教育方法，又是一种教育哲理。服务性学习本质上是一种经验学习，它通过学生在真实情境下对知识的融会贯通和应用从而促进知识的转化和技能的提高。服务性学习与社区服务关系密切，但二者又有明显不同。服务性学习不是单纯的社区服务，它与课程密切相关，可视为一种教学方法。它通过有系统的设计、规划、督导反思及评量来达成设定的学习目标，是“服务”与“课程学习”的相互结合，包含了对课程的运用和反思；而社区服务则只强调了满足社区的需要，并没有特别规划具体目标①。

若从与分科课程相区别的角度考虑，美国中小学课程中与学科课程相对应的还有跨学科课程，所谓跨学科课程，即超越学科界限，以实际生活中的主题来组织课程，学生从中习得各种各样的知识、经验、技能的课程②。美国中小学跨学科课程主要包括多学科课程、跨学科课程和超学科课程三种类型③，从课程所涉及的领域来看与我国的综合实践活动课程十分相似。

多学科课程以学科为中心，教师多围绕某一主题组织各学科的学习标准。创建多学科课程的方式有很多种，它们会因跨越程度的不同而显示出不同的整合水平，主要有学科内整合、融合课程、服务学习和主题单元。比如，在学科内整合课程中，教师常常在社会研究项目中把历史、地理、经济和政府管理整合起来；在融合课程中，教师把技能、知识甚至态度等融合到常规的学科课程中；服务学习主要包括在进行多学科教学时所提及的社区项目；在主题单元课程中，一些教师常常打乱教学内容的先后顺序而设计合作性的学习。这种以某一主题为中心的学习方式被称为“主题单元”。通常这种学习模式会涉及三门以上的学科，最后以一个综合性的活动作为结束。在那些持续几周的主题单元学习过程中，常常是全校的学生都参与进来。

跨学科课程是狭义上的跨学科课程。在这种课程形式中，教师围绕各学

① 潘利若、姚梅林：《美国服务性学习对我国中小学综合实践活动课常态化实施的启示》，载《教育科学》2011年第2期。

② 刘定一：《系统课程：无人区中的跨学科课程》，载《跨学科课程研究》2003年第4期。

③ 林春福、杨天平：《美国中小学跨学科课程模式：主要类型、教师角色及其启示》，载《课程·教材·教法》2010年第2期。

科的共有学习内容组织课程，他们共同挖掘各学科中共有的学习内容，强调跨学科技能和概念的学习。但和多学科课程有着本质的区别，跨学科课程中的每一门学科都是可以单独成为一个体系的，但并不像多学科课程那样强调各学科的学科性。比如，佛罗里达州的学生就在学习跨学科课程，他们在学习语言、培养能力的同时还在试验制造风和雨的发生模型，因为他们正在学习信息交流的跨学科技能(进行有逻辑的、连贯的思考和写作)。他们关注的是学生高一级的思维能力的发展，而不是简单地停留在风和雨的发生模型上，因此，这些概念的学习会随着其他科目的学习而进行迁移。

在超学科课程方式中，教师围绕学生的疑问和他们关注的事情组织课程，目的在于发展学生的生活技能(Lifes Skills)。超学科课程主要存在项目学习(Project-based Learning)和协商课程(Negotiating the Curriculum)两种方式。在项目学习中，学生学习解决局部的问题，因此，一些学校也把这种学习称为问题中心学习(Problem-based Learning)或位置中心学习(Place-based Learning)。根据学者查德(Chard)的观点，设计项目学习的课程主要包括三个步骤：①根据学生兴趣、课程标准和当地资源，教师和学生共同选择研究主题。②教师要明确学生已经掌握的知识，并帮助他们形成要探究的问题。同时，教师要给学生提供必要的资源，给他们创造解决问题的机会。③学生在活动中要和其他同学合作，最终，学生展示自己的研究成果和相应的观点并评价该项目。在协商课程中，学生的疑问是课程的基础。

(三)综合实践类课程的理念与目标

美国的综合实践类课程的基本理念强调面向每一个学生，力图做到考虑学生不同种族、生活地区、家庭、智力水平、兴趣等差异，提出不同的要求，使每一个学生经过努力都能达到一定的目标，在自己原有基础上实现充分的发展。目前，各地小学课程都十分尊重并重视学生选择学习内容和学习方式的自主性，将学生的学习内容和学习方式与社会需要更紧密地结合起来，设置自主性综合学习课程、个别课或小组课等，为学生自己选择学习内容和学习方式创造了良好的条件。在课程形式上，倡导学生自主探索，注重教学的活动性；在教学内容上，强调生活化、简单化；在能力培养上，注重学生的综合能力。具体概括起来主要包括三个方面：首先是突出主体，坚持学生的自主选择和主动参与，发展学生的创新精神和实践能力；其次是面向生活，面向学生完整的生活领域，为学生提供开放的发展空间；最后是注重实践，注重学生的亲身体验和积极实践，促进学生学习方式的变革①。

① 赵国金：《美国小学课程改革与发展的历程、特点及趋势》，载《教学与管理》2011年第12期。

美国没有全国统一规定的小学教育目标，综合实践类课程的目标主要包括自我意识发展、存在经验的发展以及唤醒学生对外在实体的反省批判意识，并通过实际的活动对不利于人的发展的因素加以改进①。如美国的应用学习标准的目标，其主要分为五个目标领域，即问题解决、交流的手段和技巧、信息手段和技巧、学习和自我管理的手段和技巧、协同合作的手段和技巧；九大能力的培养，即收集、分析、整理信息，交流思想和信息，安排和组织资源，与他人共同工作和从事集体工作，解决问题，使用数学思想和技巧，使用技术，随时根据需求进行学与教的理解，设计(生产)系统。

(四)综合实践类课程的实施与评价

美国基础教育体系现行课程评价的方式主要包括：成绩评价、项目评价、档案袋评价。具体评价过程中，注重评价学生的实验能力与技能，强调评价的多元化，包括评价内容、评价形式和评价主体。在评价主体中，美国教师认为评价是一种民主协商、主体参与的过程，而非评价者对评价对象的控制，因此鼓励教师、学生、家长、社区以及社会人士等多方参与。评价过程还关注评价的真实性。美国中小学一般采用活动、游戏、情境的评价方法。这种评价是通过有计划、有目的、有组织的游戏活动，探测学生的心理发展潜能，在评价中，评价者提供合作学习和间接学习的活动情境，通过学生在真实情境中的活动和行为，对学生进行动态化评价。在这种真实性的评价中，评价者与被评价者之间产生大量的互动，使评价者更易观察评估学生的进步与改变，了解学生动态认知过程与认知能力变化的特点和潜能，评价强调在完成实际任务过程中学生的发展情况。另外，在评价的过程中还注重评价课程的生成性。在课程方案实施过程中，有许多因素如学校的育人环境、教师的专业素质、学生的学习态度等都会影响课程的运行，进而影响到课程的实施结果。这些非课程因素产生非预期效果，有些非预期效果是内隐的，不易为人所知。美国现在的课程评价重点放在对非预期效果的评价上，强调利用各种手段对各种非预期效果进行分析，通过对非预期效果的监控，实现对课程开发质量的保证②。美国的综合实践类课程的评价也主要基于上述评价体系，且与我国综合实践活动课程的评价体系的基本理念一致，如强调评价的多元化、重视评价学生的实践操作能力以及关注课程目标的生成性评价等。

三、日本综合实践类课程发展概况

日本中小学综合学习课程的设置始于1998年文部科学省公布的《学习指

① 张华：《活动课程的“概念重新构建主义”理论探索》，载《外国教育资料》1996年第1期。

② 陈志敏：《美国小学课程评价的特点及发展趋势》，载《中国民族教育》2013年第1期。

导纲要》。该指导纲要规定从 2002 年起，小学三年级以上开设综合学习课程，至今已经十余年。设置综合学习课程的目的在于培养学生的自我思考、自我学习、发现和解决问题等能力，课程内容涉及健康、环境、信息、国际理解等，深受日本中小学生的喜欢。多年来，综合学习课程有效地促进了学生的发展，也在教师专业成长的过程中发挥了积极的作用。

综合学习课程是日本在世纪交接之际，为了培养能够适应知识社会、国际化社会的新世纪创新人才而新增设的课程，旨在推进中小学为适应不同学校、不同地区以及学生的实际状况，开展横向、综合且学生有兴趣的教育活动。

(一)综合学习课程开设的背景和课程目标

开设综合学习课程的设想来自 1996 年日本中央教育审议会发布的题为"面向 21 世纪我国的教育"的研究报告。该报告指出人的综合能力根基是"生存能力"，因此，学校要开设丰富的学习课程，给予学生横向的、综合的指导。遵照报告要求，1998 年颁布的《小学学习指导纲要》决定小学三年级以上开设综合学习课(小学一、二年级设有生活科)，并规定小学综合学习课程的目标如下：

(1)培养学生自己发现问题、自我学习和思考、能够主观判断和解决问题的素养和能力。

(2)培养学生掌握学习和思考的方法，养成主动参与解决、探究及创造性地对待各种问题的态度，思考自己的人生。

(3)依据上述课程目标，课程活动可以是国际理解、信息、环境、福祉及健康等横向、综合且学生感兴趣的内容。各学校根据所在地区和学校的特色，自主性地开展学习活动。

(4)综合学习课程的具体名称由各学校自行规定。①

2002 年综合学习课程实施以来，不少学校在促进学生发展，培养学生兴趣、能力等方面取得了很好的效果，但也存在着学习目标不明确、教学评价不及时及与其他学科的融合不够充分等问题。为此，2003 年，文部科学省部分修改了《小学学习指导纲要》，其中，对于综合学习课程特别强调："要与各科教学、德育活动和特别活动②所推行的知识、技能的学习有机结合，使综合学习课程能够作用于学生的学习和生活之中。为此，各学校要制定具体的学习目标和内容，同时，制订全校的综合学习计划，并加强教师的指导，利用

---

① [日]文部科学省：《小学学习指导纲要》，1998，第 2～3 页。

② 特别活动指开学典礼、毕业典礼、修学旅行、运动会等学校特定的活动。

校内外一切资源。”[①]

2008 年，《小学学习指导纲要》再次修改。为进一步适应日新月异的社会发展和国际化、地球村的趋势，此次修改尤其强调要培养具有“思考能力”“判断能力”和“表达能力”的人才，综合学习课的课程目标在原有要素的基础上，提倡要着重培养学生的“探究性学习”和“合作学习”的意识。为此，综合学习课要配合各科的知识学习，以体验、观察、记录、叙述、研究报告等形式开展活动，以培养学生的“生存能力”。

2008 年《小学学习指导纲要》规定综合学习课程的学习目标为：“通过开展横向的、综合的学习探究活动，培养学生自己发现问题、自我学习和思考、能够主观判断和解决问题的素养和能力，同时，指导学生掌握学习和思考的方法，培养学生在问题解决和探究活动中的主体参与意识，养成能够创造性、合作性地对待各种问题的态度，进而引导学生思考自己的人生。”[②]

《小学学习指导纲要》2008 年的修改较之 1998 年的站位更高、视角更宽，其所强调的探究性和合作性，体现出适应新时期时代特点的趋势。“探究性学习”是“问题解决”的继续和提升，是让学生通过对问题本质的探究而获得系统知识的过程。这种学习分为设定课题、收集资料、整理分析和归纳总结的四部分，这个过程体现出了学生的主体性和自主性。而新增“合作性”意义在于适应当今社会的特点。

(二)综合学习课程的实施与评价

如前所述，综合学习课程的活动内容不定，具体活动是由各学校根据本地区、本校和学生的实际情况自我决定的。《小学学习指导纲要》作为提示，列出三类课程内容供学校参考。第一类是“国际理解、信息、环境、福祉以及健康等横向的、综合性活动”，例如信息社会、环境问题、食品卫生、老龄化问题、能源问题等；第二类是“学生感兴趣的活动”，例如理想问题、生命的不可思议、物件制作的乐趣等；第三类是“和地区民众的生活、传统、文化以及和学校、地区的特色相关的活动”，例如地区建设、文化传承、防火防灾等。这些活动多是学生身边发生的事情，学生容易接受，同时又具有开放性、实践性和探究性等特点，深得学生的喜欢。这种意义上的知识和能力也是生活在未来社会的学生所应具备的。

根据《小学学习指导纲要》的指示，各学校在实施综合学习课时，首先要在校长的带领下制订全学年的计划，包括活动内容、指导方法、指导体制及课程评价等，特别是每一节课所要达到的目标、内容、活动及评价等都需要认真研

---

① [日]文部科学省：《小学学习指导纲要解说(总则篇)》，1999，第 52 页。

② [日]文部科学省：《小学学习指导纲要》，2008，第 98 页。

讨，考虑与其他学科的关联，每个年级段的特点、校外资源的利用及全校教学的连贯性等。综合学习课的课时安排见表 2-1，所规定的时间不一定是固定的每周几节，可以是连续的，也可以与其他学科并行或者是集中在某一阶段进行。

表 2-1 日本中小学综合学习课课时安排①

学校种类	年级	课时
小学	三、四年级	105
	五、六年级	110

鉴于这种课程比起其他学科更为重视态度、参与、过程等，所以综合性、开放性、多样化评价成为主流。例如，观察学生参与的态度和活动情况；布置调查报告、作文、绘画、作品文件夹等作业，参考活动记录卡片，听取其他参与活动者的评价。其中的活动记录卡片是最能体现学生课程表现的。卡片上记有每次课堂的目标、活动和评价，特别是要记录学生课堂上的特殊表现，要大段落地描写，例如学生是如何参与的、这堂课掌握了什么……在最后的综合评价栏中，不仅写综合学习课的情况，还可以结合其他学科为学生整体发展写评语。另外，还有自评表，就是学生自己写下每一次活动的感受，包括收获、不足及今后的努力方向等。

例：日本某小学学生活动自我评价卡(见表 2-2)

表 2-2 日本某小学学生活动自我评价卡

书店工作的感受
○工作内容 店内的打扫、分书(按类别和预约要求分类)、送书(按预约地点)。 ○工作的自豪感 使客人高兴，挣钱很辛苦。 ○学到了什么 工作的重要和辛苦，需要想尽各种办法去克服困难。 ○感想 一天的体验感到工作的重要性和自豪感，希望能在今后的生活中得到运用。

为了指导各校的综合学习课，文部科学省就各校的计划、活动及评价等事项做出了提示(见表 2-3)，从中我们可以对日本综合学习课的整体思路和实施步骤有所了解。

① 王智新、潘立：《日本基础教育》，广东教育出版社 2004 年版。

表 2-3　综合学习课的计划制订和评价方法①

学习活动
3 年级：地区活动，4 年级：环境保护，5 年级：福祉与健康，6 年级：国际理解； 每学年都要开发单元活动，中年级 2～3 个单元，高年级 2 个单元左右； 每个年级一学年原则上制定一个单元活动； 每学年 20 学时作为全学年的活动，余下的 50 学时作为各班的活动时间； 6 年级学生作为探究学习，要做毕业研究； 农业体验作为附加单元活动，全学年随时实施； 每学年的 10 月和 2 月是活动展示汇报会，各单元可以此为时间段安排活动等。
指导方法
启发学生的课题意识； 进行个别指导； 重视利用身体各感官的体验式活动； 充实合作学习； 重视与各科教学的有机结合； 坚持对话、交流为主的个别辅导； 重视通过语言体验活动的意义等。
指导体制
在校委会内成立全校的联络和支持体制； 以课程管理中心为主体收集资料； 有效地利用校外教育人才库； 小队教学的日常化； 重视工作室的研修活动； 班主任教师以外的全体教师的配合和支持； 有效利用媒体教学中心的设施等。
学习评价
有效利用档案袋评价； 制定能够把握学生活动状况的评价标准； 重视个体内差异评价； 指导和评价一体化； 每学期期末、学年年末开展对指导计划的评价； 重视课堂活动分析为主的学习指导的评价； 开展学校运营协议会的评价等。

① ［日］文部科学省：《小学学习指导纲要解说(综合学习篇)》，2008，第 71～72 页。

（三）综合学习课程的特点及存在的问题

通过以上内容，可以看到日本的综合学习课程具有非常显著的特点：

一是主体性突出。这里所说的主体性如课程名称和教材的商定。如前所述，综合学习课程的名称和具体内容由各个学校根据实际情况自行决定，教材也不做硬性规定，所需资料由各校教师和学生共同查阅和决定。另外，就是学生主体性的体现。每一次课的实施，都是学生主动、自发地参与，活动计划、组织实施及评价等环节都是以学生为主，教师只是指导者和建议者的角色。

二是实践性。综合学习课程的目的在于培养学生勇于探索的态度和精神，培养学生的"生存能力"，所有活动从始至终都是以活动为主，重视过程。观察、记录、实物、体验、调查等活动培养了学生的问题意识和探究意识，锻炼了学生发现问题和解决问题的能力，体现了日本 20 世纪 80 年代以来教育改革的宗旨，也反映了新时期日本青少年的素质特点。

三是地区性。综合学习课程不限于学校课堂，大部分时间是在校外进行的，特别是与学校所在地区的紧密结合。例如，有的学校调查小区垃圾桶的数量是否合适；有的学校在敬老院做义工；有的学校参与地区的河水治理；还有的学校调查所在地区的自然环境……这类活动既锻炼了学生的行动能力，也拉近了学校与地区的关系。同时，通过这样的活动，学生也能够逐渐认识到自己是地区成员，感到自身的使命和责任。

四是综合性。综合学习课程跨学科、跨领域，内容非常丰富。另外，《小学学习指导纲要》在制定综合学习课的目标和内容时，一再强调要和各科教学有机结合，要将知识学习与活动有机地结合。为此，不仅是班主任，各科教师也要积极地参与制订综合学习课的计划，配合综合学习课的实施。反过来，各科教学中出现的难题，也可以利用综合学习课来探讨。可以看出，综合学习课确实是"横向的""综合的"课型，是名副其实的"综合学习"的课程。

日本的综合学习课程是典型的实践性课程，重视体验，重视过程，与我国中小学的探究性课程有很大的相似性。

四、韩国综合实践类课程的发展历程

（一）综合实践类课程的演变

韩国从 1954 年、1955 年首次制定国家课程以来已历经了六次全面修改，于 1997 年修订并颁布"第七次课程"。进入 21 世纪，在教育信息化和全球化的背景下，韩国国家课程改革开始采取部分、随时的课程修改方式，于 2007 年（称为"2007 修订课程"）和 2009 年（称为"2009 修订课程"）对中小学课程进行了修订和调整。

在韩国国家课程中，综合实践类课程一直是重要的组成部分。在“第一次课程”时期(1954—1963年)受美国进步主义教育思潮的影响，国家课程中设置了“特别活动”模块，与学科课程共同构成了国家课程的两大部分。“特别活动”课程是韩国综合实践类课程的最初形式。到1997年的“第七次课程”，韩国国家课程增设了“自选活动”模块，国家课程由两个模块转变为三个模块。“自选活动”由创意性自选活动和学科自选活动组成。创意性自选活动又分为自主学习和泛学科学习两个领域。“第七次课程”的“特别活动”主要包括自治活动、适应活动、启发活动、服务活动、庆典活动五个活动内容领域。

2009年为培养创新型和学习型人才，课程改革以减轻学生负担、激发学生学习兴趣、培养自主学习能力、养成关爱和乐于分享作为主要修订方针。这种理念也反映在综合实践类课程的修订中。“2009修订课程”把原来的“自选活动”和“特别活动”两个模块合并为“创意性体验活动”模块，旨在有效改善“自选活动”和“特别活动”分类过多、内容烦琐和重复、课程实施趋于形式化等问题。创意性体验活动课程的设置体现出了“2009修订课程”的学生体验中心教育理念。创意性体验活动课程与学科课程相互影响、相互补充，通过集体活动形式培养了学生的合作精神和团队意识。韩国的创意性体验课程与我国的综合实践类活动课程在课程性质、目标及内容等方面有很多相似之处。

(二)创意性体验活动课程的目标

“2009修订课程”在设定创意性体验活动课程目标时没有区分学校级别，以总目标和具体目标来叙述。

1. 创意性体验活动课程的总目标

创意性体验活动课程通过学生积极参与创意性体验活动，开发并提升每个学生的素质和潜能，养成自律性生活态度，通过对他人的理解实践关爱和分享，培养共同体意识和市民所应具备的各种素养。

2. 创意性体验活动课程的具体目标

创意性体验活动课程下设四个具体目标。通过实现这四个具体目标，最终达成该课程的总目标。

(1)自主参与各种创意性特色活动，积极应对不断变化的环境，承担共同体成员的角色并发挥作用。

(2)自律、坚持参与社团活动，开发自身的兴趣爱好和特长，培养合作学习能力和创新意识。

(3)通过周边和社区的公益性活动实践关爱和分享，养成保护自然环境的生活习惯，认识共同生存的价值和意义。

(4)明确自身的兴趣、能力和特长，通过收集学业和职业的相关信息为自己的前程进行规划和准备。

(三)创意性体验活动课程的具体内容

创意性体验活动课程为了实现课程目标，根据四个具体目标将主要内容分为自主活动、社团活动、社会服务、职业生涯活动四个领域。各个领域的主要活动内容如下：

1. 自主活动

该领域包括适应活动、自治活动、庆典活动和创意性特色活动。

(1)适应活动：①入学、晋级、转学等的适应活动；②养成讲礼貌、遵守秩序等基本生活习惯的活动；③学习、健康、性格、交友等方面的咨询活动。

(2)自治活动：①1人1角色；②班会及班级活动；③学生会协议活动；④管理委员活动；⑤模拟议会、讨论会等。

(3)庆典活动：①入学典礼、开学典礼、毕业典礼，纪念仪式等；②展示会、发表会、学艺会、竞赛、技能比赛等；③学生健康体力评价、体质检测、运动会、安全教育等；④纪律训练、现场观摩学习、见习旅行、学术调查、文化遗产考察、国土巡礼、海外文化体验等。

(4)创意性特色活动：①学生特色活动、班级特色活动、年级特色活动、学校特色活动、社区特色活动等；②创建学校特色的活动、延续学校传统的活动等。

2. 社团活动

该领域包括学术活动、文化艺术活动、体育活动、实践劳作活动、青少年团体活动等。

(1)学术活动：①外语会话、科学探究、社会调查、勘探、多元文化探索等；②计算机、网络、报纸的运用。

(2)文化艺术活动：①文艺、创作、绘画、雕刻、书法、传统艺术、现代艺术等；②声乐、乐器、音乐剧等；③话剧、电影、电视、摄影等。

(3)体育活动：①球类运动、田径、游泳、体操、羽毛球、滑旱冰、徒步，野营等；②民俗游戏、摔跤、跆拳道等。

(4)实践劳作活动：①烹饪、手工艺、裁剪、插花等；②饲养、种植、园艺等；③设计、木工、机器人制作等。

(5)青少年团体活动：少年联盟、少女联盟、青少年联盟、青少年红十字会、宇宙少年团、海洋少年团等。

3. 社会服务

该领域包括校内服务活动、社区服务活动、环保活动、公益性活动等。

(1)校内服务活动：帮助学困生、特殊学生、多元文化家庭学生等。

(2)社区服务活动：①在社会福利设施、公共设施、医院、农/渔村等地进行社会服务；②帮助困难邻里活动，到孤儿院、养老院、医院、部队进行慰问活动；③灾害救助、国际协作、难民救助等。

(3)环保活动：①创造洁净的环境、保护自然、植树活动、低碳生活习惯等；②保护公共设施、文化遗产等。

(4)公益性活动：公共秩序、交通安全、学校周边环境的净化、献血、克服偏见的公益活动等。

4. 职业生涯活动

该领域包括自我理解活动、职业生涯相关信息收集活动、职业生涯规划活动、职业体验活动等。

(1)自我理解活动：自身理解并陶冶品行、建立自我认同感、树立价值观、各种职业生涯检测等。

(2)职业生涯相关信息收集活动：①收集学业信息、升学信息、学校信息，参观学校等；②收集职业信息、资格证制度信息，参观、接受职业训练、就业等。

(3)职业生涯规划活动：对学业和职业的前程设计、职业生涯指导和咨询活动等。

(4)职业体验活动：对学业和职业的理解、职业体验活动等。

(四)创意性体验活动课程的实施与评价

创意性体验活动主要采取学生的自主活动和集体活动形式。学校根据学生的自身特点、学生的需求以及社区的环境来编制和实施创意性体验活动课程。作为综合活动课程，应该充分利用地方及社区的人力和物力，设计和实施符合地区特点的多样性活动。

在不同学校和不同年级选择符合学生成长阶段的内容和活动，必须充分考虑活动的形式、组织单位、地点和设施等条件来采取全天、隔周或集中安排。根据活动性质，如自主活动、社会服务、就业体验活动等可以利用假期来进行。创意性体验活动的课时量可以根据学生的需求、学校及地区的特点自行调整，而且可以根据需要安排更多的课时，并灵活操作。同时，创意性体验活动的四个领域可以进行整合，根据学校的特点自由调整。

创意性体验活动的评价根据各领域制定评价标准，应该充分考虑学生的参与程度、合作性、积极性以及活动的成果。评价方式可采取学生的自我评价、相互评价、活动观察记录、问卷、作品分析、档案袋评价等多样性的评价方式。在评价过程中不仅要注重学生个人的成长和发展，还要注重班级或学校层面的集体和团队的变化和发展。学校应持续记录学生参加创意性体验活动的程度和成果，以此作为升学的参考资料。

（五）创意性体验活动的特点及意义

创意性体验活动的宗旨在于培养关爱和乐于分享的创新型人才。创意性体验活动课程的特点及意义如下：

1. 注重创新

创意性体验活动的最大特点是创新。通过具有创新精神的体验活动开展创新教育，培养具有创新精神的人才。尤其在小学阶段，使学生积极参与校内、外丰富的活动课程，在亲身听到、看到、感觉到的过程中思考和认识世界，更加有效地激发学生的积极性和创新精神。

2. 强化体验

创意性体验活动的另一个特点是学生的体验活动。创意性体验活动课程作为综合活动课程，通过学生的自主体验，强化学生的实践能力。学生在参与活动的过程中，结合已有的间接经验感觉和领悟世界，重构自身的知识体系。

3. 实现全人教育

全人教育关注学生的全面发展，培养学生的认知、情感、技能等各个方面的协调发展。创意性体验活动课程通过学生的体验活动，培养创新精神和实践能力，帮助学生实现自我价值，达到全人教育的目的。

4. 强调学生中心

创意性体验活动为学生中心课程。本课程的关键就在于选择什么样的体验活动，以何种方式开展活动。只有学生作为主体积极主动地参与到体验活动当中，才能获得预期的成果。因此，创意性体验活动的选择与组织以及评价都应该考虑学生的需求和特点。

5. 以校为本的课程实施

创意性体验活动课程的编制和实施权限给予各级学校，使每个学校根据自身条件和特点编制和实施创意性体验活动课程。韩国从“第六次课程”开始把部分课程设计权限下放到学校，到“2009 修订课程”更加强化了学校的自主和创新。

第二节 我国综合实践类课程的发展

一、我国台湾地区综合实践类课程的发展

台湾“教育部”于 2018 年 2 月起陆续颁布《十二年基本教育各领域/课程纲

要》，于2019学年度开始，自小学、中学及高级中等学校一年级起逐年实施。在纲要的课程方案中我们可以看到生活课程及综合活动课程。生活课程是第一学习阶段（小学一、二年级）课程，从第二学习阶段（小学三、四年级到高中）开设综合活动课程。

（一）生活课程

生活课程每周6节课，于第一学习阶段（小学一、二年级）实施。

1. 课程性质与课程设计原则

生活课程是一个超越学科跨领域的主题统整课程，涉及自然科学、社会、艺术和综合活动（1997课改内容）四个领域的特质与内涵。生活课程是以学生为中心开展主题教学，即根据学生的发展特点，以学生所处的生活环境与经验作为学习的范畴，并通过学习，涵养学生的生活课程核心素养。

《十二年基本教育各领域/课程纲要》对课程设计原则表述为：①以学生为学习的主体；②培养学生的生活课程核心素养；③拓展学生对人、事、物的多面向意义。[①]

2. 课程内容与教学要求

生活课程纲要的学习重点包括7个主题轴、30条学习表现、74条学习表现说明、6项学习内容主题、23条学习内容。

学习重点的建构以7个主题轴：悦纳自己、探究事理、乐于学习、表达想法与创新实践、美的感知与欣赏、表现合宜的行为与态度及与人合作，作为课纲的梁柱，上接生活课程核心素养，下启学习表现与学习内容（见表2-4）。[②]

学习表现的内涵多属于大类别或是原则性的概念叙述，为了协助教师掌握教学与学生学习目标，纲要中的每一条学习表现都有数条相对应的学习表现说明，30条学习表现共包含74条学习表现说明。对教师而言，只要能掌握学习表现说明，进行课程教学及学习评量，第一学习阶段结束时，即能达成生活课程的目标。[③]

---

① 台湾十二年基本教育课程纲要，生活课程手册，2018，第51页。https：//www.naer.edu.tw/ezfiles/0/1000/img/67/476134498.pdf

② 台湾十二年基本教育课程纲要，生活课程手册，2018，第29页。https：//www.naer.edu.tw/ezfiles/0/1000/img/67/476134498.pdf

③ 台湾十二年基本教育课程纲要，生活课程手册，2018，第36～47页。https：//www.naer.edu.tw/ezfiles/0/1000/img/67/476134498.pdf

表 2-4　学习主题与学习表现[①]

主题轴	学习表现	学习表现说明
1. **悦纳自己** 透过自己与外界的联系，产生自我感知并能对自己有正向的看法，学习照顾与保护自己的方法。	1-1-1　探索并分享对自己及相关人、事、物的感受与想法。	1. 探索并分享自己的外在特征和兴趣喜好。 2. 探索并分享自己的成长会受到家庭、学校及社区文化的影响。 3. 探索并分享自己的生活会受到自然与社会环境变迁的影响。
	1-1-2　觉察每个人均有其独特性与长处，进而欣赏自己的优点、喜欢自己。	1. 透过班级、学校、家庭、社区等活动，发现每个人因性别、族群、宗教、文化等有所异同，并具有独特性。 2. 觉察自己与他人不同的特色与长处，进而欣赏自己的独特与优点。 3. 从参与各类的活动中，探索并适度发挥自己的长处。
	1-1-3　省思自我成长的历程，体会其意义并知道自己进步的情形与努力的方向。	1. 透过对自己成长现象的观察、比较及省思，觉察与分享自己各方面的变化与进步，体会生命的成长。 2. 对于自己做得不够好的事，愿意向教师或同学学习，努力尝试自己完成。 3. 觉察自己对于自己的生活和学习有影响力。
	1-1-4　珍视自己并学习照顾自己的方法，且能适切、安全地行动。	1. 透过对人或其他生物成长的探究，体会生命的价值并珍惜生命。 2. 觉知环境及其变化所造成的危险，运用合适的应变方法保护自己。 3. 觉察生活中的变动、对自己可能造成的影响，并学习适应的方法。 4. 在工作与游戏中，觉察环境问题或操作器物时可能产生的危险，并学习保护自己的方法。

① 台湾十二年基本教育课程纲要，生活课程手册，2018，第 36～47 页。https：//www.naer.edu.tw/ezfiles/0/1000/img/67/476134498.pdf

续表

主题轴	学习表现	学习表现说明
2. **探究事理** 借由各种媒介，探索人、事、物的特性与关系；学习各种探究人、事、物的方法并理解探究后所获得的道理。	2-1-1　以感官和知觉探索生活中的人、事、物，觉察事物及环境的特性。	1. 运用感官观察、辨认物体或生物的特征，以及住家、校园、学校附近（社区、部落）等环境特色。 2. 接触并辨别生活中各种自然物、人造物与艺术作品的特性，建立初步的素材探索经验。 3. 比较人、事、物的特征，辨识及表达其异同之处。 4. 依照事物、生物及环境的特征或属性进行归类。
	2-1-2　观察生活中人、事、物的变化，觉知变化的可能因素。	1. 透过观察与操作，探讨人、事、物变化的现象。 2. 从一个变动的事件或状态，觉知人、事、物会受时间、空间、外力等因素的影响而产生变化。 3. 透过现象的观察和记录，知道生命成长的历程与事物的变化。
	2-1-3　探索生活中的人、事、物，并体会彼此之间会相互影响。	1. 观察生物现象，觉察生物的生存会相互影响。 2. 接触生活中的人、事、物，觉察彼此之间是有关联性的。 3. 觉察生活周遭人、事、物之间会形成相互影响的关系。
	2-1-4　在发现及解决问题的历程中，学习探索与探究人、事、物的方法。	1. 从探索活动中体会感官和知觉对认识人、事、物的重要性。 2. 学习发现问题与提出问题的方式。 3. 从了解问题中思考可能的原因，以提出解决的方法并采取行动。
	2-1-5　运用各种探究事物的方法及技能，对信息做出适当的处理，并养成动手做的习惯。	1. 动手实验或实践，将习得的探究方法及技能，运用到生活与学习中。 2. 搜集信息、整理信息，并对事物做出预测或判断。
	2-1-6　透过探索与探究人、事、物的历程，了解其中的道理。	透过生活中人、事、物的特性、关系、变化、成长历程等的探究，获得相关的知识与概念。

续表

主题轴	学习表现	学习表现说明
3. **乐于学习** 对生活事物充满好奇与喜好探究之心，体会与感受学习的乐趣，并能主动发现问题及解决问题，持续学习。	3-1-1　愿意参与各种学习活动，表现好奇与求知探究之心。	1. 认真参与学习活动、工作及游戏，展现积极投入的行为。 2. 对生活周遭的环境和事物展现好奇心，并喜欢提出看法和问题。
	3-1-2　体会探究事理有各种方法，并且乐于应用。	觉察自己对事物的想法和做法，可以帮助自己或他人解决问题，进而乐于思考与行动。
	3-1-3　体会学习的乐趣和成就感，主动学习新的事物。	1. 乐于尝试新玩法或找出新发现，并觉察出自己的想法与做法有时也很管用。 2. 体会完成工作或解决问题的乐趣，愿意面对挑战，并持续学习。
4. **表达想法与创新实践** 使用不同的表征符号表达自己的想法，并进行创作、分享及实践。	4-1-1　利用各种生活的媒介与素材，进行表现与创作，唤起丰富的想象力。	1. 尝试运用生活中的各种素材，进行游戏与活动，表现自己的感受与想法。 2. 从事艺术、文学、科学、社会等创作活动，以唤起丰富的想象力。
	4-1-2　使用不同的表征符号进行表现与分享，感受创作的乐趣。	1. 尝试将自己的感受或想法，以某种创作形式表现。 2. 运用语文、数字、声音、色彩、图像、表情及肢体动作等表征符号，表达自己的想法，感受创作的喜乐与满足。
	4-1-3　运用各种表现与创造的方法与形式，美化生活、增加生活的趣味。	1. 觉察生活中有许多表现与创作的机会。 2. 运用探究人、事、物的方法，布置或改善生活环境。 3. 运用艺术创作形式或作品，美化自己的生活，享受生活乐趣。
5. **美的感知与欣赏** 感受生活中人、事、物的美，欣赏美的多元形式与表现，体会生活的美好。	5-1-1　觉知生活中人、事、物的丰富面貌，建立初步的美感经验。	1. 认识生活中人、事、物的特质，感受其丰富性。 2. 体验并发现生活周遭的视觉、听觉、动觉等美感元素。
	5-1-2　在生活环境中，觉察美的存在。	1. 在生活中，感知自然环境之美。 2. 在生活中，感受人文环境之美。
	5-1-3　理解与欣赏美的多元形式与异同。	1. 理解并接纳每个人对美的看法有所不同。 2. 理解美的表现方式可以很多元。 3. 欣赏生活周遭不同族群、文化、国家对于美的表现形式有所差异。 4. 透过体验活动，感知艺术的特性。

续表

主题轴	学习表现	学习表现说明
5. **美的感知与欣赏**	5-1-4　对生活周遭人、事、物的美有所感动，愿意主动关心与亲近。	1. 能发现生活周遭人、事、物的美，并与人分享感动。 2. 主动关心与亲近生活周遭美好的人、事、物。
6. **表现合宜的行为与态度** 觉察自己、他人和环境的关系，省思自己所应扮演的角色，体会生活礼仪与团体规范的意义，并学习尊重他人、爱护生活环境及关怀生命。	6-1-1　觉察自己可能对生活中的人、事、物产生影响，学习调整情绪与行为。	1. 觉察自己的情绪表现可能对生活周遭的人、事、物会有影响，学习调整情绪。 2. 知道自己的行为表现可能对他人和环境会有影响，并能用合宜的方式与其互动。
	6-1-2　体会自己分内该做的事，扮演好自己的角色，并身体力行。	1. 探索自己在班级与家庭生活中的角色，并展现适当行为。 2. 愿意在班级与家庭中做分内该做的事，并负起责任。
	6-1-3　觉察生活中的规范与礼仪，探究其意义，并愿意遵守。	1. 觉察生活作息和活动的规律性，理解生活规范和活动规则制订的原因，调整自己的行为。 2. 探究不同情境与场合中应有的礼仪，展现合宜的行为。
	6-1-4　关怀生活中的人、事、物，愿意提供协助与服务。	1. 透过服务的经验，觉察自己有助人的能力。 2. 关怀需要协助的人、事、物。 3. 理解需要协助者的感受和需求，提供适当的关怀与协助。
	6-1-5　觉察人与环境的依存关系，进而珍惜资源、爱护环境、尊重生命。	1. 探讨家、校园、学校附近（社区、部落）的环境问题及其对生活的影响，体会环境保护的重要性。 2. 亲近自然、爱护生命及珍惜资源，并愿意参与环境保育的活动。
7. **与人合作** 能与人友善互动，愿意共同完成工作，展现尊重、沟通以及合作的技巧。	7-1-1　以对方能理解的语汇或方式，表达对人、事、物的观察与意见。	运用语言、文字、图像、肢体等形式，尝试让对方理解自己对于人、事、物的观察和想法。
	7-1-2　倾听他人的想法，并尝试用各种方法理解他人所表达的意见。	1. 愿意耐心听完对方表达意见。 2. 感知及关注他人传达的信息。 3. 遇到不清楚的信息，能以适当的方式询问。
	7-1-3　觉知他人的感受，体会他人的立场及学习体谅他人，并尊重和自己不同观点的意见。	1. 透过沟通能知道他人的心情、想法、困难或需要，以同理心展现尊重的语言或行动。 2. 当与他人意见不同时，能以尊重的方式表达自己的观点。

续表

主题轴	学习表现	学习表现说明
7. **与人合作** 能与人友善互动，愿意共同完成工作，展现尊重、沟通以及合作的技巧。	7-1-4　能为共同的目标制订规则或方法，一起工作并完成任务。	1. 知道任务目标，沟通与讨论做事的方法与规则。 2. 遵守约定的规范，调整自己的行动，与他人一起进行活动与分工合作。 3. 在工作过程中，愿意协助他人或寻求他人协助。 4. 遇到困难与冲突时，能通过沟通找出适切的解决方式。
	7-1-5　通过一起工作的过程，感受合作的重要性。	1. 感觉一起工作的快乐与成就。 2. 体会团结力量大。

3. 评价

第一学习阶段的学生在生活课程中进行形成性评价和总结性评价。生活课程评价的主要目的在于引导学习方向、激发学习兴趣、培养学生自信，教师根据学生各项学习历程或结果的表现，采用行为或技能检核表、情意或态度评价表、教室观察纪录、参观报告、图文日记及各种发表活动、表演活动，或采用历程档案评价等多元的评价。[①]

(二)综合活动领域课程

1. 课程与课程架构

综合活动领域的课程在各教育阶段可根据学生身心发展与知识水平情况，弹性实施统整课程或学科课程的方式，如：小学阶段以领域课程方式实施，每周两节课；初中阶段包含家政、童军、辅导三科，每周三节课，依学校的条件，以领域教学为原则；普通型高中部制定必修科目包含生命教育、生涯规划与家政三科，在领域课程架构下采取分科教学，并鼓励开设加深加广选修课程，规划统整性主题/专题/议题探究、实践及探索体验、职涯体验及特殊需求等类型课程的学习内容，培养学生整合所学，并运用于真实情境的素养(见表 2-5)。[②]

---

① 台湾十二年基本教育课程纲要，生活课程手册，2018，第 56 页。https://www.naer.edu.tw/ezfiles/0/1000/img/67/476134498.pdf

② 台湾十二年基本教育课程纲要，综合实践活动课程领域手册，2018，第 4 页。https://www.naer.edu.tw/ezfiles/0/1000/img/67/376957114.pdf

表 2-5　课程构架[①]

<table>
<tr><th>教育阶段</th><th>学习阶段</th><th colspan="2">领域/科目名称</th><th>学习节数/学分数</th><th>备注</th></tr>
<tr><td rowspan="2">小学</td><td>第二学习阶段</td><td colspan="2">综合活动</td><td>2 节</td><td>第二学习阶段实施领域教学，每周 2 节课。</td></tr>
<tr><td>第三学习阶段</td><td colspan="2">综合活动</td><td>2 节</td><td>第三学习阶段实施领域教学，每周 2 节课。</td></tr>
<tr><td>初级中学</td><td>第四学习阶段</td><td colspan="2">综合活动</td><td>3 节</td><td>第四学习阶段以实施领域教学为原则，包含家政、童军、辅导，每周 3 节课。</td></tr>
<tr><td rowspan="6">普通型高级中等学校</td><td rowspan="6">第五学习阶段</td><td rowspan="3">部定必修</td><td>生命教育</td><td>1 学分</td><td rowspan="3">普通型高中必修科目包含生命教育(1 学分)、生涯规划(1 学分)、家政(2 学分)三科，共 4 学分，可在不同年级规划修习不同科目。</td></tr>
<tr><td>生涯规划</td><td>1 学分</td></tr>
<tr><td>家政</td><td>2 学分</td></tr>
<tr><td rowspan="3">加深加广选修</td><td>思考：智慧的启航</td><td>2 学分</td><td rowspan="3">加深加广选修课程可达 6 学分，包括：思考：智慧的启航(2 学分)、未来想象与生涯进路(2 学分)和创新生活与家庭(2 学分)。</td></tr>
<tr><td>未来想象与生涯进路</td><td>2 学分</td></tr>
<tr><td>创新生活与家庭</td><td>2 学分</td></tr>
</table>

2. 课程内容与评价

我国台湾地区《综合活动领域课程纲要》包括自我与生涯发展、生活经营与创新、社会与环境关怀 3 个主题轴，在此基础上扩展出 12 个主题项目。课程要求以学生为中心的教学原则，依据学生的准备度、兴趣、学习风格、多元智能、文化背景等设计差异化课程与教学活动，提供学生多元的学习经验；教师应善用多元教学策略，如：体验学习、价值澄清、合作学习、问题解决与创意思考等，以落实体验、省思、实践与创新等领域的基本理念；依据学习评价目的选取适切的多元评价方式，教师应依据学习评价结果与分析，诊断学生的学习状态，调整教材教法与教学进度，并提供学生适合学习的辅导和升学与就业进路的建议(见表 2-6)。[②]

① 台湾十二年基本教育课程纲要，综合实践活动课程领域手册，2018，第 11 页。https：//www.naer.edu.tw/ezfiles/0/1000/img/67/376957114.pdf

② 台湾十二年基本教育课程纲要，综合实践活动课程领域手册，2018，第 4 页。https：//www.naer.edu.tw/ezfiles/0/1000/img/67/376957114.pdf

表 2-6 小学阶段课程内容①

主题轴	主题项目	综合活动领域学习重点(列举)		学习重点的补充说明(列举)
		学习表现	学习内容	
1. 自我与生涯发展	a. 自我探索与成长	1a-Ⅱ-1 展现自己能力、兴趣与长处，并表达自己的想法和感受。	Aa-Ⅱ-1 自己能做的事。 Aa-Ⅱ-2 自己感兴趣的人、事、物。 Aa-Ⅱ-3 自我探索的想法与感受。	参与家庭、学校内外各种生活情境的活动，运用多元化方式(包括体验、角色扮演、阅读、影片欣赏、观察记录、访谈等)，探索自己的兴趣(包括人、事、物)、专长、特质、角色与会做的事，完成自己的角色任务，展现自己的长处，并分享对自我探索过程及结果的想法与感受。
		1a-Ⅲ-1 欣赏并接纳自己与他人。	Aa-Ⅲ-1 自己与他人特质的欣赏及接纳。 Aa-Ⅲ-2 对自己与他人悦纳的表现。	透过观察、互动、省思及参与各项活动，觉察自己与他人特质的异同，欣赏每个人的特色，接纳彼此的差异，用真诚的态度与实际行动，肯定自己，赞美他人。
2. 生活经营与创新	d. 生活美感与创新	2d-Ⅱ-1 体察并感知生活中美感的普遍性与多样性。	Bd-Ⅱ-1 生活美感的普遍性与多样性。 Bd-Ⅱ-2 生活美感的体察与感知。	1. 借由接触生活中的人、事、物，引发美的感动，体察生活中处处都有美，感知美感的普遍性；透过独特的美感品位分享，体察各人不同的美感经验，感知美感的多样性。 2. 经由直接、间接或替代性的体验，体察并感知生活中有形(如：穿着、空间安排等)及无形(如：人际互动、文化意涵等)的美感，进而学习尊重与欣赏他人的美感品位。 3. 通过师生、同学共学，分享自己或他人运用创意解决生活问题的经验，学习从不同观点理解问题，尝试发展创意的解决策略，并省思新策略执行后的影响。

① 台湾十二年基本教育课程纲要，综合实践活动课程领域手册，2018，第 39～41 页。https://www.naer.edu.tw/ezfiles/0/1000/img/67/376957114.pdf

续表

主题轴	主题项目	综合活动领域学习重点(列举)		学习重点的补充说明(列举)
		学习表现	学习内容	
2. 生活经营与创新	d. 生活美感与创新	2d-Ⅲ-1 运用美感与创意，解决生活问题，丰富生活内涵。	Bd-Ⅲ-1 生活美感的运用与创意实践。	通过师生、同学协作，发展并分享个人如何运用美感与创意解决生活问题，丰富生活内涵，进而同理、尊重与欣赏他人运用美感和创意，解决生活问题的多样性表现，并提供建设性的反馈。
3. 社会与环境关怀	c. 文化理解与尊重	3c-Ⅱ-1 参与文化活动，体会文化与生活的关系，并认同与肯定自己的文化。	Cc-Ⅱ-1 文化活动的参与。 Cc-Ⅱ-2 文化与生活的关系及省思。 Cc-Ⅱ-3 对自己文化的认同与肯定。	通过体验、角色扮演、阅读、影片欣赏、观察记录、访谈等方式，关心并积极参与各项文化活动(如：校内外的节庆活动、文化习俗、传统祭典、民俗活动、各种展演等)；借由参与或讨论，体会并省思文化与生活之间的关系及文化对生活的影响，从中了解、接受及悦纳自己的文化，进而乐于与他人分享。
		3c-Ⅲ-1 尊重与关怀不同的族群，理解并欣赏多元文化。	Cc-Ⅲ-1 不同族群的优势与困境。 Cc-Ⅲ-2 与不同族群相处的态度和礼仪。 Cc-Ⅲ-3 生活在不同文化中的经验和感受。 Cc-Ⅲ-4 对不同族群的尊重、欣赏与关怀。	1. 通过体验、角色扮演、阅读、影片欣赏、观察记录、访谈等方式，认识自己的族群和其他族群的传统及文化，发现特色与异同，并觉察不同族群(包括不同种族、性别、社会阶层、语言、宗教、文化背景、地域环境、年龄层及身心障碍等)的优势与困境，进而用自己能力所及的行动，表达关怀与协助。 2. 通过参访、角色扮演、讨论或分享等，体会身为不同族群的经验与感受，觉察对不同文化的偏见或刻板印象，省思和不同族群相处时应有的态度和礼仪(如：尊重不同族群者的文化习俗与生活方式、在多元文化中合宜的相处态度与礼仪)，避免出现有歧视性的言行，表现对多元文化的尊重与欣赏。

二、我国大陆地区综合实践类课程的发展

1949年新中国成立以来，我国的综合实践类课程经历了一个曲折的发展过程，课程形态的发展呈现为课外活动—活动课程—综合实践活动课程三个阶段。

(一)课外活动

新中国成立初期，受当时苏联的影响，我国将新中国成立前的课程标准改革为教学计划，把课程标准中的各分科课程标准改革为教学大纲，其指导思想是强调学科课程，而把学科课程以外的各种形式的活动统称为课外活动。

教育部在不同历史阶段所制订的教学计划中大都附有课外活动的说明。1955年教育部颁布了《关于小学课外活动的规定》，规定中明确指出了“课外活动”内容、时间和实施细则。虽然提高了对课外活动重视程度，但由于我国课程体系的学科倾向明显，课外活动没有取得和学科课程并重的地位，只是作为课堂活动的补充和延伸。

20世纪80年代，课外活动逐步受到了人们的关注。1981年制定的《全日制小学教学计划(修订草案)》中，第一次把课外活动列入教学计划，纳入周课时总量，使课外活动具有了教育性、自愿选择性、实践性等特点。

1984年，我国颁布的《全日制城市小学教学计划(草案)》，把“课外活动”改称为“活动”。1986年，我国《义务教育全日制小学、初级中学教学计划(初稿)》的课程设置表中不仅规定了学科课程，还首次规定了课外活动的课时。

总体上讲，这一时期的课外活动存在着明显的不足，如课外活动的目标比较泛化，层次低，未能从学生发展的角度深入研究制定教育目标；活动内容领域单一，未能全面地联系学生的生活与社会的需求，仅限于课堂、学校范围；缺乏必要和有效的评价与管理机制。

(二)活动课程

20世纪90年代以来，人类社会全球一体化、信息化、国际化的发展趋势明显加速，社会对高素质人才的培养提出了更高的要求。在这样的背景下，活动课程的设置成为落实素质教育的产物。

1992年，国家教育委员会颁布了《全日制九年义务教育阶段小学、初中课程计划》(以下简称《课程计划》)，对学校开设活动课程提出了要求，首次采用了“活动课程”这一名称，明确提出学校“课程包括学科和活动两部分，活动在实施全面发展教育中同学科相辅相成，各地应有计划、有步骤地组织实施”。《课程计划》将活动课程分为晨会(夕会)、班团队活动、体育锻炼、科技文体活动等类型。晨会(夕会)、班团队活动、体育锻炼属于必修活动，全体学生

都必须参加；科技文体活动属于选修活动，学生可根据自己的兴趣、爱好，自由选择参加活动。

为了与义务教育课程计划衔接，教育部在接着制定的《全日制普通高级中学课程计划(实验)》中，第一次把高中课程分为学科类课程和活动类课程。

为了加强对活动课程的指导，国家教委基础教育司于1996年颁布了《九年义务教育课程指导纲要(试行)》，对活动类课程的地位和作用、培养目标、内容形式、实施原则、管理和评估等做出了明确规定，对我国活动类课程的发展起到了积极的推动作用。

(三)综合实践活动课程

在活动课程开展的基础上，2001年《国家基础教育课程改革纲要(试行)》(以下简称《纲要》)规定“从小学至高中设置综合实践活动并作为必修课”。综合实践活动课程的设置呼应了当前国际上课程向学生生活和经验回归，促进受教育者人格整体发展的改革潮流。

《纲要》规定了综合实践活动课程的内容主要包括信息技术教育、研究性学习、社区服务与社会实践、劳动与技术教育四大领域。“强调学生通过实践，增强探究和实践意识，学习科学研究的方法，发展综合运用知识的能力。增进学校与社会的密切联系，培养学生的社会责任感。在课程的实施过程中，加强信息技术教育，培养学生利用信息技术的意识和能力。了解必要的通用技术和职业分工，形成初步的技术能力。”

显然与活动课程相比，作为国家课程的综合实践活动课程无论是从课程的地位、内容，还是从课程的总体目标都有了明确规定。综合实践活动课程是具有中国特色的课程，是新一轮基础教育改革的亮点。

2017年9月，教育部颁布了《中小学综合实践活动课程指导纲要》(以下简称《指导纲要》)，就综合实践活动课程的性质与基本理念、课程目标、课程内容与活动方式、学校对课程的规划与实施、课程管理与保障等一系列关乎课程发展的重要问题做出了明确规定，重申了综合实践活动课程在基础教育课程体系中的地位，厘清了影响综合实践活动课程实施的若干理论与实践关系，也明确了综合实践活动课程的未来发展方向。

《指导纲要》的颁布，结束了自综合实践活动课程设置以来只有课程而没有具体指导性文件的状况，对于课程的实施与发展具有重要的意义和作用，标志着综合实践活动课程迈入了规范发展阶段。

本章小结

1. 德国综合实践类课程的特点

(1)一切为了孩子的发展；

(2)主题专一，内容广泛；

(3)强调合作学习；

(4)重视实践活动，融各学科知识于一体；

(5)突出情境模拟和角色扮演；

(6)注重文化与历史。

2. 美国综合实践类课程的主要教育目标

主要包括自我意识发展、存在经验的发展以及唤醒学生对外在实体的反省批判意识，并通过实际的活动对不利于人的发展的因素加以改进①。如美国的应用学习标准的目标，主要分为五个目标领域，即问题解决(A1)、交流的手段和技巧(A2)、信息手段和技巧(A3)、学习和自我管理的手段和技巧(A4)、协同合作的手段和技巧(A5)；以及九大能力的培养，即收集、分析、整理信息，交流思想和信息，安排和组织资源，与他人共同工作和从事集体工作，解决问题，使用数学思想和技巧，使用技术，随时根据需求进行学与教的理解，设计(生产)系统。

3. 日本综合学习课程的学习目标

2008年《学习指导纲要》规定了综合学习课程的学习目标为“通过开展横向的、综合的学习探究活动，培养学生自己发现问题、自我学习和思考、能够主观判断和解决问题的素养和能力，同时，指导学生掌握学习和思考的方法，培养学生在问题解决和探究活动中的主体参与意识，养成能够创造性、合作性地对待各种问题的态度，进而引导学生思考自己的人生。”

4. 韩国“2009修订课程”的综合实践类课程为创意性体验活动课程。通过丰富多彩的体验活动课程，培养创新型、学习型人才。创意性体验活动课程主要包括自主活动、社团活动、社会服务、职业生涯活动四个领域。创意性体验活动课程的主要特点为注重创新、强化体验、实现全人教育、强调以学生为中心、以校为本的课程实施。

5. 我国台湾地区综合实践类课程分为生活课程和综合活动领域课程，生活课程为小学一、二年级即第一学习阶段开展，生活课程是一个超越学科的跨领域的主题统整课程，涉及自然科学、社会、艺术和综合活动(1997年课改内容)四个领域的特质与内涵。生活课程是以学生为中心开展主题教学，即根据学生的发展特点，以学生所处的生活环境与经验作为学习的范畴，并通过学习，涵养学生的生活课程核心素养。

---

① 张华：《活动课程的“概念重建主义”理论探索》，载《外国教育资料》1996年第1期。

综合活动领域的课程在各教育阶段可根据学生身心发展与知识水平情况，弹性地实施统整课程或学科课程的方式，例如：小学阶段（三至六年级）以领域课程方式实施，每周两节课；初中阶段包含家政、童军、辅导三科，每周三节课，依据学校的条件，以领域教学为原则。普通型高中部定必修科目包含生命教育、生涯规划与家政三科，在领域课程架构下采用分科教学，并鼓励开设加深加广选修课程，规划统整性主题/专题/议题探究、实作及探索体验、职业生涯试探及特殊需求等类型课程的学习内容，培养学生整合所学，并运用于真实情境的素养。

6. 新中国成立以来，我国活动类课程形态的发展呈现出课外活动—活动课—综合实践活动课程三个阶段。

探究与实践

1. 德、美、日、韩各国综合实践类课程有什么共同特点？存在哪些问题？

2. 新中国成立以来，我国大陆综合实践类课程经历了怎样的发展过程？

3. 从国内外综合实践活动类课程发展的历程思考综合实践类课程设置的意义。

第三章　综合实践活动课程理念、目标与教育价值

学习要点

1. 综合实践活动的课程性质与基本理念。
2. 综合实践活动的课程目标。
3. 综合实践活动的教育价值。

第一节　综合实践活动课程的课程性质与基本理念

一、综合实践活动的课程性质

2001 年，教育部颁布的《基础教育课程改革纲要(试行)》中规定“从小学至高中设置综合实践活动并作为必修课”，使我国课程结构打破了必修课中学科课程一统天下的状况，作为国家层面的法定课程，由学科课程和综合实践活动课程两类课程共同构成，这是我国课程体系的进一步完善。经过十几年的理论与实践的探索，教育部于 2017 年 9 月正式颁布了《中小学综合实践活动课程指导纲要》(以下简称《指导纲要》)，明确了综合实践活动课程的性质，即“综合实践活动课程是从学生的真实生活和发展需要出发，从生活情境中发现问题，转化为研究主题，通过探究、服务、制作、体验等方式，培养学生综合素质的跨学科实践性课程。综合实践活动课程是国家义务教育和普通高中课程方案规定的必修课程，与学科课程并列设置，是基础教育课程体系的重要组成部分。该课程由地方统筹管理和指导，具体内容以学校开发为主，自小学一年级至高中三年级全面实施”。

二、综合实践活动的基本理念

(一)以培养学生综合素质为导向，关注学生问题解决能力

综合实践活动强调学生综合运用各学科知识，认识、分析和解决现实问题，提升综合素质，着力发展核心素养，特别是社会责任感、创新精神和实

践能力，以适应快速变化的社会生活、职业世界和个人自主发展的需要，迎接信息时代和知识社会的挑战。

综合实践活动编织的是一条为学生与其所在的现实世界发生联系和相互作用的纽带。“问题”是学生与现实世界相互作用的关结点，综合实践活动即是以“问题解决”为中心组织活动过程的。解决问题的过程缩短了学生生活与社会需要和现代科技成果之间的距离，为学生认识世界和感受生活创造了良好的条件。

在有效地进行“问题解决”的过程中，学生必将会主动地运用学过的知识；在对问题进行探究的时候，也一定会学习和使用各种相关的方法和技能。同样，解决问题的过程，无论成功与否，都会伴随着酸、甜、苦、辣等鲜活的体验和感受。在这一活动的过程中，组织者和实践者绝不能忽视，更不能拒绝理论对实践的指导和调节作用，在活动过程中尤其要着重对学生进行科学方法的训练，使他们了解取得科学结论必须遵循的一般程序，学习针对不同性质的问题逐步掌握各种解决问题的基本方法和要领，学会发现、学会探究，不断地提高运用科学方法解决问题的能力。

(二)课程开发面向学生的现实生活，立足其适应现实和未来的需求

本课程面向学生完整的生活世界，引导学生从日常学习生活、社会生活或与大自然的接触中提出具有教育意义的活动主题，使学生获得关于自我、社会、自然的真实体验，建立学习与生活的有机联系。要避免仅从学科知识体系出发进行活动设计，要面向学生完整的生活领域，关注学生现实和未来的需要，从整体上把握活动的内容、结构和层次，努力为学生创造健康发展的开放空间。

综合实践活动的开发和实施要克服当前基础教育课程脱离学生自身生活和社会生活的倾向，主张以学生与自然、学生与他人和社会、学生与自我的关系这样三条线索作为内在的逻辑线索进行开发。应该关注学生的现实需要，从学生的生活实际出发，并尊重学生的兴趣和爱好，从现实生活中选择问题或课题进行研究。教育既要源于生活，又要高于生活，对学生活动的设计，亦应未雨绸缪，兼顾学生的长远发展，主动帮助他们适应未来世界的需要。当前，尤其应该从整体上考虑满足学生适应未来知识经济时代对人才多方面的需求，把学生活动的现实世界的要求和科学世界以及现代社会发展的需要整合起来，科学地进行项目设计和活动资源开发。同时又鼓励秉持多元化价值标准，因地制宜、因人而异地开发各类活动资源。提倡学科渗透，鼓励文理交融，体现个人、自然和社会的整合，渗透科学、艺术和道德的整体教育。坚持整体规划，周密设计，鼓励开放生成，另辟蹊径，引导学生在活动中学会关爱自己，热爱生活，关心自然，关注社会。

总之，综合实践活动面对的学生完整的生活领域，是一个丰富多彩的、发展的、完整的系统，是为学生发展营造的一个良好的空间。作为活动的组织者，要充分利用综合实践活动的这一优势，在活动不断深化的过程中实现学生个性的张扬，有效地促进学生生动、活泼、主动地得到发展。

（三）注重学生主动实践和开放生成，实现学生学习方式的变革

综合实践活动的本质，是基于实践的学习。它以学生的实践和经验作为基础，鼓励学生对知识的综合运用，鼓励学生的自主选择，将学生的需要、动机和兴趣置于核心地位，它追求的是获得知识的科学方法和深刻的体验过程，因而是一种以积极的情感体验和深层次的认知参与为核心的学习方式。开发和实施综合实践活动，就要着眼于学生的实践和经验，变结论性学习为过程性学习，指导学生掌握探究的方法和要领，在活动的实践中引导学生实现对活动过程的积极情感体验，感受活动的乐趣，促进学生的发展。

开发和实施综合实践活动应为学生设计多种性质的学习空间，帮助学生通过考察、操作、实验、测量、分析、总结等“做中学”的实践过程进行探究学习。活动过程既要注重学生的兴趣和需要，鼓励学生自主选择，积极参与，大胆实践，又要有针对性地对活动给予有效指导，在实践中总结和提高，实现从感性到理性、从经验到理论的提升。帮助学生学会用自己的眼睛去观察世界，用自己的头脑去判断事物，用自己的方式去表达成果，激发他们的创新精神和实践能力。

（四）课程评价主张多元评价和综合考察

综合实践活动要求突出评价对学生的发展价值，充分肯定学生活动方式和问题解决策略的多样性，鼓励学生自我评价与同伴之间的合作交流和经验分享。提倡多采用质性评价方式，避免将评价简化为分数或等级。要将学生在综合实践活动中的各种表现和活动成果作为分析考察课程实施状况与学生发展状况的重要依据，对学生的活动过程和结果进行综合评价。

各学校和教师要以促进学生综合素质持续发展为目的设计与实施综合实践活动评价。要坚持评价的方向性、指导性、客观性、公正性等原则。通过对学生成长过程的观察、记录、分析，促进学校及教师把握学生的成长规律，了解学生的个性与特长，不断激发学生的潜能，为更好地促进学生成长提供依据。教师要指导学生客观记录参与活动的具体情况，包括活动主题、持续时间、所承担的角色、任务分工及完成情况等，及时填写活动记录单，并收集相关事实材料。要指导学生分类整理、遴选具有代表性的重要活动、典型事实材料及其他有关资料，编排、汇总、归档，引导学生扬长避短，明确努力方向。

第二节　综合实践活动课程的目标

综合实践活动课程在立德树人中发挥重要作用。这门课程旨在鼓励学生综合运用各学科知识，认识、分析和解决现实问题，提升综合素质、着力发展核心素养，特别是社会责任感、创新精神和实践能力。教育部2017年颁布的《中小学综合实践活动课程指导纲要》中明确规定了课程总目标和各个学段的目标如下：

一、课程目标

学生能从个体生活、社会生活及与大自然的接触中获得丰富的实践经验，形成并逐步提升对自然、社会和自我之内在联系的整体认识，具有价值体认、责任担当、问题解决、创意物化等方面的意识和能力。

二、学段目标

1. 小学阶段的具体目标

(1)价值体认：通过亲历、参与少先队活动、场馆活动和主题教育活动，参观爱国主义教育基地等，获得有积极意义的价值体验。理解并遵守公共空间的基本行为规范，初步形成集体思想、组织观念，培养对中国共产党的朴素感情，为自己是中国人感到自豪。

(2)责任担当：围绕日常生活开展服务活动，能处理生活中的基本事务，初步养成自理能力、自立精神、热爱生活的态度，具有积极参与学校和社区生活的意愿。

(3)问题解决：能在教师的引导下，结合学校、家庭生活中的现象，发现并提出自己感兴趣的问题。能将问题转化为研究小课题，体验课题研究的过程与方法，提出自己的想法，形成对问题的初步解释。

(4)创意物化：通过动手操作实践，初步掌握手工设计与制作的基本技能；学会运用信息技术，设计并制作有一定创意的数字作品。运用常见、简单的信息技术解决实际问题，服务于学习和生活。

2. 初中阶段的具体目标

(1)价值体认：积极参加班团活动、场馆体验、红色之旅等，亲历社会实践，加深有积极意义的价值体验。能主动分享体验和感受，与教师、同伴交流思想认识，形成国家认同，热爱中国共产党。通过职业体验活动，发展兴趣专长，形成积极的劳动观念和态度，具有初步的生涯规划意识和能力。

(2)责任担当：观察周围的生活环境，围绕家庭、学校、社区的需要开展服务活动，增强服务意识，养成独立的生活习惯；愿意参与学校服务活动，增强服务学校的行动能力；初步形成探究社区问题的意识，愿意参与社区服务，初步形成对自我、学校、社区负责任的态度和社会公德意识，初步具备法治观念。

(3)问题解决：能关注自然、社会、生活中的现象，深入思考并提出有价值的问题，将问题转化为有价值的研究课题，学会运用科学的方法开展研究。能主动运用所学知识理解与解决问题，并做出基于证据的解释，形成基本符合规范的研究报告或其他形式的研究成果。

(4)创意物化：运用一定的操作技能解决生活中的问题，将一定的想法或创意付诸实践，通过设计、制作或装配等，制作和不断改进较为复杂的制品或用品，发展实践创新意识和审美意识，提高创意实现能力。通过信息技术的学习实践，提高利用信息技术进行分析和解决问题的能力及数字化产品的设计与制作能力。

3. 高中阶段的具体目标

(1)价值体认：通过自觉参加班团活动、走访模范人物、研学旅行、职业体验活动，组织社团活动，深化社会规则体验、国家认同、文化自信，初步体悟个人成长与职业世界、社会进步、国家发展和人类命运共同体的关系，增强根据自身兴趣专长进行生涯规划和职业选择的能力，强化对中国共产党的认识和感情，具有中国特色社会主义共同理想和国际视野。

(2)责任担当：关心他人、社区和社会发展，能持续地参与社区服务与社会实践活动，关注社区及社会存在的主要问题，热心参与志愿者活动和公益活动，增强社会责任意识和法治观念，形成主动服务他人、服务社会的情怀，理解并践行社会公德，提高社会服务能力。

(3)问题解决：能对个人感兴趣的领域开展广泛的实践探索，提出具有一定新意和深度的问题，综合运用知识分析问题，用科学的方法开展研究，增强解决实际问题的能力。能及时对研究过程及研究结果进行审视、反思并优化调整，建构基于证据的、具有说服力的解释，形成比较规范的研究报告或其他形式的研究成果。

(4)创意物化：积极参与动手操作实践，熟练掌握多种操作技能，综合运用技能解决生活中的复杂问题。增强创意设计、动手操作、技术应用和物化能力。形成在实践操作中学习的意识，提高综合解决问题的能力。

三、主题活动目标

在课程实施的具体过程中，课程目标和学段目标是抽象程度较高、概括性较强的目标。在制定具体主题活动目标时，应在把握综合实践活动总目标和学段目标的基础上，根据选定的活动内容及学生的年龄特点制定具体的主题活动目标，使学生更好地、更深入地理解和认同这些具体目标，以更好地发挥目标的导向和激励作用。

对一些需要长周期完成的主题活动，除了设计主题活动目标，还要按活动的进程确立阶段活动目标和课时目标。

(一)主题活动目标的制定

主题活动目标是指学生参加一个主题活动的方向和应达到的要求。主题活动目标的确定是由“普遍性目标”走向“行为性目标”“体验性目标”和“表现性目标”的过程。“行为性目标”是对学生提出可操作、可行为化的活动方式和能力方面的要求。“体验性目标”是对学生在活动实施过程中提出的过程体验的要求和情感态度变化的要求。“表现性目标”是指对学生提出的个性化发展的要求。

综合实践活动的目标与活动的内容、方式是密切关联的，没有亲身的经历就不会产生相应的经验。要培养学生形成适应力，首先要根据学生的年龄特点与接受能力，以他们在生活、生存过程中必须形成的经验作为出发点，选择典型的活动内容和形式，来实现实践经验的目标。内容是实现目标的载体，没有内容的配合，目标的描述就是空泛的。当我们在思考培养学生的目标时，也要思考能够实现目标的内容，将各种目标与学生活动的具体任务相关联，引导学生通过完成活动任务来达成目标。这就需要教师根据主题活动的内容和对学生基本情况的分析，来制定比较明晰的基本目标。

确定主题活动目标一般应经历以下几个过程：

第一，根据具体的活动内容，对照上位目标(即学段目标、年级目标、学期目标)确定主题目标的侧重点。

第二，认真分析学生的实际水平，明确研究什么，怎样研究，要达到什么程度。

第三，按活动的任务顺序列出可操作、可观察、可测量的具体目标。

第四，从中选择重点目标，并用简单明确的语言陈述清楚。在目标设计过程中，还需要对学生的知识与技能、活动过程与方法、情感态度与价值观做整体考虑，保证学生在综合实践活动的学习经历中，获得多方面的发展。

(二)阶段活动目标的设计

综合实践活动是师生双方在其活动开展过程中逐步建构生成的课程。随着实践活动的不断展开，学生的认识和体验不断深化，新的活动目标和活动主题将不断生成，综合实践活动的课程形态随之不断完善。因此，在必要时可根据活动的不同阶段设计活动的阶段目标。

阶段目标是学生参加某一阶段活动的方向和应达到的要求。如活动准备阶段的活动目标、活动实施阶段的活动目标及活动总结阶段的活动目标。由于每个活动阶段学生的活动方式不同，活动目标也会有差异。例如，活动准备确定阶段应更多地关注学生如何选择主题、提出问题，如何构思选题、确立活动目标内容，如何制定活动方案、优化完善方案。活动实施阶段则比较关注搜集信息的能力、解决问题的能力，如何利用和经历多样化的活动方式和实践方式、做好活动过程的记录和活动资料的整理等目标。活动总结交流阶段要关注成果呈现方式的多样性、学生自我反思能力等方面的目标。

(三)课时活动目标要求

课时活动目标是指学生在某一课时或参加一次具体的活动所要达到的要求。它可以是一次课堂内的教学活动，也可以是一次课外的实践活动，它的目标是对主题活动总目标与阶段性目标的具体化。在设计上更有针对性，更具操作性。

在具体制定目标时，需要把阶段目标分解为若干个基本指标。如在统计调查结果的课上，可以要求学生能用一到两种统计方法对调查数据进行统计。这些可操作性的目标不仅让学生有了具体的任务支持和努力的方向，而且为活动的评价提供了依据。

从主题目标到阶段目标再到课时目标，要做到上一级目标制约下一级目标，下一级目标的落实有效地推进了上一级目标的实现，所以说主题活动目标的三个层面是一个有机的整体。

第三节　综合实践活动的教育价值

了解综合实践活动作为必修课程形成和发展的历史，理解综合实践活动作为一门独立的课程形态在新课程体系中的重要地位，以及课程在形成学生创新精神和实践能力方面所具有的独特的教育价值，无疑会增强人们实施综合实践活动课程的主动性和自觉性。

一、充分理解综合实践活动的教育价值

综合实践活动课程是国家义务教育和普通高中课程方案规定的必修课程，与学科课程并列设置，是基础教育课程体系的重要组成部分。它在引导学生深入理解和践行社会主义核心价值观，在完成立德树人根本任务中发挥着重要作用。

(一)完善了基础教育课程结构体系

我国现行的课程体系存在着若干缺陷，集中表现在：更多地强调学科知识逻辑体系，忽视了学生个性的健全发展；过多地倚重接受式学习，未能充分发挥探究学习、发现学习在人的发展中的价值；过多地强调了发生在教室里的对书本知识的学习和认知，而忽视了人的社会经验的获得和实践能力的形成。

2001 年教育部颁布的《基础教育课程改革纲要(试行)》中规定“从小学至高中设置综合实践活动并作为必修课”，综合实践活动课程作为必修的活动类课程由此诞生。与学科课程并列设置的综合实践活动课程，秉承了实践育人的基本理念，经历十几年的理论与实践的探索，2017 年，教育部颁布的《中小学综合实践活动课程指导纲要》(以下简称《指导纲要》)中对综合实践活动的课程性质、目标、内容与实施等具体要求做出明确规定。综合实践活动课程的开设，标志着我国基础教育课程体系的结构性突破，使我国课程结构打破了必修课中学科课程一统天下的状况。作为国家层面的法定课程由学科课程和活动课程两类课程共同构成，这是我国课程体系的进一步完善。实现学科课程和活动课程同时并举，使其各自发挥自己的优势，有助于实现两者教育功能的互补，有利于发挥课程全面育人的积极作用。

(二)培育学生对社会主义核心价值观的认同，提高其综合素质

《基础教育课程改革纲要(试行)》中提出：“改变课程过于注重知识传授的倾向……改变课程内容难、繁、偏、旧和过于注重书本知识的现状……改变课程实施过于强调接受学习、死记硬背、机械训练的现状……”《国家中长期教育改革和发展规划纲要(2010—2020)》(以下简称《纲要》)中也明确提出：“坚持德育为首，能力为重。优化知识结构，丰富社会实践，强化能力培养。着力提高学生的学习能力、实践能力、创新能力。”

综合实践活动课程是基础教育课程体系中指向学生的创新精神和实践能力培养的核心课程，对于实现人才培养目标有着举足轻重的作用。《指导纲要》要求“课程开发面向学生的个体生活和社会生活”，也就是面向学生完整的生活世界。学生的生活世界不仅是书本、学校、家庭，还涉及社区、乡村、大自然、民族、国家乃至人类现在和将来丰富多彩的真实世界。在这个真实的世界中，学生自主发现问题，形成课题，在解决问题的过程中，在考察探究的过程中，在参与社会、服务社会的活动中会得到很多积极鲜活的体验与感悟，这些体验与感悟会进一步内化形成学生的认识、意识乃至价值观念。正如《指导纲要》中对总目标的表述：“学生能从个体生活、社会生活及与大自然的接触中，获得丰富的实践经验，形成并逐渐提升对自然、社会和自我的

内在联系的整体认识，具有价值体认、责任担当、问题解决、创意物化等方面的意识和能力。”这其中的价值体认，就是学生通过对家乡或社区变化的考察、通过对爱国主义教育基地的参观、通过对社会主义新农村和现代工业及高科技企业的考察、通过红色之旅、通过对非物质文化传人及各行业模范人物的访谈、通过对传统文化和环境问题的探究等各种社会实践所获得的对社会道德与规则的认同、对民族文化的认同、对国家的认同、对社会主义制度的认同，从而建立民族自信、文化自信和制度自信。

从小学到高中系统地开设综合实践活动课程，这是一个长期的、系统的通过课程形式进行全面育人的过程。通过丰富多彩的综合实践活动，潜移默化地使学生“体悟个人成长与社会进步、国家发展和人类命运共同体的关系”。这种体悟是切身的，是任何说教所不能及的。在这种体悟下，学生会更加积极地生活、学习，会关注社区和社会的发展，会积极投入社区服务和志愿者服务中。

综上所述，通过开展综合实践活动，学生发现和提出问题的能力得到了发展，能够运用多种方法分析并解决问题，使解决问题的方法和思路有所创新，实践与反思能力逐渐增强，交流与合作能力明显增强。综合实践活动课程在学生知识的运用、综合能力的发展、综合素质的提高、社会主义核心价值观的发展等方面会起到任何课程不可替代的作用。

（三）塑造学校课程文化，形成学校课程特色

综合实践活动课程是一门国家课程，由于这门课程具有开放性、生成性，在实施时需要各地区和学校因地制宜，基于现实资源进行校本化地实施。因此这门课程具有实践性，具有成为学校课程结构中较为活跃的板块，有助于学校课程文化的塑造。

案例分享：

“中英文小导游”：学校的特色课程和教育品牌

北京市海淀区西苑小学　庞　奕

经常去颐和园游玩的朋友，在十七孔桥、文昌阁、德和园大戏楼、佛香阁等知名景点前，常常能看到穿着整齐校服、戴着红领巾的小学生，他们用洪亮的声音把颐和园的故事向游客们娓娓道来，学生还特别为外国游客进行了英语介绍。热情的服务、细致的讲解，使来往的游客无不对这些学生交口称赞。他们就是来自西苑小学的“中英文小导游”。2007 年以来，已有 600 多名学生亲身参与了颐和园、圆明园、香山公园、海淀公园、玉渊潭公园和海淀公共安全馆等“五园一馆”的“小导游”工作，成为学校“中

英文小导游”综合实践课程的直接受益者。

“小导游”课程的顺利开发，得益于学校得天独厚的地理位置条件。近年来，学校紧紧围绕“颐和文化”，以“中英文小导游”综合实践活动课程为切入点，充分开发整合周边资源，成功地使学生走进社会、服务社区。

为了做好“中英文小导游”工作，师生们做了大量细致的准备工作。教师要带着学生广泛地学习古典园林文化历史知识，培养学生学习历史文化的兴趣。学生则在分组设计导游提纲的过程中，开拓思路，不断创新，提高了合作能力。每一次实践活动结束后，教师都及时组织学生交流感受，写导游日记和学习体会，不断增强他们做好“小导游”工作的勇气和信心。学生在导游日记里写下了自己的真挚感言，让教师和家长看到了他们参与“小导游”综合实践课程的成长和收获。

“小导游”课程的开设使学生对学习和生活有了全新的体验与尝试，在社会大课堂中实现了兴趣与个性特长的发展。学校通过综合实践活动课程内容、形式的延伸、拓展，实现了社区教育的优化发展、资源共享，在培养学生独特生命个性、完善学生人格、促进学生健康成长上，迈出了坚实有力的一步。

另外，通过开展综合实践活动，鼓励学生形成独立见解，有助于学生形成独立研究问题的习惯和能力，有助于引导学生实现科学精神与人文精神的双向平衡、协调发展，培养学生既信奉科学又崇尚人文，从小形成求真务实的思想和习惯。这些都有利于塑造学校文化，促进科学与人文的融合，培植学校创新文化氛围。

一个国家和民族的发展水平，是其历史文化长期淀积的结果，作为观念的文化会时刻影响经济和政治的发展。设置综合实践活动，改革中小学的课程结构，必将对重塑学校文化的过程和质量产生深远的影响，进而对国家政治经济的发展和国家民族的前途产生了潜移默化的作用。

二、充分实现综合实践活动课程的教育功能

（一）澄清错误认识，树立正确的综合实践活动课程观

充分实现这一新型课程的教育价值，发挥其教育功能，推动综合实践活动课程的有效实施，必须对这些问题有一个正确和清醒的认识。

新课程改革以来，各个学科都强调“实践、探究”。中小学校也拥有了对综合实践活动课程、地方课程、校本课程等课程更大、更灵活的自主权。不少学校在对综合实践活动课程为何与学科课程并列设置、其课程独特功能与

属性定位等问题模糊不清，缺乏正确的课程观。这一问题突出表现在处理综合实践活动与学科实践活动、校本课程、地方课程、科技活动等关系时存在模糊认识。

有些学校认为“在各学科教学中渗透实践学习的理念就够了，不必单独开设综合实践活动”。就学科中的综合性学习与综合实践活动课程的关系而言，从单个的活动来看，学科中的综合性学习是对学科学习的拓展和加深，有的符合实践性、可研究性、价值性的选题要求，本身可以作为综合实践活动的研究选题，而有的明显以巩固或拓宽学科知识为取向，不符合实践性课程的要求。从更加宏观的学校实施课程的角度看，尽管我们认可综合实践活动课程的研究主题可以从学生的学科学习中来，但是把综合实践活动课程完全放归学科综合性学习，有悖于学生对生活世界的探究，必将导致综合实践活动内容的窄化和课程独立性的降低。

有些学校把综合实践活动与学科的综合性学习相混淆，以后者替代前者；有的学校厘不清综合实践活动与校本课程、地方课程的关系；还有些学校把少数学生参与的科技活动、社团活动当成了综合实践活动课程的主流。

就综合实践活动课程与校本课程、地方课程的关系而言，综合实践活动课程与其存在差异，同时在很多方面又有交叉，可以协调起来实施。例如，学校在实施综合实践活动课程的过程中，需要用校本课程开发的技术来进行设计和实施。而校本课程不是一门具体的课程，它是国家三级课程管理制度中属于学校自主管理的那部分课程，是根据学校的实际情况来开设的。地方课程是充分利用地方课程资源而开发、设计、实施的课程，是不同地方对国家课程的补充，反映了地方和社区对学生素质发展的基本要求。校本课程和地方课程的内容和学习方式可以是以实践性为主的课程，当然也可以是知识取向，这本身并无可厚非。但如果把校本课程、地方课程的内容同时设定为综合实践活动课程，那么地方课程、校本课程的内容设计和学习方式就要符合综合实践活动课程的理念。例如有的学校开设了围棋、书法、国学诵读等传统文化类的校本课程，如果同时作为综合实践活动课程的内容就有悖于综合实践活动课程作为实践性课程的要求。

同样，综合实践活动应该是面向全体学生的活动。不能把少数学生参与的科技活动、兴趣小组简单等同于综合实践活动，那样势必将跌回到活动课程的老路上去。

（二）规范制度建设，提供综合实践活动实施的政策环境

课程建设不仅需要理论研究和实践探索，更需要政策的扶持和制度的完善以保证其常态化和规范化。要加强中小学校综合实践活动课程的制度建设，

才能确保教学的实施效果，促进课程的良性发展。如果不进行相应的制度设计，仅靠个别教师和学生的热情，那么学校不仅难以彰显综合实践活动课程的功能和价值，就连维系课程的常态实施都很困难。

首先，学校应对综合实践活动课程进行系统规划。在课程实施计划中，学校要认真分析综合实践活动课程的基本要求，结合学校的办学理念，挖掘和利用校内外各种课程资源；设定学校实施课程的总体目标，以及各年段或各年级的具体目标；对课程实施的基本要素进行分析，其中包括课内外课时的分配与使用、研究主题的选择方式、活动的组织形式与流程、管理的基本方法、指导教师的安排、课程资源的开发与管理、对教师活动和学生活动的评价等。

其次，要建立相应的教学制度，保障和规范课程计划的有效实施。教学管理制度主要涉及与教师、学生开展活动有关的制度。与综合实践活动课程指导教师有关的制度，具体包括指导教师工作的职责、培训制度、工作量的认定制度、激励与评价制度等。由于在这门课程中，学生的实践活动多数是在课堂之外进行的，因而需要对教师的课余指导进行工作量的认定。与学生有关的制度，具体包括学生参与实践活动的流程规定与职责规定，学生研究过程资料的积累，学生研究成果的展示与激励机制，学分认定制度，学生外出实践的安全预案和相应的保障制度等。学校应通过积极有效的制度调动学生参与研究的积极性，帮助他们获得积极的体验。

案例分享：

研究性学习课程管理模式探究

北京市第十四中学

研究性学习课程是综合实践活动课程的重要组成部分。我校面向全体高中生开设了研究性学习必修课，旨在引导学生经历研究过程、学习科研方法、培养科学精神。在实践中，我们不断积累经验，探索更为有效的管理模式。

一、组织机构

为了进一步规范研学课程管理，确保课程的有效实施，我校成立了研学教研组，组长由直接负责研学工作的校领导担任，备课组组长由长期从事教学具体管理工作的教师担任，组员由两部分组成：一部分是每个行政班的研究性学习教师，另一部分是课题指导教师。学校将研学教研组在人事安排表上列出来，将其纳入学校整体管理体系，同时要求研学教研组上交确定了时间、主题、主讲人的教研组、备课组活动计划。至此研学真正实现了严密的组织保障。

（一）规定了教师职责

在研究性学习开展过程中，研学教研组成员各负其责：

教研组组长：负责全年研学工作的统筹规划。

备课组组长：负责研学工作开展过程中的具体组织、监督、落实。

研学教师：一个行政班学生研学课程的日常管理工作，同时负责在本行政班内讲授研究性学习基础课程，并与课题指导教师共同组织学生做好开题、中期、结题的评价、选拔、组织交流工作。

课题指导教师：在学生研究过程中，全程指导，并与研学教师共同组织学生做好开题、中期、结题的评价、选拔、组织交流工作和本课题学生的管理工作。

（二）明确教师聘用制度

研究性学习课程的具体实施主要依靠两部分教师：研学教师和课题指导教师，他们是学生进行研究的主要指导者，因此学校在选拔这些教师时非常慎重，采取了不同的聘用方式。

1. 研学教师：根据其工作特点，学校选拔业务功底扎实，具有研究能力，责任心强、管理能力强的教师做研学教师，分别指定其担任一个行政班的研学教师。

2. 课题指导教师：根据课题指导教师的工作特点，学校依托教研组进行选拔，学生通过网上选择课题指导教师最终确定本年度的教师队伍。

二、课程规划

高一年级研学的特点是：规范研究每一步，双师指导重实效。

高一年级是为三年的研究性学习打下坚实基础的重要学段，我校力求科学、严谨地规划好每一节课的内容。通过研学教师讲授研究课题相关的基础性讲座，通过课题指导教师一步步指导学生经历从选题、开题论证、研究过程、中期答辩、结题答辩等较为科学的整个研究过程，最终加深学生对于科学研究的认识，感受严谨的科研精神，提升其科研兴趣，初步培养其科研素养。

高二年级研学的特点是：研究团队重协作，自主探索趣味浓。

学生在研学教师和课题指导教师的双重指导下已经经历了研究全过程，在此基础上，高二研学时间绝大部分由研学小组自主规划，从开题到中期、结题突出学生研究的自主性，让学生在开阔的平台上再次经历研究过程，而研学教师和课题指导教师主要做好日常管理和适时适度的指导工作，从而让学生的研究能力得到切实提高。

高三年级研学的特点是：重视学段特殊性，生涯规划我先行。

这一学段研学内容的安排既要考虑到学生备战高考时间紧、任务重的特殊性，又要达到提高学生自主研究能力的目的，故而我们在本学段设置了一个大课题——学生职业生涯规划，研究时间从高三前暑假开始，要求学生结合自己人生规划的志趣方向，在大课题下确定一个小课题，通过假期的走访、调查等开展研究，既达到提升研究能力的目的，也为高三学生深入思考人生规划奠定基础。

在我校研学三年规划的基础上创编了《普通高中研究性学习活动手册》，《手册》由师生共同完成，它记录了师生研究过程中的点点滴滴，也从多角度记录了对学生小组和个体的评价。

本章小结

1. 综合实践活动的基本理念是：以培养学生综合素质为导向，关注学生问题解决能力；课程开发面向学生的现实生活，立足其适应现实和未来需求；注重学生主动实践和开放生成，实现学生学习方式的变革；课程评价主张多元评价和综合考察。

2. 综合实践活动的课程目标具有层次性，理解各层级目标的要求并能够正确理解。

3. 综合实践活动的教育价值体现在：完善基础教育课程结构体系，培育学生对社会主义核心价值观的内化体认，提高其综合素质，丰富学校课程文化。

探究与实践

1. 在我国的课程结构中，为什么要单独设立综合实践活动课程，并与所有的学科课程并列设置？谈谈你的理解。

2. 综合实践活动课程有哪些独特的教育价值？

第四章　综合实践活动课程的理论基础

学习要点

1. 实践哲学的课程启示。
2. 系统整体观的课程启示。
3. 生活哲学的课程启示。
4. 建构主义心理学的基本观点。
5. 皮亚杰理论对现代教学的启示。

第一节　综合实践活动课程的哲学基础

一、实践哲学观

(一)实践哲学的发展简介

1. 古希腊哲学中的发端

实践哲学发端于古代哲人在生活中对于生活实践的关注与反思。苏格拉底(Socrates)把哲学从天上拉回到人间，促使了实践哲学思想的萌生。柏拉图(Platon)在对理想国的构建中提出了早期的实践哲学思想。亚里士多德(Aristotle)把实践问题提升为一个重要的哲学问题，借助于对人性的理解来把握实践，分析了实践的若干特征，提出了古希腊实践哲学的基本构架。① 亚里士多德曾经在《形而上学》中根据人类活动的区别，把科学划分为三类：第一类为理论性科学，包括数学、物理学、形而上学等；第二类为实践哲学，包括政治学、伦理学等；第三类为创制性科学，包括诗学和修辞学。亚里士多德认为，理论科学进行的乃是科学之知，这是一种关于不变的事物的知识，是在认识过程中被抽象出来的一般性知识。它们是形式的、证明的和分析的，这类知识最具代表性的是数学。实践之知，即实践智慧是人们做出生活目标、

① 欧阳康：《实践哲学思想溯源——从苏格拉底到亚里士多德》，载《华中科技大学学报·社会科学版》2006 年第 1 期。

道德行为的判断与选择所必需的，它并没有预定的形式，没有预定技能，它是人的全部的教化、历史文化传统及生活经验的结果，是关于人的存在实践的知识。第三种知识就是创制性科学所探究的技术之知，这是基于具体任务的知识，技术之知的主要目的就是创制产品。亚里士多德实践哲学的“实践”概念有独特的内涵。“实践”就是人类实践生活的全部整体，包括人类有理性的行为、行动及事务。实践旨指人类理性生活全部的现实及进入现实之中。因此，实践并不是与理论科学相对的，并不是理论科学之知的实际的、具体的应用过程，实践是人类生存的现实的全部事实。①

2. 近代实践哲学的蜕变及其后果

近代实践哲学的肇始者是康德(I. Kant)，他以理想行为为对象，以先验的理性法则为基础的实践哲学，因盘桓在高于尘世的理性王国而远离了人类基本的、具体的和历史的实践行为。由此，源初的实践哲学就蜕变为了一种二分意义上的先验的理论哲学，真正的实践哲学问题也随之被取消了。康德之后的赫尔巴特(Herbart)非常明确地把心理学与实践哲学作为建构独立形态的近代教育学的重要基石，而近代教育学之所以走向分裂，原因即在于作为教育学基石之一的实践哲学的沉沦。从本源看，实践哲学关注的是具体的历史的实践行为，而不是抽象的先验的理念活动。赫尔巴特把可塑性概念的论述放在以实践哲学为基石之一的教育学的核心位置，以致淹没了具体的历史的生命实践，必然导致本真的实践哲学的蜕变进而引致近代教育学的分裂。②

3. 多种哲学视角看待实践哲学

实践哲学在很多哲学流派中都有不同的视角，都受到高度的重视。在观念论实践哲学看来，理论固然在“解释世界”，但由于理论可以逻辑地导出实践，而实践就是“改变世界”，因而理论和实践、“解释世界”和“改变世界”是逻辑统一的。伦理学实践哲学凸显了道德实践的重要性，赋予了目的问题以首要地位。实践哲学的本体化进路，是指一种将实践视为世界本体的哲学倾向。这是一条以马克思早期思想为文本依据，由西方马克思主义着力加以阐发，并在新时期中国学界得到发扬的实践哲学进路。实践哲学在现代的一条十分重要的进路是生存论进路。该进路以海德格尔哲学为枢纽，前后牵连现象学、解释学等流派，产生了很大影响。生存论实践哲学的理念就可定义为“存在的实践化”，实践已经融入了存在之中，或者说实践是存在显现自身的方式。后现代实践哲学暗含了这样一个前设：除非意识(认知、规范、体验

① 金生：《教育哲学是实践哲学》，载《教育研究》1995年第1期。

② 李长伟：《从实践哲学的角度透析近代教育学的分裂》，载《华东师范大学学报(教育科学版)》2006年第3期。

等)可以把握对象的整体，实践才能操作对象的整体；而意识已被证明不可能把握对象的整体，实践也就不能操作对象的整体。仔细体会不难发现，这个前设的实质就是意识和实践的逻辑一致性，它为实践哲学的各条进路所共有，只不过其他进路的一致性是肯定意义的，而后现代的一致性是否定意义的。①

4. 科学实践哲学的新进展

20 世纪 90 年代兴起的科学实践哲学采取了一种自然主义的哲学方向，其中主要代表又可分为新实验主义研究方向和科学实践解释学方向。科学实践哲学把科学活动看成是人类文化和社会实践的特有形式，并试图对科学实践结构和主要特征做出普遍性研究。在这个研究方向下，对科学理性的理解要求我们放弃理论理性和实践理性的人为分界，而对科学理性的主要特征做出各种经验研究。可以说考察和重新审视科学实践哲学是以科学实践作为出发点，对科学理性在科学哲学内部提出了一种全新理论。这个新理论，不仅重新审视了科学哲学的经典问题，如科学说明、推理、因果性、科学发展模式等，将这些经典问题同一系列的相关研究领域，如技术哲学、科学社会学、科学心理学等有机地联系起来，而且从历史主义之后再一次发起了对科学的静态观的认识论批判，使一种新的实践和活动维度进入了科学哲学研究视野。科学实践哲学的两个分支分别而共同地对传统科学哲学的重要方面提出了挑战：第一，关于科学的观念是理论优位还是实践优位？科学实践哲学认为，以往科学哲学在这个基本点上是根本错误的，科学应被视为是实践优位的，科学本质上是一种实践活动。第二，“观察负载理论”或者“观察渗透理论”是一个普遍命题还是一个教条？科学实践哲学的新实验主义方向对这个教条提出质疑。其主要代表人物，如哈金(I. Hacking)、古丁(D. Gooding)、梅奥(D. Mayo)等人策略地从科学史出发，寻找到相当多的实验案例和观察案例进行了重新研究，指出存在不负载理论的实验和观察，提出了“实验有自己的多种生命”的隐喻性命题。②

(二)实践哲学的课程启示

1. 实践哲学注重人的主体作用

人的实践活动具有社会性。人类的实践活动本质上是社会性活动，人作为社会实践活动的主体，通过实践活动作用于包括人自身在内的客观世界。不仅生产劳动和其他实践活动本身，就是生产劳动和社会活动经验的摸索、获得、保存和传递也是社会性的，是通过社会进行的。即使是个体的实践及

① 徐长福：《实践哲学的若干进路及其问题》，载《天津社会科学》2006 年第 6 期。

② 吴彤：《科学实践哲学发展述评》，载《哲学动态》2005 年第 5 期。

其经验，也是由社会发展的需要引起的，在社会所提供的特定物质、文化条件和场景下进行并实现的。①

实践哲学强调人在实践活动中主体作用的发挥，承认人的主体性是人进行创造性的、能够实现自我价值的实践活动的前提。实践哲学主张从人本身的生存活动出发去理解人及人与世界的关系，认为实践是人的存在方式，实践是人的存在的本质要求。实践哲学关注的人是活生生的、鲜活的生命。这里的"人"不只是作为实体存在的人，更为重要的是有着思维和意识的人，是有自主性、能动性和创造性的人，即在行动之前会自觉地确立实践的目的，制订实践活动的计划，选择实践活动的策略、政策，用以保证未来实践活动的顺利进行，能够打破自然界和自身的限制，从而不断地超越现实，达到理想的未来。②

2. 实践哲学的本质特征是理论和实践的统一

理论和实践的统一不能被仅仅理解为理论来自实践又指导实践。实践哲学认为，理论始终要面向现实，使理论成为实践的一个环节，成为现实本身的构成要素，而不是外在的说明，从而服务于改变现实的实践运动。首先，理论与实践在现实生活中得到统一，理论服务于实践。理论学习的目的不仅在于认识客观世界的规律性，还在于运用对客观规律的认识去改造世界，指导人们的实践活动使其不断地取得胜利。其次，也正是在运用理论的过程中，主体才能形成对理论更深刻的理解和熟练掌握，从而真正将学习到的理论内化为自己的思想和行为。最后，理论只有在实践中才能得到发展，即实践对理论具有反作用。随着实践的发展和认识的深入，只有将理论运用到实践中，不断接受实践的检验，错误的理论才能被发现、纠正或推翻，而正确的理论才能被证实，并获得进一步的发展。

3. 实践哲学以生成论的思维范式为主导

实践哲学的主导思维范式是生成论的思维范式。因为实践哲学以感性具体的实践为根基，它所追寻的根基不在生活实践之外，而是在生活实践之中。而世界处在生生不息的变化之中，是不确定的，因而实践也不可能是固定的、按照既定蓝图亦步亦趋地准确实施，而是一个不断生成的过程。首先，从实践的主体来看，作为主体存在的人是不断生成的人，因为成长不是已完成的生长，人没有一个恒定的画像，人总是不停地进入生活，不停地变成一个人。现实的人总处于一定的社会关系之中，人的生成发展和社会的生成发展与实践的对象化活动具有一致性。其次，从实践的过程来看，实践过程是复杂的、

① 张传燧：《综合实践活动课程的哲学审视》，载《湖南师范大学教育科学学报》2004 年第 6 期。

② 王楠楠：《从实践哲学视野看综合实践活动课程》，载《教育科学论坛》2011 年第 6 期。

多变的，再加上受主客观条件的限制，人们对客观事物的科学认识，往往不能够一次性获得，客观事物的本质也有一个受实践制约的逐步显露的过程。因此在实践的发展过程中，需要根据客观规律和具体情况改变已经制订好的计划、方案，调整实施，以确保实践活动达到预期的目标和结果，也就是说人对客观事物的认识需要有一个逐步深化的过程。①

二、系统整体观

（一）系统论的历史简介

从远古时代起，在欧洲哲学中就存在系统的观念。当古希腊人在凭经验认识的世界中学会了寻找和发现可理解的、因而能由思想及合理行为加以控制的秩序或宇宙的时候，哲学及其产儿——科学就应运而生了。亚里士多德的世界观及其固有的整体论和目的论的观点，就是这种宇宙秩序的一种理论表达。亚里士多德的"整体大于它的各部分总和"的论点，至今仍然是基本的系统问题的一种表述。

有助于系统运动出现的最重要的思想之一是整体主义，意思是将任何事物看作整体。整体主义的中心思想在亚里士多德"整体大于部分之和"的论述中被完美地阐述，它认为如果在没有必要的部分组织纽带时，就不一定能通过其部分来理解整体。整体主义思想和交叉学科研究的出现已证实了这样一个事实：来自不同学科的观点，一定的概念、原理和方法可以应用到系统研究中去。②

一般系统论是贝塔朗菲（Bertalanffy）创立的一门逻辑和数学领域的科学，它的主要目的是企图确立适用于系统的一般原则。它运用完整性、集中化、等级结构、终极性、逻辑同构等概念，找出适用于一切综合系统或子系统的模式、原则和规律。系统论的产生绝非偶然的一时时髦的产物，而是有其深远的思想渊源和现代科学技术的基础。③

（二）系统整体观的课程启示

1. 还原论和整体论

人类认识世界有两种典型方式：一种是还原论（Reductionism），另一种是整体论（Holism）。尽管现代还原论和现代整体论开始呈现一种融合的趋势，

---

① 王楠楠：《从实践哲学视野看综合实践活动课程》，载《教育科学论坛》2011 年第 6 期。

② 林益：《一般系统论研究的过去、现在和未来（上）》，载《空军工程大学学报（自然科学版）》2001 年第 6 期。

③ 魏宏森：《现代系统论的产生与发展》，载《哲学研究》1982 年第 5 期。

但两者的区别还是显见的：还原论用分析的眼光对待世界，认为整体等于部分之和，可以把整体分解为部分分别加以研究；整体论则用综合的、整体的眼光对待世界，认为整体不等于部分之和，整体具有不可还原性。①

现代系统科学认为，任何客观存在着的事物都是一个系统，由相互联系、相互作用、相互制约、相互依存的诸多因素组成，这些因素共同构成一个有机联系的整体，从而具有综合的属性、功能和规律。在整体论看来，世界具有整体性，世界的不同构成——个人、社会、自然是彼此交融的有机整体。文化作为世界的一部分也具有整体性，文化的不同构成——科学、艺术、道德也是彼此交融的。人的个性具有整体性，个性发展不是不同学科知识杂汇的结果，而是通过对知识的综合运用而不断地探究世界与自我的结果。综合实践活动主题的选择范围应包括学习者本人、社会生活、文化生活和自然世界。对任何主题的探究都必须体现个人、社会、自然的内在整合。整体论视野是综合实践活动与其他课程领域区别的关键。②

2. 综合实践活动课程的整合性特点

课程教学是一个整体系统。新课程改革以系统整体观为指导，强调课程教学的整体观，设置九年一贯制的课程门类和课时比例，并设置综合课程。综合实践活动课程正是在这种系统整体课程观指导下开发、设计和实施的整合性很强的课程。其整合性特点表现在以下几个方面：首先，从目标来说，要求学生能从个体生活、社会生活及与大自然的接触中获得丰富的实践经验，形成并逐步提升对自然、社会和自我之内在联系的整体认识。其次，从内容来说，要面向学生整个生活世界，为学生提供开放的个性发展空间。要克服当前基础教育课程脱离学生自身生活和社会生活的倾向，为学生的个性发展提供开放的空间。最后，从实施来说，要打破学校、教室的框束，把校内课程与校外课程整合起来，以融合的方式设计和实施活动。活动的四大要素：考察探究、社会服务、设计制作和职业体验的内容彼此渗透，达到理想的整合状态。

当代社会的发展，越来越要求从整体的角度处理人与自然、人与社会、人与自身及反映整个世界的学科知识体系之间的内在关系。于是，课程也朝着整合化方向发展。综合实践活动课程的整合性是自然世界的整体性、社会生活的整体性及个体心理发展的整体性的综合反映。现实世界本是整体地呈现在人们面前，人们生活于其中的世界是由人、社会、自然彼此依存、有机构成的整体，人们组成的社会是由政治、经济、科技、文化等及人与人彼此

① 张华：《综合实践活动课程：理念与框架》，载《教育发展研究》2001年第1期。

② 张华：《综合实践活动课程：理念与框架》，载《教育发展研究》2001年第1期。

相连、有机构成的整体，人本身也是由生理和心理、认知和情感有机构成的密不可分的整体，人的个性也是整体地认识世界、融会地把握知识、综合地运用知识的结果。在这些错综复杂、网状交织的关系中，学生与自然、学生与社会、学生与自我的关系是最复杂、最普遍的关系。综合实践活动课程超越了逻辑严密的学科知识体系，打破了分门别类的学科界限，还原了世界本身，为学生整体地认识世界、整体地发展自我提供了时空条件和社会环境。对任何主题的探究都必须体现个人、社会、自然的内在整合，体现科学、艺术、道德的内在整合，体现个体知识、能力、道德、审美、情感、态度、价值观及体能等身心因素的整合。综合实践活动必须立足于学生个性的整体性，综合设计和实施内容主题，整体地展开教学活动，着眼于促进每一个学生健全、和谐、充分和独创性地发展。①

三、生活价值观

（一）生活哲学简介

伽达默尔（Gadamer）认为，胡塞尔（Husserl）和海德格尔对20世纪的哲学转折做出了决定性的贡献。胡塞尔的后期著作中出现了“生活世界”这个词。“生活世界”这个词使人想起存在于所有科学认识之前的前提。第一，生活世界不是科学地认识所建构的科学世界，不是科学地认识所描述的物理世界和心理世界，亦即它是一个未经科学术语作用而变形的日常语言和日常意识中的世界。生活世界是科学认识的前提，因为在科学认识之前已有了海德格尔所说的先行领悟，科学认识是哈贝马斯（Habermas）所说的一种认识旨趣，这种认识旨趣已经受到了生活世界的先验定向。第二，生活世界不是哲学反思建构的观念世界、本体世界或理想世界，它是未经反思的、主客统一的生活经验世界，是未经实体化概念和反思的逻辑所规范的生动鲜活的自在世界。生活世界也是哲学认识的前提，任何哲学理论都是生活世界固有的理想倾向的观念表达。第三，生活世界不是各种符号建构的文化世界，它是自然和文化、肉体和灵魂浑然一体的世界，也可说是自然文化或文化自然的世界，所以它也不是哲学解释学所说的本文世界。第四，生活世界也不是独立于职业生活的日常生活世界，各种文化形式和职业生活方式以生活世界为根基，并且渗透着生活世界的意义，日常生活也只是生活世界的一种形式。总之，生活世界的主要规定在于它是“活的”世界，不是观念或符号所建构的“死的”世界；是根源性的直接性的存在，不是反思规定和建构的间接存在；是未分化

① 张传燧：《综合实践活动课程的哲学审视》，载《湖南师范大学教育科学学报》2004年第6期。

的统一的人类生活的意义整体，不是分化的、专门的文化样式和生存样式。[①]

(二)生活哲学的课程启示

1. 生活是课程的本质

生活世界是一个与冰冷的科学世界相对应的洋溢着“生动的主观性”的世界。尽管客观科学的逻辑超越了直观的主观生活世界，但它却只有回溯到生活世界时，才具有它的真理性。因此，生活世界是科学世界的基础，是目的、意义和价值的源泉。根据哈贝马斯的划分，生活世界分为三个世界：客观世界、社会世界与主观世界。在一个整体的生活世界中，个体与作为自然的外部世界、与社会中别的行为者、与自我同时发生关系，共同建构完整的自我。回归学生的生活世界并不是说传统课程没有生活或不在生活中，而是要改变传统课程脱离学生生活的局面，让学生走出成人为他们预设的生活，过自己的有价值的生活。[②] 从源头上说，课程本是源于生活的，课程与生活同一，生活是课程的本质。生活哲学认为，人的生活具有自主、完整、即时、感性、历史等特质，在生活世界中，人通过对现实世界的直接感知获得关于这个世界的知识。个体在科学世界里所获得的理智方面的发展，只有回溯到现实的生活世界中才能被赋予人生的意义，并且只有回到现实的生活世界中，理性才能作为理性而显现出来。只有生活世界，才能满足个体在理智、情感、意志、审美等多方面发展的需要。既然生活世界对于个体的生长、发展具有如此重要的意义，那么作为培养人的教育，作为教育核心的课程，回归生活世界也就成为必然。课程重返生活，意味着课程直接面向社会，与生活融为一体。

我国现代著名教育家陶行知认为生活教育是给生活以教育，用生活来教育，为生活向前向上的需要而教育。陶行知主张，该怎样做就怎样学，怎样学就怎样教，教的方法要根据学的方法，学的方法要根据做的方法。因此，做是学的中心，也是教的中心，更是课程的中心。突出生活和行动的教育观将课程与教学的目的、内容、过程、方法及师生关系都坚实地奠定在现代社会生活和实践的基础之上，突出了现代课程与教学的学生性、生活性和行动性。突出生活价值的哲学观给当代课程教学以很大影响。课程生活化，生活课程化，已成为现代课程发展的一个重要理念，并已渗透到各国的课程改革

---

① 高清海、孙利天：《论20世纪西方哲学变革的主题与当代中国哲学的走向——转向现实生活世界的哲学变革》，载《江海学刊》1994年第1期。

② 钟启泉、安桂清：《综合实践活动课程：实质、潜力与问题》，载《北京大学教育评论》2003年第3期。

实践中。[①]

2. 综合实践活动课程的生活逻辑

新的课程改革关注课程的整体设计，旨在确立双重课程——由学科课程与综合实践活动构成的学校课程。设置综合实践活动课程的意义，并不是基于针对“知识中心”的“学科课程”而设置“经验中心”的“综合实践活动”。人们往往把两种课程对立起来认识，把学科课程归结为“系统知识”，把综合实践活动课程归结为“生活体验”。然而，无论学科课程还是综合实践活动课程，各自都是在学习中组织“知识”和“经验”的课程。两者的差异不是“是知识还是经验”的问题，而在于“知识”与“经验”组织方式的差异。学科课程是以学科内容为核心组织“知识”与“经验”的，而综合实践活动是以现实的主题为核心组织“知识”与“经验”的。学科课程偏重“学科逻辑”——学科领域的知识体系，综合实践活动课程偏重“生活逻辑”——综合性的知识与经验。这种双重课程的整体设计需要体现两个原则：一是凸显“生活世界”的价值；二是寻求生活与学术的交融。新的课程改革旨在打破知识与经验的二元对立的状态。生活与学术的交融，应当成为综合实践活动课程设计的基本原则。

综合实践活动也是一种新的思维方式和教育哲学的实践。它强调学习不是单纯地吸收知识或是消极地接受，而是一种主动的活动。[②]

第二节　综合实践活动课程的心理学基础

学生是如何认识世界的？是像照相机那样把世界万物拍到大脑中，还是像电影放映机那样把他们大脑中的影像播放出来？现代心理学家的观点是学生是通过主客体交互作用认识世界的。

一名综合实践活动课程的教师进行有效教学的首要前提之一，就是教师必须了解学生在实践活动过程中是怎样思维的及如何看待周围世界的，而小学生思维的年龄特点及发展阶段又是进行教学的关键所在。

一、建构主义心理学的基本观点

建构主义强调学生经验世界的丰富性和差异性，认为学生经验世界的差异本身便是一种宝贵的学习资源。知识具有主观性，它并不是对现实的准确表征，它只是一种解释、一种假设，不是最终答案。知识还具有情境性，并不能精确地概括世界的法则，需要针对具体情境进行再创造。知识的外在形

① 张传燧：《综合实践活动课程的哲学审视》，载《湖南师范大学教育科学学报》2004年第6期。

② 钟启泉：《综合实践活动课程的设计与实施》，载《教育发展研究》2007年第3期。

式与学生的理解和表征可能有差异，即虽然世界是客观存在的，但对于世界的理解和所赋予的意义却是由每个人自己决定的。人们以自己的经验为基础来建构和解释事实。

对于学生的学习，建构心理学认为，学生的学习不是从外界吸收知识的过程，而是学习者以自己原有的知识经验为基础建构知识的过程。学习过程中的核心认知活动是高水平思维，是需要学习者付出较高认知努力的思维活动。它需要学习者对知识进行分析、综合、评价和灵活应用，解决具有一定复杂性和不确定性的问题。另外，建构心理学还认为学生学习具有社会互动性，是通过对某种社会文化的参与而内化相关的知识和技能，掌握有关的工具的过程，这一过程常常需要通过一个学习共同体的合作互动来完成。

二、皮亚杰的学生认知发展心理理论

(一)皮亚杰理论的认知发展观

瑞士心理学家、教育家皮亚杰(J. Piaget)认为，认知发展是一种建构的过程，是个体与环境在不断的相互作用中实现的。我们的心理不是以心理复制的方式被动地记录现实，而是根据自己原有的经验生动地解释现实，因此，人们需要亲身探索和经历事物。他认为学生是一个积极的生物体，他们的发展在很大程度上要依赖于学生对周围环境的操纵以及与周围环境的积极互动。

在阐述学生认知发展的过程时，皮亚杰认为学生是通过图式、同化、顺应、平衡等几种方式获得认知发展的。

1. 图式

图式是经过组织而形成的思维及行为的方式，它表征着行动和经验的某种固定的形式，以帮助我们适应外在的环境。人类最初的图式来自遗传，例如抓握反射、吸吮反射等，在后天应对周围世界的过程中，个体逐渐形成了更为复杂的图式。

皮亚杰认为，学生都具有与周围环境相互作用并理解周围环境的本能。他认为学生运用图式来探索周围的世界，与之互动，每种图式都以相同的方式来应对各种事物和情景。例如，婴儿发现你用敲击的方式来接触某个物体，当他们这样做时，物体也能发出声音，通过观察，他们了解了这个物体的有关方面。当婴儿遇到一个新物体时，他们就会运用已有的图式去探究，如敲击、品尝、投掷等。

2. 同化

同化就是把外界元素整合到一个已经形成的认知结构中，或者说，同化是人们对获得的信息进行转化，使其符合已经存在的认知方式。例如，许多学生第一次看见鸟，他们称作“鸡”，他们试图将新的经验(即鸟)与已经存在的原有图式(即鸡的图式)匹配去识别动物。

3. 顺应

所谓的顺应是学生改变已有的图式来适应新刺激物的认知过程。例如，某个学生具有敲击物品的图式，如果给他一个鸡蛋，他肯定也会以同样的方式去敲击鸡蛋，然而，由于敲击鸡蛋后产生了意想不到的结果(即鸡蛋破碎)，这个学生或许会改变已有的图式，以后会重击某些物品而轻触另一些物体。这个改变了原有敲击图式为其他的方式的过程就是顺应过程。又如，学生通过识别鸟和鸡的不同，从而建立了鸟的图式。

当学生在学习过程中不能顺利地同化新知识或者新事物时，就会对原有认知结构做出修改和调整，这样顺应就发生了，其认知结构则发生了质变。通过顺应，学生的认知能力达到了一个新的水平。皮亚杰认为，学生发展就是通过同化和顺应日益复杂的环境而达到平衡的过程。

显然，上述所说的同化是促使学生发生量变，而顺应则促使学生的认知结构发生质变。

4. 平衡

学生在认识事物时可能会遇到这种情形，即已有的图式不能应对眼前的问题。例如，敲击鸡蛋的学生无法用已有的敲击图式解决新问题，或死记硬背的学生无法用原有的记忆图式解决新的推理问题。皮亚杰认为，这时就产生了一种不平衡状态，即已有的图式和现有的问题之间产生了不平衡，人们自然地试图通过某些方式来减少这种不平衡。减少不平衡的方式有建立新图式、调整旧图式、关注引起不平衡的刺激等，直至学生达到新的平衡。

皮亚杰认为，学生的学习依赖于“平衡—不平衡—平衡”这个循环过程，只有学生出现不平衡时，学生才有机会成长和发展。最终，学生表现出了具有质的不同的新思维方式，并提升到一个新的发展阶段。

对于学生的发展而言，如果只同化而不顺应，则学生的认知结构简单并且数量少，其认知能力很难有质的发展。反之，如果只顺应而不去同化，会导致学生有很多细小的或概括性较差的图式，把许多有联系的事物看作是独立的，相互没有关联。学生认知发展过程中，同化与顺应需要平衡。学生的认知就是通过“平衡—不平衡—平衡”这个循环过程，从低水平向高水平发展的。

显然，平衡化过程在学生的认知发展中具有关键作用。当个体已有的认知结构不能同化环境中的新信息时，心理上就会处于不平衡状态，并使个体产生一种自我调节的内驱力，推动个体调整原有认知结构或者建构新的认知结构。图式是人类认识事物的基本模式；同化与顺应是适应环境的两种机能，图式通过同化和顺应使原有的图式被肯定、修改、破坏，或需要创造新的图式，寻找新的平衡过程。通过在“平衡—不平衡—新的平衡”的循环过程中使认知结构得到不断的丰富、提高和发展。这就是认知发展的基本过程。皮亚杰认为，新的知识只有纳入原有的知识结构中才能被吸收。

(二)皮亚杰理论的认知发展阶段论

皮亚杰理论提出，个体从出生到成熟的发展历程中，认知结构在与环境的相互作用中不断重构，表现出具有不同质的不同阶段。因此，他把个体发展分成了感知运动阶段(0～2岁)、前运算阶段(2～7岁)、具体运算阶段(7～11岁)、形式运算阶段(12岁至成年)。

7～11岁的学生处于具体运算阶段，该阶段学生的认知结构发生了明显的重组和改善，思维具有一定的弹性，可以逆转。该阶段的学生能够形成概念、发现关系、解决问题，但是所有这些都必须与他们熟悉的物体和场景有关。

首先，小学学生掌握了守恒概念和可逆性概念。在解释倒牛奶问题时指出转换的本质：你只是把牛奶倒过去了；或者指出那些不显著特征的变化抵消了显著特征的变化：这个杯子水面比较高，但是那杯水的杯子比较粗；或者指出转化过程的可逆性：你把水倒回来，看看是不是一样多？研究表明，掌握数量守恒的平均年龄为6岁、7岁；长度守恒的平均年龄为7岁、8岁；面积和重量守恒的平均年龄为9岁、10岁；体积守恒的年龄为12岁。该阶段学生能够理解思维的不可逆性，能够重新建立部分和整体之间的关系，能够摆脱仅仅是感知上的一些特征(如颜色)的束缚，理解上达到感知事物两种不同特征的程度。

其次，该阶段学生要学习的一个重要任务是序列化，即按照一定的逻辑顺序排列事物。如按照从小到大的顺序排列木棍，为了完成这类任务，他们必须能够根据某一个标准(如长度)对物体进行排序或者归类。

随着小学学生守恒、可逆性和序列化等能力的掌握，他们最终发展成完整的、具有逻辑性的思维体系。该阶段学生的心智能力虽然具有明显的提升，但是仍然植根于客观世界中，需要具体事物的支持，难以进行抽象思维。例如，在小学三年级的“对称图形剪纸”一课中，虽然“对称图形”是生活中常见的图形形式，学生对该种图形也较熟悉，但是学生对该种图形的认识仅限于具体的感性认识基础之上，对该图形的轴对称等特点把握并不深入，因此也难以形成自己独特的“对称图形”作品，实现自己的对称图形设计和制作。

12岁至成年是形式运算阶段，该阶段学生具有更宽广的视角，能解决许多问题。其思维超越了对具体内容或事物的依赖，能够根据逻辑推理、归纳或演绎的方式来解决问题；能理解符号的意义和隐喻。

(三)皮亚杰理论对现代教学的启示

1. 课程教学应以促进学生认知发展为目标

目前，小学课程是按学科安排的，这种安排的理论依据是学科独立性假设，即一门学科的内容与思考方法和其他学科存在明显差异，没有关系。

认知发展心理学的研究表明，学生对客观世界的认识，并不是按学科类别进行的。如，在教授《对称图形剪纸》一课时，课程活动涉及空间布局图案构思等美学知识，同时还需要平衡、对称、组合等数学知识。因此，综合的实践活动，有利于发展学生的认知能力。

2. 教学活动不只是关注学生思维的结果，还要关注思维的过程

教师除了关注学生学习的结果之外，还必须了解学生学习活动获得结果的过程。学生的学习和思维过程是多样的，要给学生提供充分的学习机会。

3. 应认识到学生的自主性和积极参与在学习活动中的重要作用

皮亚杰理论在教学课堂中的应用，不主张给学生呈现现成的知识，而是鼓励学生自发地与环境进行相互作用，自主地发现知识。因此，教师不应进行说教式的教学，而应提供充分的各种各样的活动，使得学生在活动中与现实世界进行直接互动。

4. 承认发展进程的个体差异

皮亚杰理论认为，所有学生按照相同的发展顺序经历各个阶段，但是发展速度却不同。因此，教师应该为每个学生提供个性学习发展的空间。

此外，由于存在着个体差异，评价学生学业时应当考虑每个学生自己以前的发展状况，不能用“一把尺子”来衡量，要采用多元评价。

本章小结

一、基本概念

1. 还原论：用分析的眼光看待世界，认为整体等于部分之和，可以把整体分解为部分分别加以研究。

2. 整体论：用综合的、整体的眼光看待世界，认为整体不等于部分之和，整体具有不可还原性。

3. 图式：是经过组织而形成的思维及行为的方式，它表征着行动和经验的某种固定的形式，以帮助我们适应外在的环境。人类最初的图式来自遗传，例如抓握反射、吸吮反射等，在后天应对周围世界的过程中，个体逐渐形成了更为复杂的图式。

4. 同化：就是把外界元素整合到一个已经形成的认知结构中，或者说，同化是人们对获得的信息进行转化，使其符合已经存在的认知方式。

5. 顺应：所谓的顺应是学生改变已有的图式来适应新刺激物的认知过程。

二、基本内容

1. 综合实践活动课程整合性特点

整合性特点表现在以下几个方面：首先，从目标来说，要密切学生与生活的联系，推进学生对自然、社会和自我之内在联系的整体认识与体验，发展学生的创新能力、实践能力及良好的个性品质，从而促进学生身心整体和谐发展。其次，从内容来说，要面向学生完整的生活领域，为学生提供开放的个性发展空间。最后，从实施来说，要打破学校、教室的框束，把校内课程与校外活动整合起来，用综合的方式设计和实施四大关键要素，使四大关键要素彼此渗透，达到理想的整合状态。

综合实践活动课程超越了逻辑严密的学科知识体系，打破了分门别类的学科界限，还原了世界本身，为学生整体地认识世界、整体地发展自我提供了时空条件和社会环境。对任何主题的探究都必须体现个人、社会、自然的内在整合，体现科学、艺术、道德的内在整合，体现个体知识、能力、道德、审美、情感、态度、价值观以及体能等身心因素的整合。

2. 设置综合实践活动的意义，并不是基于针对“知识中心”的“学科课程”而设置“经验中心”的“综合实践活动”。人们往往把两种课程对立起来认识，把学科课程归结为“系统知识”，把综合实践活动课程归结为“生活体验”。然而，无论学科课程还是综合实践活动课程，各自都是在学习中组织“知识”和“经验”的课程。两者的差异不是“是知识还是经验”的问题，而在于“知识”与“经验”的组织方式的差异。

3. 建构主义心理学的基本观点

建构主义心理学强调学生经验世界的丰富性和差异性，认为学生经验世界的差异本身便是一种宝贵的学习资源。认为知识具有主观性，它并不是对现实的准确表征，只是一种解释、一种假设，不是最终答案。知识还具有情境性，并不能精确地概括世界的法则，需要针对具体情境进行再创造。知识的外在形式与学生的理解和表征可能有差异，即虽然世界是客观存在的，但对于世界的理解和所赋予的意义却是由每个人自己决定的。人们以自己的经验为基础来建构和解释事实。

4. 皮亚杰理论的认知发展观

瑞士心理学家皮亚杰认为，认知发展是一种建构的过程，是个体与环境在不断的相互作用中实现的。我们的心理不是以心理复制的方式被动地记录现实，而是根据自己原有的经验生动地解释现实，因此，人们需要亲身探索和经历事物的机会。他认为学生是一个积极的生物体，他们的发展在很大程度上要依赖于学生对周围环境的操纵以及与周围环境的积极互动。

5. 皮亚杰理论对现代教学的启示

(1)课程教学应以促进学生认知发展为目标；

(2)教学不只是关注学生思维的结果，还要关注思维的过程；

(3)应认识到学生的自主性和积极参与在学习活动中的重要作用；

(4)承认发展进程的个体差异。

探究与实践

结合哲学和心理学理论谈谈你对综合与实践的认识。

第五章　综合实践活动课程内容与活动方式

学习要点

1. 综合实践活动课程内容选择与组织原则。
2. 考察探究活动的概念、目标及类型。
3. 社会服务活动的概念、目标及类型。
4. 设计制作活动的概念、目标及类型。
5. 职业体验活动的概念、目标及类型。
6. 综合实践活动的其他活动方式。

综合实践活动课程面向学生完整的生活世界。在综合实践活动课程中，学生要在教师的指导下从日常学习生活、社会生活或与大自然的接触中发现并提出具有教育意义的活动主题，经历多样化的活动方式，在现场考察、设计制作、实验探究、社会服务等活动中发现和解决问题，获得关于自我、社会、自然的真实体验，建立学习与生活的有机联系。因此，《中小学综合实践活动课程指导纲要》中并没有规定具体的课程内容，而是要求学校和教师根据课程的目标，基于学生发展的实际需求，设计活动主题和具体内容，并选择相应的活动方式。

第一节　综合实践活动课程内容选择与组织原则

综合实践活动课程的开发面向学生的个体生活和社会生活，课程内容可以按照自主性、实践性、开放性、整合性和连续性的原则，从学生接触到的自然、社会和自身生活三方面进行选择和设计，避免仅从学科知识体系出发设计课程内容。

一、综合实践活动课程内容的来源

综合实践活动课程内容丰富多彩，内容来源于学生接触到的自然环境、广阔的社会生活、学生的生活学习实际。在设计课程内容时，教师要结合学生发展的现实需要，激发学生的兴趣，引导学生从自然、社会和自身生活中发现问题，确定活动主题。

(一)自然

围绕自然环境设计活动内容时重点引导学生走进自然、感受自然、探究自然，针对身边的自然资源、生态环境、能源利用、科技发展等问题开展研究，逐步形成关爱自然、保护环境、勇于探索的意识和能力。

我们生活在一个五彩缤纷的世界。如果仔细观察，就会发现身边的植物、动物各种有意思的生命现象。教师可以引导学生从观察身边的动物和植物开始，探索自然界的奥秘，感受自然界的美丽与神奇，从而学会尊重自然、欣赏自然、保护自然。

随着经济的发展，我国资源短缺问题日益凸显。教师可以引导学生共同关注资源节约的问题，从生活的每一个细节入手，分析各种浪费现象，探索资源节约的有效方法和途径，为节约型社会建设做出自己的贡献。

随着科学技术的突飞猛进，人类对环境的影响越来越大，对自然环境的污染与破坏日益严重。教师可以引导学生从自然环境的角度开展研究，通过实地考察、调查发现身边的环境问题，对周围的自然环境进行监测，分析导致环境问题的原因，并尝试找到解决环境问题的方法，为保护身边的环境尽自己的一份力量。

河流、山川、溶洞、峡谷，自然界中有着种种美丽的景观；森林、湿地、草原，生态系统中蕴含着无数神奇的生命，自然生态系统是人类共同的家园。教师可以引导学生走进自然生态系统，开展科学考察活动，与大自然零距离接触，观察形态各异的植物和动物，欣赏五光十色的自然景观，掌握自然生态考察的基本方法，关注自然生态的变化，为保护家乡的自然生态环境做出自己的贡献。

案例分享：

碧绿的运河水，流过我门前

北京市昌平区马池口中心小学　刘春亮

马池口中心小学坐落于京密引水渠畔，学生每天都能亲眼看到碧绿的运河水静静地流向远方，春去秋来，日复一日，它的点滴变化学生都尽收眼底。随着年龄的增长、知识储量的增加，学生想要了解运河水、探究运河水、保护运河的愿望愈加强烈。保护有限的水资源，防止水污染，构建和谐水环境，已经成为首都人、首都师生刻不容缓的历史使命。

我们把这次综合实践活动确定为“碧绿的运河水，流过我门前”。学生们在调查了解京密引水渠的发展变化、水质水量等相关知识的基础上，认识京密引水渠，了解南水北调这一伟大工程；进而理解人与自然不可分割的内在联系，激发学生珍惜水资源、保护水资源的社会责任感。

(二)社会

围绕社会生活设计活动内容时重点引导学生关注和探究社会热点问题，如社会发展、社会保障、公共设施、传统文化等方面的问题，增进对社会的了解与认识，养成探究、反思社会现象的习惯，增强社会责任感。

公共设施是指由政府或其他社会组织提供的、属于社会公众使用或享用的公共建筑或设备，如图书馆、博物馆、公园、美术馆、体育馆、文化馆等。作为社会的一员，学会合理使用这些公共资源能够让学生的生活变得更加充实而愉快。教师可以引导学生对身边的公共设施展开调查研究，了解这些公共资源的整体状况，并为充分使用这些公共资源提出自己的想法和建议。

经济生活是社会生活的重要组成部分，每个人每天都在参与各种经济活动。教师可以引导学生对经济生活中的各种现象进行研究，在探索活动中，学会运用所学知识分析各种经济现象，解决经济生活中的实际问题，掌握正确参与经济生活的规则和方法，这对学生今后真正走向社会是大有裨益的。

中国传统文化是指居住在中国地域内的中华民族及其祖先所创造的、为中华民族世世代代所继承发展的、具有鲜明民族特色的、历史悠久的、内涵博大精深的、传统优良的文化。中华传统文化是中华民族生生不息、团结奋进的不竭动力。教师可以引导学生探寻民族传统文化，感受中华文明，从传统文化中汲取精华，提高自身的文化底蕴，体验中华传统美德，提升个人的道德修养，并对继承和发扬中国传统文化做出贡献。

案例分享：

我看“老礼儿”

北京市昌平区第三中学　李冬梅

中国传统文化教育正在受到越来越多的重视。教育部于2014年3月颁布的《完善中华优秀传统文化教育指导纲要》，强调从“爱国”“处世”“修身”三个层面推进立德树人教育。所谓“老礼儿”，指的是从过去传下来的方方面面的老规矩。近几年，关于“老规矩”“老礼儿”的话题被重新提起并受到关注。2014年，北京的高考作文题就是“北京老规矩”。网上、广播电视中、各种社交平台上，也经常有对各种“老礼儿”的介绍。我认为，“老礼儿”也是传统文化的一部分，是人们处世、修身的原则。“老礼儿”的传承也是传统文化传承的一部分。随着时间的推移、社会的变化，很多“老礼儿”已经渐渐被人们淡忘了。那么，“老礼儿”还有必要遵守吗？中学生心目中的“老礼儿”是怎样的？本次综合实践活动就是围绕“老礼儿”展开的。学生围绕“老礼儿”开展了查阅资料、访谈、问卷调查、辩论、宣传等活动，在了解“老礼儿”的同时，提高了学生分析问题能力、交流能力和合作意识，引发了对中国优秀传统文化传承的关注与思考。

(三)自我

围绕学生自身生活设计活动内容时重点引导学生反思自我、认识自我、发展自我，针对现实生活中的问题与烦恼开展研究，分析问题产生的原因，探索解决问题的方法，养成负责任的生活态度，实现积极、健康地发展。

学校是学生学习和生活的主要场所。校园生活对每个学生来说都是非常重要的，校园生活的质量关系到学生的生活幸福感，对中学生的成长和发展具有重要意义。教师可以引导学生共同关注校园生活状况，通过调查研究发现实际问题，并尝试通过努力，为师生创造更加美好的校园生活。

学生在成长的过程中会遇到各种各样的烦恼。教师可以引导学生针对令他们烦恼的问题，一起探索并解决这些困扰学生们的难题，摆脱烦恼，快乐成长。青少年时期是身心发展的重要阶段，加强体育锻炼，保持身心健康，不仅能为学生今后的美好生活打下基础，也关系到我们国家和民族的强盛。教师可以引导学生围绕身心健康发展中的问题展开研究，寻找和分析影响学生身心健康的因素，共同探索解决问题的有效途径。

当今世界已进入信息化时代，知识更新和转化的速度日益加快，科学技术日新月异。要跟上时代步伐，适应现代社会的飞速发展，学生就要学会学习。教师可以引导学生针对自己的学习状况开展研究，并学会用科学的方法分析解决学习中的问题，进一步提高学习效率和学习能力，更加轻松、愉快地学习。

幸福的家庭带给人的感觉是甜蜜、温馨、美好的。营造幸福的家庭生活，需要每个家庭成员的努力付出。教师可以引导学生结合自己家庭生活中的实际问题开展研究，找到影响家庭生活质量的原因，并探索解决问题的有效方法，为自己的家庭幸福做出贡献。

案例分享：

去除我校校服上颜料污渍的实验研究

中国科学院附属实验学校分校　杨莉莉

我校是一所美术特色学校，学生均为美术特长生，一周要上十几节美术课。学生在日常美术创作过程中，经常会把各种颜料掉在校服上，因此学生的校服上经常会出现一片片的颜料污渍，非常不美观，这也是学校不允许的。学校要求学生每天穿的校服要干净整洁，这样学生就需要经常及时地清洗校服上的颜料污渍。学生对此表现出极大的不满。学生提出，这些颜料不好清洗，费时又费力。我查阅了一些资料，发现颜料的种类以及所含成分各有所不同，怎样既简单又方便地去除校服上的颜料污渍呢？如何在去除这些污渍的同时又不损伤校服呢？这既是教师亟待解决的问题，也是学生非常关注的实际问题。由此，“去除我校校服上颜料污渍的实验研究”这个研究性学习课题便产生了。

二、综合实践活动课程内容选择与组织

尽管综合实践活动课程面向学生完整的生活世界，但并非所有学生接触到的事物都可以成为综合实践活动课程的内容，只有那些对学生的成长和发展具有现实意义和教育价值的内容才能进入综合实践活动课程。综合实践活动课程内容的选择与组织应遵循如下原则：

（一）自主性

综合实践活动课程尊重学生的兴趣、爱好，注重发挥学生的自主性。学科课程中的学习内容是《课程标准》中明确规定的，而综合实践活动课程的内容可以由学生选择和确定。指导教师对学生活动进行必要的指导，而不是包揽学生的活动。在主题开发与活动内容选择时，教师要重视学生的自身发展需求，尊重学生的自主选择。教师要善于引导学生围绕活动主题，从特定的角度切入，选择具体的活动内容，并制定活动目标任务，提升自主规划和管理能力。随着实践活动的不断展开，学生的认识和体验不断丰富和深化，新的活动目标和活动主题将不断生成，教师要善于捕捉和利用课程实施过程中生成的有价值的问题，指导学生深化活动主题，不断完善活动内容。

（二）实践性

综合实践活动课程强调学生亲身经历各项活动，在“动手做”“实验”“探

究”“设计”“创作”“反思”的过程中进行“体验”，获得“感悟”，形成“认识”，在全身心参与的活动中，发现、分析和解决问题，体验和感受生活，发展实践创新能力。有些活动主题尽管具有一定的教育价值，学生也很感兴趣，但是主题内容离学生现实生活较远，很难围绕这些内容设计实践性的活动，或者即使设计了活动，学生也只能“纸上谈兵”，无法真正开展实践和体验活动，这类的内容则不适合作为综合实践活动的主题内容。

(三)开放性

综合实践活动课程面向学生的整个生活世界，超越了既有的学科知识体系和单一课堂教学的时空局限，具体活动内容具有开放性。教师要基于学生已有的经验和兴趣专长，打破学科界限，选择综合性活动内容，鼓励学生跨领域、跨学科学习，为学生自主活动留出余地。综合实践活动强调富有个性的学习活动过程，关注学生在这一过程中获得的丰富多彩的学习体验和个性化的表现，其学习活动方式与过程、评价与结果均具有开放性。因此，教师要引导学生把自己成长的环境作为学习场所，在与家庭、学校、社区的持续互动中，不断拓展活动时空和活动内容，使自己的个性特长、实践能力、服务精神和社会责任感不断获得发展。

(四)整合性

我们所处的世界具有整体性，世界的构成——人、自然、社会是彼此交融的有机整体。个体发展是通过对知识的综合运用而不断探究世界与自我的结果，而不是多种学科知识杂烩的结果。因此，综合实践活动课程的内容组织，要结合学生发展的年龄特点和个性特征，以促进学生的综合素质发展为核心，均衡考虑学生与自然的关系、学生与他人和社会的关系、学生与自我的关系这三个方面的内容，体现世界的整体性，立足于每一个学生的健全发展。对活动主题的探究和体验，要体现个人、社会、自然的内在联系，强化科技、艺术、道德等方面的内在整合。综合实践活动主题的选择应该包括学生本人、社会生活和自然世界，必须立足于人的个性的整体性。

案例分享：

“灯笼文化”主题实践活动的设计与开发

北京市密云区第四小学

跨越学科界限，打破学科的教学常规，有利于新课程目标的实现。在我校“灯笼文化”主题活动的设计中，在凸显“美育”特色的基础上，也强调德育、智育、体育的自然融入，汇聚人文、科技、艺术、社会等。我校的

“灯笼文化”主题活动以“灯笼”为基本形状，突出以“灯笼文化”为载体，以“基础启蒙活动”开启学生的“跨学科综合实践活动”；由绘画艺术、巧手操作、科学解密、探寻文化、玩转游戏五类活动组成的“五能实践活动”是“灯笼文化”活动的骨架，支撑起“灯笼文化”主题活动，使学生的综合实践活动丰富多彩；以“规划展示活动”拓展学生的综合实践活动。这个模型不仅清晰地展现了“灯笼文化”的结构，也展现了“灯笼文化”主题活动的文化特色，活动内容丰富、形式多样、层次分明。

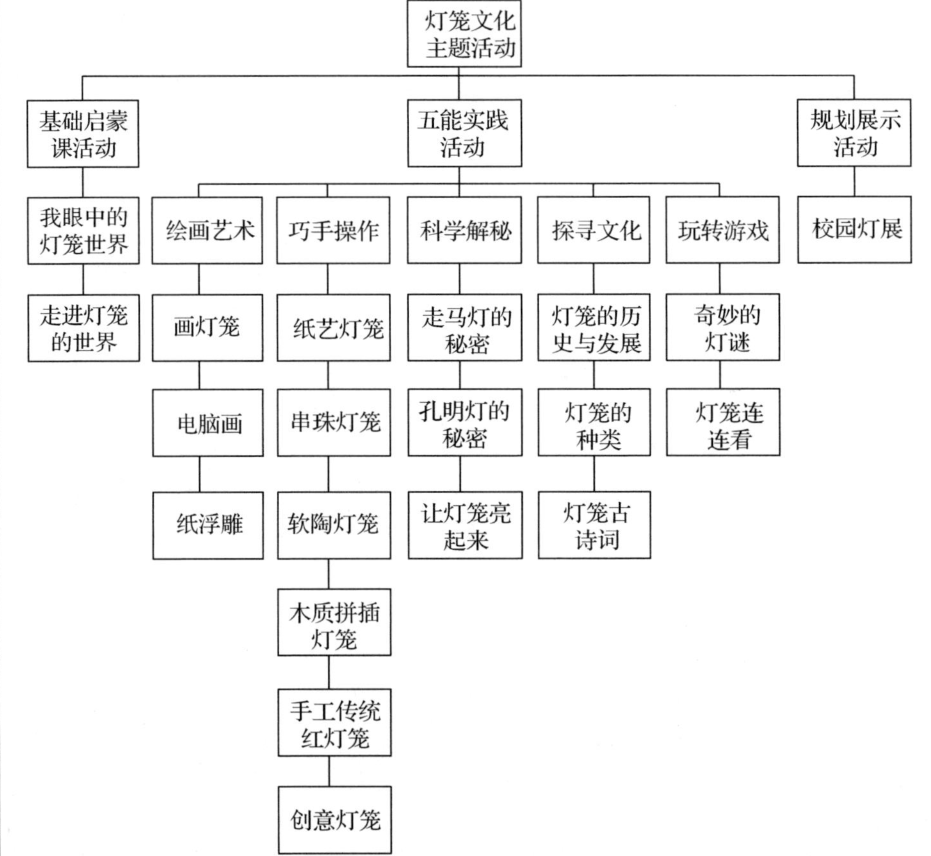

基础启蒙活动是引领学生走进灯笼文化，积极参与活动的关键因素之一。在基础启蒙活动中，我们将引领学生走进“多姿多彩的灯笼世界”，学生为灯笼所迷，激起浓厚的兴趣，燃起强烈的欲望。“灯笼文化”主题活动的主体是“五能实践活动”，即绘画艺术、巧手操作、科学解密、探寻文化、玩转游戏五方面的活动有机地与学科活动进行对接。在这些活动里，学生将从学科活动中学习到的美术、科学、劳技、数学、语文等相关知识综合运用于各种各样的实践活动之中，让知识与能力螺旋式地上升，综合素养得以提升。“规划展示活动”是对学生跨学科综合实践活动的拓展，也作用于学生参与“灯笼文化”主题活动的综合性评价和展示。

（五）连续性

综合实践活动课程的内容设计应基于学生可持续发展的要求，设计长短期相结合的主题活动，使活动内容具有递进性。学校应对综合实践活动课程进行整体设计，将办学理念、办学特色、培养目标、教育内容等融入其中，依据学生发展状况、学校特色、可利用的社区资源对综合实践活动课程进行统筹考虑，形成综合实践活动课程总体实施方案，体现“整体设计综合实施”的思想。学校要促使活动内容由简单走向复杂，使活动主题向纵深发展，不断丰富活动内容、拓展活动范围，促进学生综合素质的持续发展。要处理好学期之间、学年之间、学段之间活动内容的有机衔接与联系，构建科学合理的活动主题序列。

案例分享：

依托“五馆课程”，促进综合实践活动课程实施

北京市朝阳区第二实验小学　郝朝阳

“多彩童年”是我校的办学理念，为了让学生拥有一段多彩斑斓的童年时光，我们提出了“五馆文化”的学校文化建设愿景和目标，即学校就像图书馆——让学生畅游知识海洋、学校就像科技馆——让学生插上腾飞翅膀、学校就像艺术馆——让学生涵养高雅气质、学校就像体育馆——让学生锻炼健康身心、学校就像博物馆——让学生积淀人文底蕴。学校期望通过“五馆文化”综合实践活动课程的构建，为学生的全面发展、个性成长，为教师的专业技能提升，为学校的特色发展奠定基础。“五馆文化”活动要求全体学生参与，走出校门，走进社会大课堂，用眼看、用耳听、用手摸，去真实地体验、感受和实践。各年级校外实践活动的具体内容安排如下：

年级	图书馆课程	科技馆课程	艺术馆课程	体育馆课程	博物馆课程
一	“小书虫”体验记——青少年阅读体验大世界	吃好早餐——农业博物馆	美妙的艺术诉说我心中的故事——北京学生艺术剧院	文明观赛小达人——北京市朝阳体育场	神奇的动物王国——国家动物博物馆

续表

年级	图书馆课程	科技馆课程	艺术馆课程	体育馆课程	博物馆课程
二	图书馆中的读者礼仪——首都图书馆	探寻蝴蝶奥秘——七彩生态蝶园	快乐泥塑之和大师作品零距离——国际雕塑公园	篮球宝贝与我们的生活——五棵松文化体育中心	品味老北京——首都博物馆
三	做借阅小导师——朝阳区图书馆	身边的节水行动——走进北京排水科普展览馆	传承国粹我先行——北京戏曲博物馆	我是禁毒宣传员——北京市禁毒教育基地	博观约取，汉字一隅——国家博物馆
四	定向查阅资料——首都图书馆	各种各样的叶——北京红领巾公园	皮影艺术——中华皮影文化城	超越极限，战胜自我——奥林匹克森林公园	中国邮政的变迁——中国邮政邮票博物馆
五	自由阅读，培养个性——中国国家图书馆	初识太阳系——北京天文馆	器乐辅助“班歌”创作——国家大剧院	我运动，我健康；我运动，我快乐——东单体育中心	民族服装探秘——北京服装学院民族服饰博物馆
六	体验英语阅读，感受多元文化——外文书店	规划游园线路——东坝郊野公园	葫芦娃体味民族文化——北京十里河天骄文化城	体育场馆大变身——国家游泳中心水立方、国家体育场鸟巢	寻找革命先辈的足迹——中国电影博物馆

第二节　考察探究活动

考察探究活动是综合实践活动课程重要的活动方式之一，在改变学生以单纯地接受教师传授知识为主的学习方式、提高学生解决实际问题的能力、促进学生形成科学精神方面具有独特价值和重要作用。

一、考察探究活动的概念

考察探究是学生基于自身兴趣，在教师的指导下，从自然、社会和学生自身生活中选择和确定研究主题，开展研究性学习，在观察、记录和思考中，主动获取知识，分析并解决问题的过程，如野外考察、社会调查、研学旅行等。

考察探究活动为学生构建了开放的学习环境，提供用科学方法开展研究、多渠道获取证据、综合运用知识解决问题的机会，是综合实践活动重要的、不可替代的活动方式。考察探究活动的主题是可以选择的，但考察探究活动是每个学生都应参与和经历的，这样才能确保考察探究活动独特价值的实现。

二、考察探究活动的目标

考察探究活动注重运用实地观察、访谈、调查、实验等方法，获取材料，形成理性思维、批判质疑和勇于探究的精神。小学阶段的考察探究活动，学生应在教师的引导下，结合学校、家庭生活中的现象，发现并提出自己感兴趣的问题，将问题转化为研究小课题，体验课题研究的过程与方法，提出自己的想法，形成对问题的初步解释，从而提高主动获取知识的能力、分析并解决问题的能力，获得参与研究的亲身体验，培养科学精神。对小学综合实践活动中考察探究活动的目标定位，可以概括为以下八个方面：

（一）激发探究学习的兴趣和好奇心

学生对周围的事物充满着好奇。由于认知水平有限，当他们遇到一件新鲜事物时，通常会感到好奇，有一种想要弄明白的冲动。好奇心是学生学习的动力和兴趣的源泉。好奇心也是创造性思维的出发点，蕴含着创造的因素，由好奇心驱使去观察、思索，往往是人们进行创造的前提。

在传统的学科教学中，受教学内容和课时的限制，对于学生出于好奇心和兴趣而提出的很多问题，一旦超出了教学范围，教师往往很难充分满足他们的需求。考察探究活动则为学生提供了为满足好奇心而进行自主研究和实践的空间。在考察探究活动中，学生可以根据自己的兴趣和爱好来选择研究课题，针对自己感兴趣的内容自主进行探究和实践。一旦学生的自主研究取得一定的成果，就会进一步激发学生继续深入探索的兴趣，从而使学生的探究欲望更加强烈，并能长期保持下去，今后更加积极主动地参与到探究学习当中。

因此，激发和培养学生探究学习兴趣是考察探究活动的首要目标。在考察探究活动中，教师要珍视学生的兴趣和好奇心，从学生的认知特点和能力水平出发，精心设计组织各种活动，为他们兴趣的培养和发展创设情境，创造条件，提供机会。对于小学中低年级的学生而言，教师要重在启蒙，通过创设一定的问题情境激发学生探究的兴趣。对于中高年级学生而言，他们的知识和能力水平都有了一定的发展，此时教师可以引导学生尽可能广泛地接触自然和社会，从中发现自己感兴趣的问题，进行探索和实践。

（二）获得参与实践、探索研究的积极体验

综合实践活动课程中的考察探究活动是注重研究过程的实践学习。重参

与、重过程、重体验是它的本质特征。它主张以实践求真知，以参与求体验，在活动过程中求发展。

考察探究活动关注过程，重视体验，着眼于未来，关注学生未来的发展。学生参与了实践和研究的过程，通过自主探究，有机会接触和探索自然的奥秘，了解和发现社会的热点问题；通过对发生在自己周遭的各种自然和社会现象进行积极的观察和思考，激发了他们发现问题、分析问题和解决问题的兴趣；了解了自然和社会现象的复杂多变和丰富多彩，会提高他们关爱自然、关爱社会的情感，进而参与到解决自然和社会问题中去。活动中取得成功固然会使人获得成就感，就是活动中遭遇的任何挫折和失败，只要处置得当也会锻炼人们的勇气和智慧，成为实现人生发展的动力。

获得参与研究探索的积极体验是考察探究活动的重要目标。在考察探究活动实施过程中，教师要采取措施引导学生积极参与到实践活动当中，同时也要精心设计和安排不同类型的实践和探索活动，让学生有机会采用多种方式和方法开展研究，并且获得更加丰富的体验。

（三）发展解决实际问题的能力

解决实际问题的能力包括发现问题、分析问题和解决问题的能力。考察探究活动通常围绕一个需要解决的实际问题展开。在学习的过程中，通过引导和鼓励学生自主地发现和提出问题，设计解决问题的方案，收集和分析资料，调查研究，得出结论并进行成果交流活动，引导学生应用已有的知识与经验，学习和掌握一些科学的研究方法，培养发现问题和解决问题的能力。

选择和确定研究课题是实施考察探究活动的第一步。现实中的问题需要学生通过观察或调查，以及对得到的材料加以分析和思考才能得到。因此，开展考察探究活动需要从学生的实际出发，引导和帮助他们采用多种办法，对特定情境中的事物进行仔细的观察或调查，并对取得的结果加以科学的分析，从而确定需要并可能开展研究的课题。这就是所谓发现问题的基本过程。

确定了研究的课题，要想解决它，并得到预期的结果，还必须掌握科学的研究方法，具备一定的科学研究能力，也就是说要能够针对需要研究的问题提出符合逻辑的假设，制定比较明确和清晰的研究思路，运用科学的方法实施具体的研究。届时，学生还必须学会使用各种不同的工具或设备，多渠道地收集信息，采集数据，学习对信息和数据进行深入分析和研究的方法，直至对问题做出合理的解释，得出明确的结论，进而和同学们进行交流和分享。

上述发现、分析、解决问题的全过程，既是进行科学研究的基本程序，也是处理日常事务和社会事务的一般过程。在这个过程中获得信息和知识固然重要，然而更重要的是学生处理和使用信息、知识并使之发挥作用的思维能力。为了有效地提高学生的发现和解决问题的能力，教师要注重对学生思维能力的培养，帮助学生在考察探究活动的过程中，学习和掌握解决问题需要的思路和方法。

(四)提高合作与分享的意识和能力

合作与分享的意识和能力是现代人应具备的基本素质。现代科学技术高速度、高水平和综合性的发展态势，使科学研究告别了以往个人奋斗的时代，构建和谐社会更需要以人的合作与分享为基础。培养学生合作与分享的意识和能力也已经作为重点目标之一，体现于各门课程当中。

考察探究活动通常是由学生结合活动小组，围绕课题合作完成研究任务，这样的课程特点和实施过程对学生实施合作与分享的教育是非常有利的。共同完成的研究课题，本身就是体现合作与分享理念的自我教育过程。这样的学习，有着共同的目标，必须做合理的分工，每个人完成的分内工作，即是共同任务的有机组成部分；个人要对集体负责任，完成任务就要克服依赖心理，不仅要自觉地完成分给自己的任务，而且要敢于和善于为了集体荣誉提出自己的意见和建议。考察探究活动为人们提供的有利于进行人际沟通和合作交流的良好平台，最终将会使学生形成乐于合作的团队精神，学会与同伴交流分享信息、创意和研究成果的意识和能力。

因此，在考察探究活动中，教师要努力创设有利于人际沟通与合作的情境，关注学生在合作探究过程中出现的问题，有意识地引导学生学会交流和分享研究的信息、创意及成果，发展乐于合作的团队精神。

(五)培养科学态度和科学精神

与直接接受现成的知识和结论相比，从现实生活中挖掘问题、主动探究，自主寻求解决问题的办法，是一项充满困难和艰辛的学习过程，也是培养学生形成严谨、求实的科学态度和不断进取、勇于克服困难的科学精神的有效载体。

科学求实的态度是进行科学研究的基本要求。在组织学生进行考察探究活动时，要不失时机地引导学生学习和理解要从事实出发，凡事要认真思考，不轻信、不盲从、不弄虚作假、不人云亦云，要尊重客观事实，尊重客观规律。

在考察探究活动过程中，教师要引导学生从实际出发、脚踏实地、持之以恒地进行研究，同时学会从事物内部以及事物之间的联系中，寻找事物发展和变化的原因，实事求是地得出研究的结论，并且在研究中学会自我反思，善于择善而从，培养尊重他人的观点、意见和研究成果的行为习惯。

科学发展的历史昭示我们，挑战已有结论是科学发展的常规，培养和造就引领科学和社会潮流的一代新人，从小就要培养学生具有见贤思齐、不断追求和进取的精神，以及不畏困难、勇往直前的意志品质。发挥考察探究活动在培养学生科学精神方面的优势，充分挖掘其教育功能，学生的科学态度和科学精神必将会在研究的过程中得到有效的锻炼和提高。

（六）尝试相关知识的综合运用

考察探究活动通常是围绕现实生活中的问题展开的，这些问题的解决需要灵活运用各种知识，而不是简单地照搬某一条原理或公式，这就为激活各学科知识储备、发挥知识的作用创造了条件。人们常说，“知识就是力量”。其实知识只是一种潜在的力量，只有知识被使用才有力量，知识只有处在被激活、被使用的状态时，才会发挥其帮助人们认识世界和改造世界的重要作用。

学生在学科学习中主要使用继承性学习的方法，从书本或教师那里接受了大量的学科知识，这些知识如果不能在实践中加以应用，就容易处于互相分割和备用状态，没有发挥实际作用，而最终被遗忘掉。在进行考察探究活动时，为了解决问题，学生就会主动地尝试将以往学过的各科知识运用于对研究问题的解决。这样的学习，知识真正地被激活了，不但会体现知识本身的价值，而且在问题的解决过程中还会帮助人们加深对各科知识的内在联系的理解，有利于对各科知识融会贯通地把握，推动学生的学习进入良性循环的状态。

（七）形成关爱自然和社会的责任心和使命感

考察探究活动为学生提供了更加开放的学习空间，为学生更加广泛地接触自然和社会提供了良好的条件。在考察探究活动的过程中，通过自然观察、社会实践和调查研究，学生能够深入了解科学对于自然、社会与人类的意义与价值，学会关心国家和社会的进步，学会关注人类与环境和谐发展，形成积极的人生态度。

了解自然、研究自然是考察探究活动的重要内容。学生在对各种自然现象的观察和研究过程中就会发现，看似孤立的自然现象，原来是一个互相联系着的有机整体。当前，令人瞩目的环境问题、生态问题以及时有发生的灾难性的自然事件，都直接或间接地与人为因素有关，并与人类生存和社会发展息息相关。通过考察探究活动的实践，无疑会帮助学生加深对这些问题的理解。

人与社会是考察探究活动的另一个重点，当学生走出教室，来到社会的大课堂时，他们就会在了解社会、研究社会的过程中，学习并逐渐认同社会运行和发展的各项规则，加深对个人与社会关系的理解，从而更好地融入社会生活当中，提高自身的社会责任感。

(八)促进科学精神与人文精神的结合

正是由于考察探究活动的综合性，学生在研究的过程中，会发现自然科学的问题与社会问题不是截然分开的，而是相互联系、彼此影响的。在解决自然科学问题的时候，既要学会科学研究的方法，同时又要考虑相关的社会因素；而在调查研究某项社会问题的过程中，还要考虑这些社会问题会给自然带来哪些影响。学生在研究的过程中，能够将自然与社会的问题融合在一起，加深对科学与社会的认识和理解，促进科学精神与人文精神的结合。

例如，学生在对学校周边的水域进行研究的过程中，定期采集水样，持续进行水质监测，培养了他们持之以恒、认真求实的科学精神。与此同时，学生也认识到水资源是十分有限的，对水质的保护需要全社会共同参与。因此，他们主动向身边的居民宣传节约用水、保护水资源的重要性，提高了自身的社会责任感。

通过考察探究活动，学生将会有条件也有可能深入地思考自然、社会和个人之间的内在联系，深入理解科学对自然、社会和人的意义与价值。在学会关爱自我的同时，学会关爱自然、关爱社会，学会关心国家和社会的进步，关注并思考国家的命运和人类的前途，逐步地将自己的理想和自然与社会的可持续发展联系起来，形成积极的价值观念和人生态度。

三、考察探究活动的主要类型

学生考察探究活动的主题和内容不同，采用的研究方法和方式也有所不同。考察探究活动主要包括以下几种类型：

(一)自然考察

自然考察是指学生走出教室，到真实的大自然中观察和研究生态环境的活动，主要包括野外地形地貌观察、河湖及海岸观察、野生动植物观察、天文和气象观察、土壤和地质观察等。通过自然考察，学生能够知道家乡自然生态环境的基本特征和成因，了解家乡自然环境被人们利用、改造和保护的情况。

案例分享：

走进“地球之肾”　感受湿地之美

北京市延庆区第一小学　刘鹏

延庆野鸭湖湿地公园依山傍水，滩湖相连，风光潋滟，湖中苇草丰茂、鱼虾鲜美，空气清新爽洁，为专家学者、大中专学生进行科学研究、考察，为生物爱好者、观鸟的朋友们和广大群众，特别是为青少年学生进行科学普及教育和休闲度假提供了良好的条件。湿地公园是学生自然、生物教学基地和国家研究珍贵性、典型性、稀有性鸟类的最好场所。学生通过多方位的观察，可以了解更多的湿地动植物，认识湿地的重要作用。结合我校综合实践活动自编教材《走进延庆》中的"探秘野鸭湖"这一主题，我组织学生开展了野鸭湖湿地自然考察活动。

本次活动分为三个阶段：前期准备、实地考察和展示交流。在前期准备阶段，我播放了野鸭湖湿地的科普宣传片，引导学生交流：谁参观过野鸭湖湿地自然保护区？能给大家介绍一下野鸭湖湿地给你留下最深印象的是什么吗？在此基础上请同学们讨论可以从哪些方面对野鸭湖湿地进行探究。同学们通过研讨，最终确定了从野鸭湖湿地是怎样形成的、野鸭湖的动物、野鸭湖的植物、野鸭湖的作用、野鸭湖的水和如何保护野鸭湖六个方面展开对野鸭湖湿地的研究。此后，学生根据自己的兴趣选择研究主题，成立研究小组，制订考察计划。我组织学生建立相互交流小组，根据考察任务互相学习，让每个学生在考察活动中都有明确的任务和目标。

在学生对野鸭湖湿地有了初步的认识和探究兴趣后，我组织学生走进野鸭湖湿地进行考察研究，通过参观博物馆和实地考察活动，收集有关自己研究主题的资料，体验小组合作收集资料、外出参观考察的乐趣，体会湿地的重要性和保护湿地的必要性。考察活动主要分为以下几步来完成：首先明确任务要求，然后在教师的组织下，集体参观湿地博物馆，全面认识湿地、了解湿地。然后由组长组织学生分组到相关的展厅搜集自己小组研究主题的资料。之后，学生在讲解人员的带领下走进野鸭湖湿地按照考察任务进行野外观察和考察活动，并用手中的照相机、录音机和笔记本记录下参观考察的内容。

回到学校后，学生把自己的资料进行分类和整理，然后分组汇报考察收获，我组织学生相互交流并对学生的汇报进行了点评。走进野鸭湖湿地的活动，让学生了解了更多的湿地知识，学生纷纷交流自己的想法，为保护湿地出谋划策，并向全校同学发出保护环境的倡议，让更多的人认识湿地、关注我们的生态环境。

（二）社会调查

社会调查是指学生通过对社会现象进行有目的、有计划、有系统的搜集资料，了解社会问题的历史或现实状况，分析社会问题产生的原因，找出各种社会现象之间的联系和发展趋势，进而对研究的社会问题和现象获得更加深刻认识的研究活动。社会调查的范围可以包括政治、经济、教育、文化、军事及生活的各方面。社会调查可以为学生提供第一手的资料和数据，使学生不仅能了解社会现象或问题的基本的事实和现状，还能在调查中发现新的问题，对社会现象背后的原因进行深入的思考和分析。

案例分享：

成都黄龙溪古镇特色小吃调查探究

四川省成都双流中学实验学校　付兵

黄龙溪是一座有着1700多年历史的川西古镇，其中的特色小吃及其包含的文化内涵自然是源远流长，有研究的价值和意义。随着经济的飞速发展，不少餐饮业食品厂家受利益的驱使，地沟油、潲水油、腐烂食品、假冒伪劣产品事件层出不穷，特别是在成都火锅店潲水油事件被媒体曝光后，引起了广大市民对部分经典川菜、小吃的质疑，曾经让四川引以为傲的火锅、川菜、小吃已经身陷泥潭。因食用不健康食品，中国胃癌发病率占全球的42%，而四川省近年来因此导致胃癌发病率激增4倍，胃癌发病率为全国较高省份。在其他的省份这类事情也屡见不鲜，这些都严重危害了人民的健康，损害了消费者的利益。基于此，学生希望能到四川特色小吃相对比较集中的黄龙溪古镇开展实地调查研究。

本次研究主要围绕以下几方面问题展开：

1. 广泛甚至全面了解黄龙溪小吃的种类，并按一定原则大致分类；
2. 了解部分特色小吃的历史文化背景；
3. 了解几类主要经典的特色小吃的制作工艺或者流程；
4. 分析总结特色小吃的特色；
5. 调查小吃店店主及食客人群对该小吃的意见或观点；
6. 在父母的协助下尝试制作几种特色小吃。

调查后全班学生合作完成了课题研究成果汇编，编写了一本《黄龙溪特色小吃图文导读》宣传册，各小组分别制作了一张“黄龙溪特色小吃”主题手抄报，通过多种形式对黄龙溪特色小吃进行宣传。

通过本次调查活动学生了解到黄龙溪特色小吃的发展状况，对引导人们正确地选择小吃，使黄龙溪小吃业更好地发展提供了一些建议和意见。参与调查的学生加深了对小吃业与黄龙溪旅游发展、经济建设、城市环境建设之间关系的认识，增强了热爱家乡、建设家乡、宣传家乡的主人翁意识。

(三)科学探究

科学探究是指学生在教师的指导下，像科学家一样从周围世界和生活中发现并提出有关自然与科学的问题，做出假设，制订计划，学习运用科学方法和已有知识开展自主探究，尝试获取证据并加以解释，得出结论，解决问题的活动。科学探究活动强调学生自主探究的过程，通过引导学生自己探索自然或科学的问题，提高学生参与探究的兴趣，促进学生综合运用所学知识和科学方法，构建新知识，发展学生的探究能力和思维能力。

案例分享：

提高花生产量的研究

北京市密云区河南寨镇中心小学　郎国瑞

我们学校地处农村地区，当地居民几乎家家户户都种花生。学生发现，自己的家长在种植花生时，有时铺设白色薄膜，有时不铺薄膜。但是在生活中，学生又发现，邻居叔叔在种植草莓时，铺设黑色薄膜，果实长得又大又多。学生知道，黑色能够吸热，提高温度，因此使草莓生长得更好。对此，学生联想到，既然黑色薄膜能够提高草莓的产量，那么铺黑色薄膜是不是也能提高花生的产量呢？了解到学生的想法，我认为这是一个很有价值的研究课题，于是就指导他们共同开展了“提高花生产量的研究”的研究性学习。

通过分析和提炼，学生最终提出了“铺黑膜能否提高花生产量的研究”“掐尖能否提高花生产量的研究”“培垄能否提高花生产量的研究”三项具体的研究内容。研究活动重在方法，本活动的研究方法至关重要，首选“对比实验”。对比实验，学生在三年级科学课上已经开始接触。因此，迁移科学课知识，唤起内心记忆，学生想到在设计实验时要保证只有一个条件不同，其他条件都相同的原则。针对这一原则，学生设计出了对比实验，见下表。

铺黑膜提高花生产量的对比实验

对比对象	不同条件	相同条件
铺黑膜 铺白膜 不铺薄膜	一垄铺黑膜 一垄铺白膜 一垄不铺膜	活动前期：土壤、水分、肥料、种子…… 活动中期：观察时间观察地点观察方法…… 活动后期：样本采集数据整理分析方法……

根据时间推移和花生成长过程，我们将观察对比活动提前安排设计，形成8项内容，至少22次对比观察活动。

时间	观察活动	次数
4月下旬	种植活动	1
5月上旬	出土率对比	1
5月中旬	秧苗生长对比	3至多次
5月下旬	土壤墒情对比	3至多次
6月上旬	开花情况对比	3至多次
6月中旬	薄膜内温度对比	3至多次
8月上旬	落针情况对比	3至多次
9月上旬	果实对比	3至多次

实际观察活动情况如下：

出土率对比：黑膜白膜的花生出土率为100%，无膜花生出土率不足50%；

植株情况对比：黑膜和白膜的花生秧苗基本长至30厘米高(高大粗壮)，而无膜花生的秧苗很矮，最高不超过10厘米；

开花情况对比：铺黑膜和白膜的花生基本在10朵左右，无膜花生只有个别开花，有零星的一两朵；

土壤墒情对比：有膜覆盖湿润细腻，无膜覆盖干燥坚硬较大颗粒；

薄膜内温度对比：白色薄膜内42摄氏度，黑色薄膜内45摄氏度，没铺薄膜的土壤只有26摄氏度(午后3点，气温28摄氏度)。

在实验过程中，我提示学生严格遵循对比实验原则，进行观察：尽量保持实验的一致性，在同一时间同一地点采集样本；同一实验尽量多做几次，在不同时间，同一地点采集样本，从而确保实验科学合理，具有说服力。学生观察对比实验的记录形式：文字、图画、照片、表格。

最终，学生对花生果实重量进行对比，对花生果实颗粒数进行对比，还对花生果实的饱满度进行了对比。为了保证数据准确、有说服力，我提示学生不但要对单株花生产量进行对比，还要对多株花生产量进行对比。例如：对单株花生产量的对比。

单株果实重量统计

对比组	1组	2组	3组	4组	5组
铺黑膜	80克	82克	78克	85克	80克
铺白膜	60克	59克	62克	62克	58克
不铺膜	30克	32克	31克	28克	30克

> 通过对比，学生得出结论：白色薄膜比无膜花生提高花生产量1倍；黑色薄膜比白色薄膜提高花生产量1/3，掐尖比不掐尖提高花生产量1/3，培垄比不培垄提高花生产量1/2。

(四)研学旅行

中学生研学旅行是由教育部门和学校有计划地组织安排，通过集体旅行、集中食宿方式开展的研究性学习和旅行体验相结合的校外教育活动，是学校教育和校外教育衔接的创新形式，是教育教学的重要内容，是综合实践育人的有效途径。2016年12月颁布的《教育部等11部门推进中学生研学旅行的意见》中要求各中小学要结合当地实际，把研学旅行纳入学校教育教学计划，与综合实践活动课程统筹考虑，促进研学旅行和学校课程的有机融合。

案例分享：

踏“研学”之旅，探“文化”之路

北京小学丰台万年花城分校　王强、李月萍

我国的历史文化源远流长，为了引导学生探寻历史古迹，感受华夏文明，激发学生的爱国主义情怀，我们组织五年级学生开展了探索中原文化的河南研学旅行活动。本次研学旅行活动的行程过程及主要内容如下：

1.“研学”先行

“研学旅行”活动是学校特色课程的一部分，学校成立了“研学旅行”活动领导小组，精心设计了活动方案和安全预案，制定了“研学旅行”活动的教学内容和目标。研学活动以“欣赏石刻艺术”“感受武术精神”“感悟传统文化”等为主要目标和内容。

出发前一周，学生开展了“河南知多少”主题活动，搜集资料做旅行攻略，了解关于河南洛阳、郑州、开封等地的基本信息和特色，如地理位置与交通、历史与文化、著名景点、地方美食等，激发他们对河南的向往之情，并确定自己感兴趣的研学小课题。

2.“体验”学习

学生通过活动体验，了解历史、感受文化。

体验活动1——制作唐三彩陶器，了解传统制作工艺。

体验活动2——学习少林拳，与少林学子交流，感受少林武术精神。

体验活动3——观看情景剧“包公审案”，了解包青天的刚直不阿。

体验活动4——创意大赛、美食追踪、观看实景剧，感受宋代中原地区的市井文化和民俗风情。

体验活动 5——使用甲骨文扑克学习甲骨文，寻找姓氏起源。

3.“研、学”并进

研学中学生学习到自我管理与小组合作，如何统筹、合理安排时间，学会看路标和指示牌，尝试和朋友交流，读懂和遵守游戏规则等。忘情于中华传统艺术，细品中国工艺的神韵，了解中国传统艺术的传承与发展、感悟中国艺术的独特魅力。置身于博物馆，看历史的沧桑巨变，了解中华文化的灿烂辉煌。在乘车中学习安全常识和文明举止，在酒店就餐和住宿中学习与人交往，学习照顾自己和他人。

4. 展示与交流

读万卷书，行万里路，学生快乐参与，感悟真切，收获了知识，收获了生活技能，更收获了书本里学不到的东西。在“行路”中，学生擦亮眼睛，开启智慧，学会观察与思考，学会做人与做事，在短短的时间内快速成长。回到学校后，学生充分展示了自己的研学成果，相互交流研学旅行活动的收获和感悟。师生和家长们也都表示：研学旅行活动，在快乐中学习和体验，培养了学生的综合素养，开阔了学生视野，其收获是在学校学习无法达到的。实践证明，参与实践活动的学生不仅收获了知识，而且收获了能力、收获了快乐、收获了成长！

第三节　社会服务活动

社会服务具有鲜明的社会性和公益性特征，是培养学生的公民责任意识和责任担当素养的重要途径，也是在综合实践活动课程中落实立德树人根本任务的重要活动方式。社会服务活动将学校课程与社会生活紧密地联系起来，对培养学生关爱社会、关心他人、热心公益、提高社会责任感具有重要意义。

一、社会服务活动的概念

社会服务指学生在教师的指导下，走出教室，参与社会活动，以自己的劳动满足社会组织或他人的需要，如公益活动、志愿服务、勤工俭学等。

社会服务从社会及他人需要的角度引导学生主动参与各种有价值的活动，搭建了学生走进社会的平台，增进了学校与社会的密切联系，将学生的学习延伸至社区乃至整个社会，极大地拓展了学生的学习资源和发展空间，激发了他们学习的兴趣和帮助他人、服务社会的愿望，从而获得具有深远意义的体验、感受和满足，增强学生的自主参与意识和服务意识，提高学生的社会责任感。

二、社会服务活动的目标

社会服务强调学生在满足被服务者需要的过程中，获得自身发展，促进相关知识技能的学习，提升实践能力，成为履职尽责、敢于担当的人。小学阶段社会服务活动要求学生围绕日常生活开展服务活动，能够处理生活中的基本事务，初步养成自理能力、自立精神、热爱生活的态度，具有积极参与学校和社区生活的意愿，具体体现在以下几方面：

(一)参与社会，获得社会经验

以课程的形式呈现的社会服务活动，为学生打开了一个连接外面精彩世界的窗口或渠道，为学生搭建了一个接触和参与社会的平台，引导他们以服务学习的方式，参与到社会生活当中，将学校教育和社会生活联系起来。学生通过各种活动接触社会、了解社会、感受社会和他人的需要，学习掌握服务社会和他人需要的知识与技能，锻炼和提高自己合作与交往的能力，形成并积累参与社会活动和处理社会问题的知识和经验。

(二)体验生活，形成规则意识

学生通过服务自己生活的社区，了解周边的自然条件和人文环境，感受社会生活的丰富多彩，通过与生活的亲密接触，切身感受环境对于人类生存及其持续发展的至关重要性，必将会推动他们树立尊重自然和保护环境的意识；在与服务对象和社会中的人们广泛交流和交往的过程中，即会以切身的经历体验和理解制约社会发展的规律和法则，形成尊重社会规范和社会公德的习惯和意识，逐渐完成从自然人向社会人的转化过程。

(三)服务社会，实现责任担当

社会服务活动就其本质而言是一项有着明显志愿性、公益性的教育活动。也正因其志愿性和公益性的特点才使这一活动方式具有培养学生社会适应能力、形成良好的公民意识和社会责任感的教育价值。社会服务通常要求学生以志愿者的身份参加到社区的各项服务中去，服务内容多是社区现实存在着的需要解决的实际民生问题，服务对象是社区生活的普通群众，多数情况下还会是人们周围的弱势群体，事无大小，都需要志愿者将自己的时间、体力和爱心无偿地贡献给社区中看似与自己并无相干的人，这一切无疑需要人们更多的服务意识和奉献精神。服务他人和社会的过程中，也是不断提升学生自身的社会参与意识、服务意识和责任担当意识的过程。

(四)完善自我，促进全面发展

服务并非单向地给予，实践也不是简单的付出。服务他人即会感到自己的力量所在，感受自己的存在对他人和社会的意义，感受个人对社会的价值。因而，服务他人和社会，就会使人们切实地获得满足感和成就感，就会收获快乐。在社会服务过程中，学生将会获得帮助他人、奉献社会的直接经验，形成负责任的社会观念和学习服务社会的有效方法。社会服务活动是学生体现自我施展本领的机会，无论成功与失败，都会使参与其中的学生进一步了解和认识自己，通过实践的检验，他们都会自觉不自觉地发现自己的长处和短处，在融入社会、服务社会的实践过程中，展示自己的兴趣和爱好，发展优势、磨炼不足，这实际上也是陶冶情操，不断进取，实现学生在认知、能力和情感态度诸方面和谐发展的过程。

三、社会服务活动的主要类型

社会服务活动具有很强的社会性，社会服务活动通常都是在特定的社区背景下开展的，学生和自己生活的社区及社区中生活的人们有着密切的接触，教师可以根据学校的实际情况和社区的现实需要自行设计、开发和实施各种活动。社会服务的项目丰富多彩，基本上可以分为公益活动、志愿服务和勤工俭学三种类型，其中适合学生参与的是公益活动和志愿服务。

(一)公益活动

公益活动是指社会成员基于社会责任感、使命感，在公权力之外主动维护公共利益，开发社会资源，优化或重建社会结构与关系，解决或改善社会问题，为社会公众谋求利益和福祉的活动。例如，学生可以针对所在社区的实际问题，策划开展各种公益活动，为改善社区的自然、文化环境做出努力。

案例分享：

社区公益我参与

北京市陈经纶中学嘉铭分校　庄重

社区是我家，人人要爱护它——社区与学生的成长密不可分，是学生生活、生长的重要场所。近几年，随着时代的发展与国民经济水平的不断提升，使社区中的软硬件条件也变得越来越好；随着时间的推移，人们在享受社区美好环境的过程中因为各种各样的原因，逐渐出现了共享单车乱停乱放、宠物粪便随处可见、垃圾乱扔等问题，如何引导学生正确认识社区中的诸多问题，并能身体力行地解决问题，引发了我和学生的共同关注。

作为一名综合实践活动的教师，我有责任、有义务带领学生走出教室、走进社区开展社会服务活动。基于此，我设计和实施了本次“社区公益我参与”主题实践活动，旨在通过开展社区公益活动，促进学生学习相关的知识技能，提升实践能力，成为履职尽责、敢于担当的人。

本次“社区公益我参与”主题实践活动共分为四个阶段活动，阶段一：做调研 定对象；阶段二：制方案 学技能；阶段三：进社区 做公益；阶段四：深交流 促反思。四个阶段活动是按照“社会服务”的关键要素进行纵向构建，层层推进；同时每个阶段下还设计了不同的活动内容，使每个阶段的活动能够在横向做深、做细，凸显了主题活动的意义与内涵。

阶段一：做调研 定对象

本阶段的任务为开展社区调研活动与校内的体验活动，明确开展公益活动的实际需求，属于主题实践活动的准备阶段。通过本阶段活动的开展，引导学生开启本次活动，同时为后续研究活动打下坚实地基础。为了紧密结合学生的生活世界，让学生能够在现实的环境中发现(体验)真实的问题，在本课时活动中学生将开展社区实地考察调研与校内的体验感受相结合的活动，通过观察、访谈、考察、体验等方式，了解社区的现状，同时针对社区养老院这一资源，利用学具材料感受老年人生活的种种不便之处，在此基础上提出自己想要解决的问题。

阶段二：制方案 学技能

本阶段的活动为组织学生学习开展公益活动需要的方法和技能，制订公益活动计划。在上一阶段的活动中，学生通过参与社区考察调研与亲身的实践体验活动，发现并提出了社区中存在的若干问题。在本阶段的活动中，首先引导学生将提出的问题进行梳理、汇总，针对问题提出解决策略即开展社区公益活动，为社区的发展做出自己的贡献。同时引导学生树立学习的榜样，播放学校教师开展公益活动的视频，激发学生积极参与公益活动的愿望；在此基础上指导学生选取在社区调研中发现的问题，并结合“问题”制订社区公益活动计划，提升学生制订计划的能力，为后续深入社区开展公益活动做好准备。

阶段三：进社区 做公益

本阶段的活动为带领学生走进社区，开展公益活动，属于主题实践活动实施阶段的第二部分。前期活动学生已经学习了相关技能、确定了公益活动的内容和形式，在本阶段的活动中，学生将依据公益活动计划开展多种形式的社区公益活动，解决前期在调研中发现的种种“问题”。在解决问题的过程中，提升学生的实践能力和社会服务的意识，引导学生在活动中感悟奉献的快乐，增强责任意识，体现社会主义核心价值观“友善”的内涵。

阶段四：深交流 促反思

本阶段的活动为组织学生进行展示交流，形成评价机制，促进学生的自我反思与提升，为今后开展相关活动明确方向，属于主题实践活动的总结交流阶段。在本主题之前开展的活动中，学生体验了自主发现问题、解决问题的过程，在这个过程中，学生面对问题、面对实践与体验，面对小组合作，面对……有成功的地方也有值得反思的方面。为了提升学生的反思能力，促进公益活动的深入开展，活动中将开展学生小组、班主任教师、社区辅导员等多种形式的交流活动，并通过“社区公益活动存折”这一评价手段促进公益活动的长效实施。此外，在拓展环节教师将指导学生在“志愿北京”网站注册志愿者、志愿家庭，“小手拉大手”与家长一起继续以志愿者的身份开展各种社会公益活动。

（二）志愿服务

志愿服务是志愿者、志愿服务组织和其他组织自愿、无偿向社会或者他人提供的公益服务。自愿而非强制、不以物质报酬为目的、公益非私利是志愿服务的基本特征。志愿者通过参与志愿服务，实现了自身的发展，同时也促进了社会的进步。

学生可以在学校、社区中开展志愿服务，也可以参与社会公益组织的各种服务活动，还可以到当地图书馆、博物馆、文化馆等社会公共场馆开展服务。

案例分享：

学校志愿者在行动

北京市日坛中学实验学校小学部　张守芹

“各位嘉宾，请您跟随我的脚步走进我们的未来实验室，未来实验室是一个神奇的地方……”这是校园讲解员在向学校来宾进行讲解。签到处的志愿者为大家发放材料，各专用教室、图书角的志愿者在向一拨又一拨的来宾介绍。展板志愿者把学校开展的各项活动介绍得有声有色。活动现场秩序志愿者安排参会人员坐到相应的位置。只要学校有大型活动，就会看到这些学校志愿者们忙碌的身影。

图书室里四年级的图书管理志愿者们汗流浃背，他们正和图书管理员教师一起对图书进行拆封、分类、贴标签、输入电脑记录。三年级的节约志愿者们随时观察各班的空调、电脑、电灯是否做到了人走后关闭，卫生间的水龙头是否都安静了，他们还到各班收集废纸，定期卖掉，捐助贫困山区的学生。周五是学校评价兑换日，兑奖教室里早早就有五年级的兑奖志愿者在等待了。这些只是我们学校志愿者主题活动中的一部分。

一、学校志愿者主题活动的设计背景

积极参与志愿服务活动，学生不仅可以学习知识、提高能力，还能用自己学到的知识服务他人，增强社会责任感。但是学生的年龄小，知识和能力有限，怎样才能将学生的志愿服务活动开展得更有实效？本着“学校即社会，教育即生活”的理念，我们将学校和班级的管理作为学生志愿者服务的重要途径，引领学生以志愿者的角色参与到学校的建设和班级的管理中来，在学校的范围内同样可以进行扎实的志愿者服务主题活动的实施。

二、学校志愿者活动开发

围绕学校和班级管理中的实际需求和各年级学生的特点，我们开发出以下学校志愿者主题活动，征集不同年级的学生担任志愿者：

小小讲解员志愿者：面向全校学生征集志愿者，他们负责学校大型活动的组织、参观、引领等志原服务。

好习惯志愿者：一年级学生以班级为单位，进行班级内部的志愿服务，比如整理书包、准备文具、提醒握笔姿势、早读、礼貌、礼仪等。

文化小使者志愿者：主要由二年级学生担任，结合学校的传统文化课程进行中国传统文化宣传志愿服务。

节约志愿者：主要由三年级学生担任，根据学校中浪费现象进行志愿者服务。

图书管理员志愿者：主要由四年级学生担任，负责学校图书的摆放、分类，各楼层图书角的书籍定期更换、管理、维护等服务。

一日管理志愿者：主要由五年级学生担任，包括眼保健操志愿者、路队志愿者、课间操志愿者、兑奖志愿者等。

小菜园志愿者：学校专门为学生开辟了一个小菜园，由六年级学生担任志愿者，负责种植、除草、管理等任务。

三、学校志愿者主题活动的实施模式

我校志愿者主题活动的实施做到了五大整合，即与学科课程整合；与学科实践活动课程整合；与德育、教学活动整合；课内与课外活动内容整合；学校与家庭整合。在志愿服务主题活动的实施过程中，按照以下四个阶段实施模式开展：

第一阶段：探秘志愿者。通过课上的教学活动，了解志愿者服务的内容、形式、原则，对志愿者有全面的认识。

第二阶段：争当志愿者。根据学校、班级需要，定期进行志愿者的招募活动。

第三阶段：践行志愿者。课下学生在学校不同岗位进行志愿服务。

第四阶段：反思志愿行动。结合志愿者的岗位实践，组织学生进行定期的总结交流。

四、学校志愿者主题活动的实施效果

学校志愿者主题活动是师生、生生之间共同的生活体验。在主题活动的实施中，学生懂得了爱的深刻含义，感受到了责任的重要、坚持的力量、团结互助的快乐。在志愿服务的过程中，学生实现了自我超越。教师和学生一起进行主题活动的设计与实施，在重点处点拨，在困难处帮助，学生在成长，教师同样也在成长。学校志愿者服务活动，让校园文化有了灵魂，师生文化充满了力量，让学生的学习回归生活，让我们的课程更有特色。

(三)勤工俭学

勤工俭学是指在校学生承担其力所能及的岗位工作，在学习的同时通过劳动换取报酬的活动。勤工俭学既能让学生的生活压力得到缓解，又在劳动过程中对所学内容加以运用和巩固，提高和锻炼了自身的实践能力，还有利于健全人格和责任感的形成。勤工俭学的岗位通常都是正式的工作岗位，需要较为复杂的知识和技能并承担相应的工作职责，进行勤工俭学的学生至少应是高中生，甚至是大学生，小学生和初中生则不适合参与勤工俭学活动。

第四节 设计制作活动

设计制作是《中小学综合实践活动课程指导纲要》中规定的主要活动方式之一，是提高学生的技术素养，培育学生创新创造能力和动手操作能力，体现综合实践活动课程与生产劳动、技术进步相结合的重要活动方式。

一、设计制作活动的概念

设计制作指学生运用各种工具、工艺(包括信息技术)进行设计，并动手操作，将自己的创意、方案付诸现实，转化为物品或作品的过程，如动漫制作、编程、陶艺创作等。

“设计”是针对具体目标或需求进行的创造和创意活动，“制作”则是要将设计方案通过一定的方式，如实物、模型或作品呈现出来。设计制作是以操作性学习为主的技术实践活动，学生在设计制作过程中动手动脑相结合，通过创意物化满足生活和学习中的实际需求，亲身参与劳动，并在劳动过程中进行创新和创造的积极体验，提高技术素养和动手操作能力。

二、设计制作活动的目标

设计制作注重提高学生的技术意识、工程思维、动手操作能力等。在活动过程中，鼓励学生手脑并用，灵活掌握、融会贯通各类知识和技巧，提高学生的技术操作水平、知识迁移水平，体验工匠精神等。小学阶段设计制作活动要求学生通过动手操作实践，初步掌握手工设计与制作的基本技能；学会运用信息技术，设计并制作有一定创意的数字作品。运用常见、简单的信息技术解决实际问题，服务于学习和生活。设计制作的目标主要包括以下几个方面：

（一）提高动手操作的能力

在设计制作活动中，学生针对实际需求进行设计之后，还要将自己的设计方案付诸现实，也就是完成制作。这个过程学生要选择合适的材料，使用相应的工具或工艺进行动手操作，形成一定的作品，并且对作品反复测试、调整和改进。学生身体仍在发育当中，需要经过练习才能做到动作协调，尤其是用手指和手完成一些精细动作的能力，只有在不断动手操作的过程中才能得到锻炼和提高。实际完成一件作品，需要经过比较复杂的步骤和程序。在这个过程中，学生将学会各种工具的使用方法，采用各种工艺，如纸塑、编织、泥工、刺绣等，甚至是各种工具软件，对纸质、木质、泥质、布质的材料进行加工和操作，从而提高使用工具和技术的能力，以及制作能力。

（二）发展创造性解决问题的能力

设计制作活动通常针对现实生活中的需要展开，鼓励学生结合自己的兴趣和特长，深入思考，大胆尝试，采用多种材料、工具和方法，创造性地提出解决问题的方案或想法，并制作出实物、模型或作品，从而满足现实需求。在这个过程中，学生不仅要解决实际问题，满足现实需求，同时还要发挥主动性和创造性，根据实际需要自己提出解决问题的方案或创意，而不仅仅是按照教师提供的方法和步骤完成制作。在设计制作活动中，我们希望看到的是每位学生的作品各具特色、有所不同，而不是像流水线上的产品那样材料和工艺都是相同的。

（三）获得积极的劳动体验和观念

在设计制作活动中，学生亲自动手进行实践，通过创意物化满足现实需求，从而感受到劳动的价值和意义，获得丰富的劳动体验，培养认真负责、团结互助、珍惜劳动成果的品质，具有较强的劳动意识，尤其是尊重他人劳动、愿意参与劳动等积极的劳动观念，养成良好的劳动习惯，形成对劳动的正确认识，以及热爱劳动的思想情感。

(四)形成良好的技术素养

设计制作活动通常以项目为载体开展学习活动，即以完成某件作品、执行某项任务、从事某项设计、形成某种产品等项目的形式进行学习。一般来说，这样的项目包含若干教育要素，表现为一系列循序渐进的技术启蒙过程，如材料认识和选择、工具使用及简单的技术设计、制作、评价、改进等在内的项目活动，帮助学生在技术实践过程中逐步了解技术世界，激发他们参与技术实践的兴趣，能够安全和负责任地参加技术活动，初步具有技术意识，以及与技术相联系的质量意识、安全意识、审美意识、可持续发展意识，从而形成良好的技术素养。

(五)提高信息社会责任感

学生在使用各种信息技术完成设计制作时，教师要注意引导他们自觉、有效地获取、评估、鉴别、使用信息，具有网络伦理道德与信息安全意识。对学生信息意识的培养，要贯彻设计制作活动全过程，要不断加强信息道德与安全的教育，提高学生的信息社会责任感，实现信息技术知识与技能、过程与方法、情感态度与价值观的统一，切实培养具有综合素质、全面发展的信息社会小公民。

三、设计制作活动的主要类型

完成设计制作活动，需要各种技术与方法。根据学生创意物化过程中主要使用的技术，我们可以把设计制作活动分为以劳动技术为主的活动和以信息技术为主的活动两种类型，两种类型的活动核心都是通过技术应用解决现实问题，从而培养学生的创新实践能力。

(一)应用劳动技术为主的设计制作

学生设计制作过程中能够学习应用的劳动技术主要包括：手工技艺，如处理陶、泥、纸、布、绳、珠等多种材料的技艺；家政及生活技术，如家庭清洁、烹调、洗涤、安全使用家用电器等；简单的生产劳动技术，如农作物种植、花卉栽培、小动物养殖技术等；电子电工技术，如单片机、电子元器件的应用等；现代设计与技术，如激光切割与雕刻等。学生学习使用多种劳动技术进行设计制作，可以经历丰富多彩的劳动形式，提高劳动意识，养成创造性地应用技术解决问题、服务生活的习惯。

案例分享：

小小直升机的设计与制作

北京市西城区育翔小学　陈曦

“小小直升机的设计与制作”是一项具有我校飞天学堂特色的实践活动。学生对飞行器有着浓厚的兴趣，在学习的过程中非常想拥有自己的作品。因此，我依据学生的知识和能力基础，从学生的兴趣出发，和学生共同确定了本次活动的具体任务：利用废旧材料制作一架结构完整、有特点的直升机模型。活动分为三个阶段：

第一阶段：自主学习——了解直升机的特点

学生利用课余时间，通过翻阅书籍、上网查询、请教老师或家长等途径，收集了直升机的相关资料。通过小组间的分享和交流，简单了解了直升机的起源、类型及结构特点。

第二阶段：设计制作——我的小小直升机模型

1. 直升机设计图的绘制

为了帮助学生制作自己最喜欢的直升机模型，我引导学生在组内绘制最想要制作的直升机设计图。通过分享、交流自己最喜欢的直升机及其特征，了解直升机的用途与直升机结构之间的关系。组内共同绘制出一幅结构完整、有特点的直升机设计图。

2. 制作材料的选取与处理

通过对直升机图片的观察和分析，引导学生根据直升机的外形特点，选取和直升机外形相近的废旧材料，并通过学生之间对设计图的介绍，互相评价各组的选材，确定最合适的制作材料。

经过学生之间的交流与讨论，利用剪刀、双面胶等工具，将不能直接使用的材料进行处理，为后面的直升机模型制作做准备，帮助学生养成遇到问题及时思考并分析原因，尝试解决问题的好习惯。

3. 直升机模型的制作

教师带领学生按照组内设计的直升机设计图及选取的材料进行直升机模型的制作。学生亲自动手，将废旧材料“变废为宝”。根据学生在制作过程中遇到的问题，开展中期交流活动。引导学生在活动过程中，学习别人身上的优点，并养成乐于助人的好品质。在活动中引导学生尝试用不同的方法解决遇到的困难，在操作体验中培养学生与人合作、动手实践的能力以及解决问题的能力。这也是本次活动的主要内容。

第三阶段：展示交流——展示成果，分享快乐

组织学生将制作好的模型在年级当中进行成果展示，增强学生的自信心。带领学生回顾活动中的收获、遇到的问题及相应的解决方法，让学生真真切切地感受到共同创作、共同制作的快乐。

(二)应用信息技术为主的设计制作

开展设计制作活动，学生能够学习和应用到的信息技术主要包括：硬件基础与系统管理、信息加工与表达、数据与程序设计，以及数字设计与制作等。在硬件基础与系统管理方面，学生主要学习掌握与计算机进行交互的方法；在信息加工与表达方面，开展对大部分常见媒体素材的加工与表达，例如文档排版、图形图像编辑、声音和视频的采集和加工等；学生还可以学习并尝试进行数据与程序设计，了解程序设计的基本思想，初步体验计算思维的一般过程；在数字设计与制作方面，学生可以采用各种数字技术如数字建模、3D 打印等技术创造性地开展设计与制作活动。

案例分享：

校园“品”文化的实践研究——3D 打印中的校园

北京市第十五中学南口学校　高敏

最近，学校迎来了 60 年校庆活动。对学校在艰苦时期所取得的优异成绩，以及在新校“品”文化的引领下创造的辉煌成就，身为十五中南口学校的学生倍感骄傲，迫切地想把学校的“品”字文化传播出去，扩大学校的影响力。

前期，学生通过对校园历史的深入研究已形成了“校园历史探秘”、3D 打印学校模型等研究成果，虽然具有一定的宣传作用，但不能更广泛地传播出去。参考故宫纪念品的宣传思路，学生设想制作校园纪念品活动，送给来校参观的师生，从而达到进一步宣传的效果。经过前期分析讨论，出于纪念品制作工艺及学生实际水平考虑，决定用 3D 打印技术来实现纪念品制作，由此开展了“3D 打印中的校园”这项活动。

在创意设计阶段，学生查阅文献了解学校历史，以及对学校有过重要贡献的人物，参观学校历史文化室，并通过访谈教师和家长，以及对同学进行问卷调查，深入挖掘学校文化，梳理出校园符号及其代表意义。

校园符号	代表意义
校徽"品"字	"品""文化
柳书记雕像	"三让一不让""精神
爱心树	学生茁壮成长
养心亭	静心、养心
文化石	铭记校训
……	……

在此基础上，学生画出草图相互交流展示，并请美术教师进行点评和指导。此后，学生利用3D建模软件进行设计，遇到问题时随时向教师请教，同学之间也经常交流设计和制作的经验，不断调整和改进3D模型，直到打印出自己满意的作品。

本次活动通过3D打印技术来表达学生对学校历史、文化的认同与传承，抒发对学校的热爱之情。学生将对传统文化、学校文化的理解融入爱校之情，结合3D打印技术、设计原理、色彩搭配制作出一个实物作品。

第五节　职业体验活动

职业体验是《中小学综合实践活动课程指导纲要》提出的主要活动方式之一，是为学生提供体验各种职业生活的机会，将学校教育与学生职业生涯进行关联的活动，是生涯教育、劳动教育的重要途径，对学生加深职业理解、提升生涯规划能力具有重要意义。

一、职业体验活动的概念

职业体验指学生在实际工作岗位上或模拟情境中见习、实习，体认职业角色的过程，如军训、学工、学农等。

随着科技的进步、经济的发展，社会分工变得更加精细化和复杂化，各个领域的专业化要求也越来越高。选择合适的岗位，从事喜欢的职业，使工作不仅是人们谋生的手段，更能够让人们在工作中实现自我价值，获得心理满足，持续稳定地为社会发展做出贡献。职业体验活动引导学生选择自己感兴趣的职业，开展体验式学习，感受职业生活，了解自身特点，为今后选择符合自己的兴趣专长、与自身能力匹配的职业做好准备。

二、职业体验活动的目标

职业体验注重让学生获得对职业生活的真切理解，发现自己的专长，培养职业兴趣，形成正确的劳动观念和人生志向，提升生涯规划能力。在小学阶段开展职业体验活动，目的在于通过体验式学习，引导学生将自身的学习发展与未来的职业生活建立联系，形成初步的职业意向。职业体验活动的目标主要包括以下几个方面：

(一)促进对职业生涯的认识

学生对职业的认识多数来自于他们接触这些职业时的感受和身边成年人有意或无意的提及，对职业的认识往往是零散的、表面化的。综合实践活动课程中的职业体验是有目的、有计划的学校教育活动，引导学生在确定的职业情境中进行岗位演练和操作，获得对职业生活的亲身经历和体验，并且通过总结反思和行动应用进一步加深对职业的理解。在职业体验活动中，学生首先要根据自己的兴趣和能力，选择想要体验的岗位，然后通过多种途径搜集与职业相关的信息，在各种岗位上进行实际操作和演练，与从事这个职业的人员进行交流，多角度地了解职业生活，分析职业的工作特点，获得对职业生涯的整体认识。

(二)形成正确的劳动观念

学生职业体验的过程就是他们主动参与各种岗位劳动的过程，获得的体验是通过劳动产生的。在职业体验活动中，学生可以在特定的岗位上体验不同职业的工作状态，在感受劳动艰辛的同时，认识到每个工作岗位都很重要，各种职业对社会发展和进步都有价值，理解劳动没有高低贵贱之分，每一份职业都很光荣，形成崇尚劳动、热爱劳动、尊重劳动成果的价值观念。

(三)提高职业生涯的规划能力

学生进行职业体验不仅是在各个岗位上参与劳动、学习技术，而且在体验式学习的过程中，不断总结职业生涯的特点，反思自身兴趣专长与各种职业要求是否匹配，客观看待职业对个人素质的要求，进一步澄清自己的职业意向，培养职业兴趣，将职业体验与今后的职业选择相结合，提高职业生涯规划的意识和能力，积极探寻适合自己的人生发展和职业生涯。

三、职业体验活动的主要类型

根据职业情境的真实程度不同，可以将职业体验活动分为模拟情境的职业体验和真实情境的职业体验。

(一)模拟情境的职业体验

模拟职业情境是指具有真实工作岗位最基本的特征和要素，简化了的工作环境，例如学工、学农实践基地，职业教育实训基地等。模拟情境的职业体验尽管在丰富性和全面性方面有所欠缺，但是体验活动可以远离工作现场，更加安全、便捷。因此，学校可以为学生提供更多体验的机会。

案例分享：

今天我当小农民

北京市门头沟区雁翅中小学素质教育基地　王永丽　任全治

雁翅基地农业体验园育有各类农作物十余种，对于引导学生亲近自然、感受自然生活；体验劳作、形成劳动情怀；参与实践、提升科学素养；锻炼自我、培养学习精神等多维度的综合能力提升，作用巨大、意义深远。本次主题活动为“今天我当小农民”，作为一种学农体验，学生通过下地体验，充分感受农民的辛苦与不易。

一、准备阶段

环节一：生活情境导入，提出问题

情境：展示学生中午用餐浪费粮食的照片。

提问：学生，这张照片描述的是什么情况？你们知道，这些米饭、花卷都是用什么做出来的吗？这些粮食是怎么得来的？他们在田间会是怎样的一种状态呢？今天，我们就一起到雁翅基地的农业园当一次“小农民”。思考一下你准备怎么当“小农民”呢？

环节二：提出想法，确定小组小主题

学生活动：讨论想要体验哪些事情。

教师活动：根据学生讨论，和学生一起归纳出四个小主题。

主题一：农具的使用

主题二：播种的奥秘

主题三：农作物的管理

主题四：收割的乐趣

学生活动：学生根据自己喜欢的小主题，自由分组。

环节三：方案设计

各小组根据任务书进行各组实践方案设计：教师提示学生注意安全使用工具，有不懂的问题可以向农民咨询。

二、实施阶段

环节一：按照主题，认领农具

学生活动：各组学生分别按照各自的任务书和方案，在农具区认领所需的传统农具。

教师指导：现场监控，安全提示，防止学生不恰当地拿放农具受伤。

设计意图：通过设计方案，了解传统农耕中所需的农具；通过认领农具，直观地辨认农具。

环节二：小组实践，完成任务

组一：农具的使用

学生活动：学生分别体验铁锹、耙、镐、长锄的整地方法。

教师指导：针对学生的使用情况进行指导和纠正，及时介绍各种农具的不同用途。

学生活动：按照任务书，学生分别使用长锄、耙、镐和铁锹整理土地，完成一垄适合播种玉米的田地。

教师指导：指导学生按照除草—平地—松土—起垄四个步骤进行搭垄实践。

设计意图：通过搭垄实践体验，学生了解了传统农具的作用，能够正确使用各种农具；体会农耕的辛苦。

组二：播种的奥秘

学生活动：学生进行玉米的播种实践体验。

教师指导：引导学生在已有的玉米地里进行考察和研究。

学生活动：学生用手丈量，确定玉米株距；观察玉米苗的种植方法——每垄种两排玉米。学生按照方案，进行玉米种植。

教师指导：指导学生按照种植步骤——挖坑、浇水、撒种、埋土进行种植。演示挖坑的方法。

设计意图：通过实践体验，学会种玉米的基本方法；学会观察。

组三：农作物的管理

学生活动一：学生通过问、看、摸的方法，辨别农业园里的农作物，并用相机记录。

学生活动二：学生观察架豆地的搭架方法并尝试对西红柿进行搭架。学生寻求农业园里的农民爷爷帮忙指导和演示正确的搭架方法。

教师指导：指导学生观察西红柿和架豆搭架子的区别。

设计意图：通过多种方法，能够辨认出不同的农作物；通过亲手实践体验，学会西红柿的搭架方法。

组四：收割的乐趣

学生活动：学生在农民爷爷的指导下，学习使用镰刀，并体验收割韭菜。

教师指导：引导学生观察老韭菜和嫩韭菜的区别；指导学生如何择韭菜。

设计意图：通过割韭菜实践体验，认识镰刀，学会镰刀的正确使用方法；体会自己动手收割的乐趣。

三、总结阶段

环节一：各组根据实践体验过程，进行汇报展示

一组：汇报与现场演示相结合。

学生活动：两个学生汇报整地步骤和感受。五名男同学现场手持四种农具：长锄、铁锹、镐、耙，演示整地的四个步骤。

教师指导：补充介绍长锄和短锄的使用区别。

二组：手抄报形式展示播种的过程。

学生活动：绘制手抄报，并介绍播种过程。学生谈感受：感受到农民的辛苦，知道要珍惜粮食。

教师指导：结合实践中的问题进行提问，如：学生一垄地只种了一行种子，为什么？怎么确定的株距？

三组：结合相机照的照片进行展示。

学生活动：把寻找到的农作物和插架过程以照片形式呈现给学生，并由两名学生分别对照照片进行现场介绍。

教师指导：指导学生完成 PPT 的制作。

四组：利用收割的韭菜进行展示。

学生活动：学生介绍老韭菜和嫩韭菜的区别，并介绍了择韭菜的方法。学生展示了镰刀的使用方法，以及用镰刀割韭菜的方法。同时还介绍了韭菜的食用方法。

教师指导：引导学生回到导入课，知道镰刀还可以收割水稻和小麦。

设计意图：在汇报展示环节中，各组通过将自己实践体验的收获及时和大家分享，让每位同学在了解自己体验的活动的同时也能了解到大家体验的农事活动，能够在相同的时间中学会更多的知识和技能。通过回顾实践的过程，感受粮食的来之不易，初步树立爱惜粮食、尊重他人劳动成果的意识和行为习惯。

环节二：首尾呼应，总结提升

教师活动：教师在学生吃晚餐时，不经意间发现某小队的学生基本上

都是"光盘"，于是采集了相片。在总结中，插入PPT，告诉学生他们用自己的行动践行了自己的承诺，并为自己的行为竖起大拇指点赞。

设计意图：本环节设计意图是从生活中来，到生活中去。通过导入和总结的照片，证明这次学农体验活动已经发挥出它自身的意义。

(二)真实情境的职业体验

真实情境就是社会中各种真实的职业场所和岗位，真实情境中的职业体验通常通过参观、见习、实习等形式开展。与模拟情境相比，真实岗位的职业体验能够帮助学生获得更加全面的感受和认识，但是对社会资源的要求也更高，学校需要积极争取企事业单位的支持与配合，为学生创造参与体验的机会。

案例分享：

走进华冠超市

北京市房山区良乡第三小学　任全荣

一、活动背景分析

华冠购物中心是房山区最大的综合商场，也是中国连锁百强企业，我校将其定为四年级学生的实践基地。结合学校"做勤敏少年"的校训，我设计了"勤敏少年走进华冠"这一主题活动。活动分三个阶段完成：第一阶段：发布岗位，竞聘上岗，制定岗位职责。第二阶段：走进华冠超市，进行岗位体验。第三阶段：成果展示，评价反思。

四年级学生参与过学校的"美境行动"等多个小课题研究，已经具备了初步的搜集、整理、运用信息的能力。学生虽然对华冠购物中心很熟悉，都有购物经历，但他们对购物中心的岗位及职责还不太了解，更体会不到工作人员的辛苦，缺乏尊重劳动者的情感。

二、活动目标

基于主题活动内容和学情，我将活动目标设定为：

1. 在岗位实践体验中，获得亲身经历，增加社会阅历，增强与人沟通的交际能力，体会工作人员的辛苦，增强服务意识和尊重劳动者的态度与情感。

2. 能够运用各学科的知识创造性地完成工作，提高实践能力。

3. 学会用自己喜欢的方式展示成果，提高综合素养。

三、重点难点

活动重点：体验华冠员工的辛劳，增加服务意识与社会阅历，提高与人沟通的能力，增强尊重劳动者的思想情感。

活动难点：用自己喜欢的方式，展示华冠超市实践活动的成果，提高综合能力。

四、教学过程

第一阶段：公布岗位，竞聘上岗，制定岗位职责。

本次体验共有九个岗位，岗位发布后，学生竞聘上岗，经过几次修改后制定的岗位职责如下：

迎宾员：大门口迎宾，会使用礼貌用语；

助理收银员：帮助顾客撑口袋，整理购物篮；

超市果蔬管理员：码放果蔬、水果、奶制品及调料，清理卫生；

促销员：向顾客介绍各种商品，叫卖货物声音一定要大；

电梯安全员：提醒顾客上下电梯时注意安全，遇到老人主动帮忙；

小理货员：一定要把货品码放整齐；

小广播员：协助播音员工作，帮忙喊话；

超市还货员：将收银台附近没人要的货物归位；

小记者：抓住同学活动的精彩瞬间。

第二阶段：走进华冠超市，进行岗位体验。

为了让学生更好地开展体验活动，四年级各学科教师集体教研，设计任务单；根据实践任务单组织了行前课；学校设计了活动安全预案。之后我和学生走进华冠购物中心开展实践体验活动，首先了解了华冠的历史，然后华冠员工结合岗位对学生进行了岗前培训，接着学生进行上岗体验。在圆满完成这次岗位体验后，学生整理任务单，用自己喜欢的方式完成成果，准备成果展示交流。

第三阶段：成果展示，评价反思。

我是通过以下三个环节进行的：

第一个环节：回顾职业体验的情景。

第二个环节：成果展示，评价反思。

学生的展示成果有：情景剧“果蔬促销”、绘画、手抄报、小作文、活动感受等。

第三个环节：反思总结。

这次活动我设计了三个问题来引发学生进一步的思考：

1. 你觉得有必要开展这样的实践活动吗？为什么？

2. 通过这次活动，你觉得存在哪些不足需要改进？提出你的建议。

3. 在这次实践活动中你有何收获？自己有没有不足的地方？

五、教学评价

针对“勤敏少年走进华冠”这一主题实践活动，我设计了“星级制”评价，把华冠员工的评价、小组评、师评和自评贯穿于实践体验的全过程。

第六节　综合实践活动课程的其他活动方式

综合实践活动除了考察探究、社会服务、设计制作和职业体验四种活动方式外，还有党团队教育活动、博物馆参观活动等。

一、党团队教育活动

小学阶段党团队教育活动主要是指少先队活动，是由少先队组织发起的，以少先队员为活动主体开展的群体性教育活动，是学校德育的重要组成部分。中学阶段的党团队教育重点结合共青团活动开展，高中阶段还包括业余党校活动。

少先队和共青团活动形式内容丰富，形式多样，包括举行团队会，组织参观、访问、野营、旅行、竞赛，围绕科学文化、军事体育等开展各种有教育意义的活动。党团队活动主要由辅导员和团委书记引导少先队员和共青团员开展以实践体验为主的活动，而不是对学生进行说教，这与综合实践活动课程的理念和目标是一致的。少先队和共青团活动也是综合实践活动课程的活动方式之一。在综合实践课程中开展有特色的少先队、共青团活动要结合综合实践活动课程的特点，充分发挥教研团队、社会资源、多元平台等优势，对党团队活动予以支持和保障。同时还要关注各主题活动的实践性、综合性，让少先队、共青团主题活动更有活力。

在综合实践活动课程中开展党团队活动，主要包括少先队和共青团组织教育、组织生活和社会实践等方面的主题活动。少先队和共青团组织教育主要通过举行各类仪式，向学生普及少先队和共青团的基本知识、历史沿革、重要的历史事件等，培养组织荣誉感和自豪感。少先队和共青团组织生活类主题活动的开展，让广大少先队员和共青团员感受到有组织可依，有伙伴同行，感受到组织对于人的包容和感召。少先队和共青团社会实践类活动，重点在于促进学生走出学校，走进社会，增强社会责任意识，感受社会温暖与社会进步，增强感恩意识和反哺情怀。

案例分享：

心有榜样　从小做起

首都师范大学附属回龙观育新学校　闫晗

队前教育是少先队组织对队龄前学生进行的“准备参加少先队”的教育，是增强学生对少先队组织体验认同的必备教育。少先队组织要帮助学生初步了解少先队知识，明确入队的意义，提高他们争取入队的积极性和主动性，并且以入队为动力，帮助他们在入队前在各方面打下较好的基础。队前教育是少先队进行组织教育的最佳时机之一，成功的队前教育往往会对今后少先队生活产生良好的影响。本次活动不是向学生宣讲少先队的知识和入队要求，而是按照综合实践活动课程的要求，以主题活动的方式引导学生学习了解入队要求，做好入队准备。

一、活动主题：心有榜样 从小做起

二、活动内容和过程

1. 教师口头调查，了解学生入队意愿

教师为每位学生下发《中国少年先锋队章程》注音版和红领巾时，主动询问每位学生：“你想入队吗？你想入队的原因是什么？”大部分学生都说没想好或是不知道。教师初步完成口头调查本班学生的入队意愿。结论：全班 41 名学生都想入队，16 名学生说出了想入队的原因。学生的入队原因需要教师在队前准备活动中不断地引导，提高认识，利于学生以后更好地形成正确的价值体认。

入队意愿调查统计如下：

调查次数	具体内容	调查人	愿意入队	明确原因	说不出原因
第一次	教师口头调查入队意愿	闫晗	41 人	16 人	25 人

入队原因统计如下：

入队原因统计汇总	入队原因
5 人	想努力学习
3 人	想交到更多的朋友
4 人	想有更快的进步
2 人	加入中国少年先锋队，可以成为更优秀的人
1 人	想获得爸爸妈妈的入队礼物
1 人	想让爸爸妈妈开心

2. 教师讲解，小组合作，知识竞赛，学习少先队知识

(1)通过课件，教师讲解、学生观看视频《动漫版少先队员入队十知道》，全班学习少先队基础知识。观看视频《中国少年先锋队队歌》学唱队歌、按照视频学系红领巾，小组中同伴互助。

(2)通过教师组织、学生自读、小组朗读、家长共读等形式阅读注音版《中国少年先锋队章程》。学生在学习中感知中国少年先锋队的性质。

(3)每个学生在美术课上动手绘制班花：采用手抄报的形式记录入队格言及家长、同学或教师寄语，将班级文化融入队前教育。

(4)各小组进行少先队知识竞赛。

3. 采访实践，调查研究，树立榜样，志向高远

(1)学生作为采访者，采访自己的爸爸或妈妈，听爸爸或妈妈讲入队经历。家长配合录制采访视频。学生采访后，简单记录采访经过及感受。

(2)学生自愿利用业余时间，参与社会实践活动。例如：观看天安门国旗班的升旗仪式，参观人民英雄纪念碑、抗日纪念馆等。学生通过亲身实践，记录参观过程及体会，制作视频或幻灯片在课上与其他同学交流。

(3)学生通过观看教师推荐或自选的红色经典影片：《小兵张嘎》《闪闪的红星》《离开雷锋的日子》《永不消逝的电波》《大决战之淮海战役》《上甘岭》《红色娘子军》《烈火中永生》《青春之歌》《东方红》《建国大业》等，寻找自己心中的榜样，在正确的价值观影响下，能树立远大的奋斗目标。

4. 生活实践，寻找身边的榜样

(1)学生在学校的学习和生活中找到自己身边的榜样，与同伴一起进步，不断完善自己的言行。小组中多交流每个人哪些方面进步了，哪些方面还需要改进，在班级中形成良好的自我反思与同伴监督，学生也不断地从他律走向更好的自律。

(2)家长配合学校观察、记录学生在家里的基本情况，在学生的记录本上记录孩子的进步以及表现突出的方面。

5. 交流汇报

(1)各组在小组内汇总本组最想要讨论的话题。

(2)各组选择汇报的主题，然后全班一起选出课中要集体讨论的话题。

三、活动效果

通过内容丰富、形式多样的队前教育活动，提高了学生入队的积极性和主动性，明确了入队的目标，并且以入队为动力，帮助学生在入队前做好知识准备、思想准备。同时能在行动中养成良好的习惯，形成持续的良

好品行，能够在今后的生活中，与他人和谐相处，积极参加社会活动，增强参与意识，有一定的责任担当。

二、博物馆参观活动

博物馆参观活动是指学生走进当地博物馆、纪念馆、展览馆、名人故居、爱国主义教育基地等社会教育场馆进行参观考察，参与场馆的实践体验活动，开阔视野，丰富知识，传承中华民族的优秀传统文化，提高科学文化水平和道德修养，培养爱国主义情怀，提升综合素质的活动。

博物馆参观活动也是综合实践活动课程的方式之一。外出考察前，教师要指导学生利用网络、书籍等多种途径，了解社会教育单位的基本情况、资源内容与特点，提出想要研究的问题，设计考察方案。考察前，教师还要对学生进行安全教育，跟学生共同讨论制定安全预案。在参观过程中，教师要指导学生认真参观，按计划完成实践探究的任务，并且做好考察记录。参观后，教师要指导学生形成一定的研究成果，相互交流展示，并对活动过程和结果进行评价和反思。

案例分享：

穿越时空，感受文明的交流与互鉴

——参观国家博物馆“大英博物馆100件文物中的世界史”展览

北京市大兴区第一中学　贾平平

2017年3—5月，中国国家博物馆和大英博物馆联合主办了“大英博物馆100件文物中的世界史”展览。利用大英博物馆文物在中国国家博物馆展出的契机，我指导学生开展了主题为“以文物讲述历史”的研究性学习活动，挖掘文物背后的历史信息，理解各种文明之间的交流与互鉴，体验研究过程，学习研究方法。

本次活动的主要过程如下：

一、准备阶段

1. 教师准备

教师参观国家博物馆“大英博物馆100件文物中的世界史”的展览，了解展览的主要内容，初步提出了研究性学习活动的方向，设计学生参观展览的学习任务单，向学生介绍展览的基本内容，指导学生根据自己的兴趣分组，选择研究任务。

2. 学生准备

网上查阅资料，初步了解“大英博物馆100件文物中的世界史”的基本信息，并结合任务单了解参观须知，确定研究任务，做好准备。

二、实施阶段

学生到国家博物馆观看展览，收听“耳朵里的博物馆”中对100件文物的讲解，结合本组选择的研究任务重点参观并开展研究。

第一组选择研究佘盆梅海特内棺的木乃伊木棺。研究的主要问题包括：这套木棺上面画了古埃及的哪些神，这些神分别掌管着什么？为什么展览把这套木棺放在第一个展出，它体现了哪些文明之间的交流呢？

第二组选择研究“大洪水”记录板。研究的问题是，这块记录板上记载了什么故事呢？它记载的时间比《圣经》诺亚方舟的时间早多少年？世界上哪些国家和地区还有“大洪水”的故事呢？

第三组研究奥古斯都头像。主要关注的问题是，为什么奥古斯都总是把自己做成这样年轻、帅气、强壮的样子呢？他在他的帝国各地摆放自己头像的目的是什么呢？

第四组选择研究加洛林象牙雕板。研究的问题包括：这块雕板讲了一个什么故事呢？它如何体现了展览第五部分的主题：贸易与侵略呢？它又如何表现文明的交流与互鉴呢？

第五组选择研究两个文物：元青花瓷盘和日本太刀。主要研究的问题是：元青花瓷盘上的青花用的是什么釉彩制作的？青花瓷盘是为哪些民族制作的？元朝在制瓷技术上有哪些突破？“陶瓷之路”出现的原因是什么呢？日本太刀的特点是什么？为什么日本太刀制作如此精良，且锻造那么长呢？它与古代中国的制刀技术有什么关系呢？

第六组选择研究爪哇皮影。主要研究的问题包括：爪哇皮影是如何制成的？爪哇皮影的形成与哪些文明存在密切关系呢？中国皮影与爪哇皮影之间存在什么异同之处呢？

第七组选择研究维多利亚早期的茶具。研究的主要问题包括：维多利亚早期的茶具表现了英国人什么样的饮茶习惯？这套茶具包括的茶壶、糖罐体现了哪些地区之间贸易的交流？奶罐如何说明工业革命对英国人生活的影响？“奶茶”的起源是什么？“英国奶茶”又是怎样形成的？

教师针对学生在研究中遇到的问题进行指导，帮助学生形成研究成果。

三、总结阶段

学生参观后结合各自的研究主题，进一步查阅相关历史文献，对研究的文物及其背后的历史文化进行了深入的研究，并得出了研究的结论。在总结阶段，我重点引导学生交流参观收获及感悟。以下是部分小组的研究成果。

钱倚德同学代表第四组首先介绍了“加洛林象牙雕板”的基本情况，得出的研究结论是这块雕板以基督教故事为主题，融合了古希腊、罗马古典文化的雕刻艺术。

王墨涵同学代表第五组介绍了元青花瓷盘的制作材料及用途，研究的结论是元青花瓷盘是伊斯兰文化与中国制瓷技术相结合的产物。

李法键同学是第五组的代表，从蒙古远征日本的历史中解释日本太刀形成的原因，指出日本太刀与中国大刀之间的渊源关系。

安晨曦同学代表第六组介绍爪哇皮影的制作过程，指出爪哇皮影是在融合了印度教故事和伊斯兰教文化的基础上而形成的。

林新雨同学代表第七组介绍了维多利亚早期茶具，分别讲述了这套茶具中三件文物背后的历史故事：茶壶体现了英国—印度—中国之间的三角贸易关系；糖罐表现了欧洲—非洲—美洲的三角贸易关系；奶罐说明了工业革命对英国近代生活的影响。

每组学生介绍之后，其他同学提出问题进行讨论和交流。教师给予点评。

本次活动关注了国家博物馆近期的大型展览，挖掘展览的文物与历史学科之间的内在联系，确定研究性学习的主题；在运用社会资源上，关注国博的展览动态，运用博物馆丰富的馆藏资源为学科知识的学习提供素材；在学习方法上，采用自主合作探究的方法，学生分组根据已有的知识分析文物背后的历史，体现了“学以致用”的精神，成为研究性学习改变传统课堂的一次尝试；在培养学生的核心素养方面，通过解读文物感知世界文明之间的密切联系，增强学生的社会责任感，提高了学生分析问题的能力，取得了比较理想的效果。

本章小结

一、基本概念

1. 考察探究是学生基于自身的兴趣，在教师的指导下，从自然、社会和学生自身生活中选择和确定研究主题，开展研究性学习，在观察、记录和思考中，主动获取知识，分析并解决问题的过程，如野外考察、社会调查、研学旅行等。

2. 社会服务指学生在教师的指导下，走出教室，参与社会活动，以自己的劳动满足社会组织或他人的需要，如公益活动、志愿服务、勤工俭学等。

3. 设计制作指学生运用各种工具、工艺(包括信息技术)进行设计，并动手操作，将自己的创意、方案付诸现实，转化为物品或作品的过程，如动漫制作、编程、陶艺创作等。

4. 职业体验指学生在实际工作岗位上或模拟情境中见习、实习，体认职业角色的过程，如军训、学工、学农等。

5. 中学生研学旅行是由教育部门和学校有计划地组织安排，通过集体旅行、集中食宿的方式开展的研究性学习和旅行体验相结合的校外教育活动，是学校教育和校外教育衔接的创新形式，是教育教学的重要内容，是综合实践育人的有效途径。

二、基本内容

1. 综合实践活动课程的开发面向学生的个体生活和社会生活，课程内容可以按照自主性、实践性、开放性、整合性和连续性的原则，从学生接触到的自然、社会和自身生活三方面进行选择和设计，避免仅从学科知识体系出发设计课程内容。

2. 综合实践活动的主要活动方式包括考察探究、社会服务、设计制作和职业体验，此外还有团队教育活动、博物馆参观活动等。

探究与实践

1. 观察现实生活，选择并确定活动主题，开展一次过程完整的考察探究活动，并反思自己的收获。

2. 开展一次社区考察活动，寻找社区中实际存在的问题，针对这个问题设计一次综合实践活动，并在活动中实现多种活动方式的融合。

第六章　综合实践活动课程设计

学习要点

1. 综合实践活动主题的选择原则与策略。
2. 活动设计的基本内容和活动目标设计要求与策略。

第一节　综合实践活动主题的选择

综合实践活动课程是基于学生的直接经验，密切联系学生的自身生活和社会生活，注重对知识技能的综合运用，体现经验和生活对学生发展价值的实践性课程。综合实践活动课程开展的第一步就是确定活动主题。一个富有创意的主题凝聚着学生的体验和教师的智慧，体现出活动的意义和价值。活动主题是否适当直接影响到实践活动的开展和课程目标的达成。所以，在选择主题时，要遵循一定的原则和方法。

一、选择活动主题的原则

(一)源于学生的生活和经验

“生活即教育”，生活是丰富的教育资源，也是学生学习的重要场所。学生的综合实践活动主题应该来源于他们的生活世界，在他们亲身经历和自身经验的基础上，对所发现的现象与问题提出质疑，进一步形成实践活动的主题。学生的生活环境可以包括家庭生活环境、学校生活环境、社会生活环境及自然环境等几方面。

家庭是学生最重要的生活成长环境，学生在家庭的生活起居、与父母的交流及自己的学习娱乐活动中会产生众多的问题。家庭生活为学生开展综合实践活动提供了丰富的探究题材。如有的学生由于父母上班早晨时间紧，早餐准备得比较仓促，品种较为单一，于是提出了“怎样的早餐才是有营养的呢”的问题，因此就形成了“营养的早餐”这样的活动主题；有的学生对于自己的压岁钱如何花、家庭的垃圾处理不合理、家庭用水浪费现象严重等现象提出质疑，于是形成了如“压岁钱的使用”“家庭垃圾的处理”“家庭节约用水我规划”等活动主题。

学校是学生最主要的学习生活环境，是学生学习与活动的主要场所。学生在学校的学习生活过程中、在与教师同学的交往过程中、在学校各种场所的活动中往往会产生和发现各种各样的现象与问题，对这些现象与问题的质疑会形成各种活动主题。如“我们的校服”“我坐多高的椅子合适”“设计校园植物身份证”“活动中的自我保护”等活动主题都来源于学生在校园生活中的所思所想。

家庭与学校以外的区域，是学生社会生活的环境。社会这个大舞台可以产生许多问题、许多现象。而学生对于社会的认识应该始于身边的社区。不论是生活在城市地区的学生还是生活在农村地区的学生，他们的社区主要是居住地及学习生活所接触的附近地区。社区的人群、基础设施及各种生产生活现象都与学生的生活息息相关，学生对社区的环境比较熟悉。随着学生的成长，他们要不断地接触、了解社会，对周边的社会环境、社会现象会形成自己的印象，对其存在的问题也会产生疑虑与思考。社会生活环境为学生开展综合实践活动提供了丰富的题材。许多地区的学生结合自己的社会生活环境形成了如“便利店遍地开花”“夸夸我们的社区——大栅栏”“家乡奥运大家谈”“寻找北郎中——发展的原因”等综合实践活动主题。

学生生活地区的自然环境，与学生的家庭、学校、社会生活环境其实是相辅相成的，不应该硬性地将它们完全分割开。学生通过观察、接触，也能够从身边的自然环境中发现问题，形成活动主题。如下面的案例：有学生发现秋天的落叶，大多数是面朝地、背朝天，他们对这一现象产生的原因非常感兴趣，于是就形成了“为何落叶背朝天”的活动主题。

熟悉的生活环境、亲身的经历与生活经验是学生选择与确定综合实践活动主题的重要原则。学生在选择活动主题时，会有一些远离现实生活、不具备亲身经历与经验的问题，如“神秘的银河系”“火箭为什么能上天”“汽车的原理”等主题，很明显这些主题远离学生的现实生活，学生的知识能力与经验基础也不适合开展这些主题活动。

（二）具有现实意义和价值

学生选择的活动主题应该是那些对学生自身、家庭、学校以及所在地区具有现实意义和价值的课题。综合实践活动的开展要解决学生在现实生活中所遇到的实际问题，在解决实际问题的过程中，拓展知识，培养能力，提升素养。如“近视眼问题研究”“当地震来临时”“零花钱的研究”“吃零食有讲究”“我坐多高的椅子合适”等主题活动的开展对学生自身的成长具有现实意义；如“上网的利弊”“垃圾分类可行性调查”“改进一次性水杯”“节约用水，珍惜水资源”“学生阅读情况的调查”等主题活动的开展，有利于解决实际问题，活动所具有的探究价值，对于激发学生服务社会的意识，培养学生对社会负责的态度，能够起到积极引导的作用。

对于学生提出的没有实际意义与价值的，甚至是反面的课题，教师要引导、帮助学生改变想法，从正面或是另辟蹊径确立课题。

(三)具有可操作性

综合实践活动主题的确定，要考虑活动的可操作性。学生所选择的活动主题都是他们感兴趣的，经过一番思考形成的。多数实践活动具有可操作性，在学生原有的知识、能力和经验的基础上均能够顺利完成。但是也有一些活动学生无法开展。由于学生自身的年龄特点，知识、能力及经验具有一定的局限性，他们所确定的一些主题或范围过大，或受各方面的条件限制难以实施，不具有可操作性。如有学生选择以“老年人的娱乐”为活动主题，但由于老年人的娱乐内涵太过复杂，活动缺乏具体的内容指向，导致学生无法开展；如有学生选择“聋哑人是如何沟通的”为活动主题，但由于各方面的条件限制无法开展。学生应该选择一些内容范围较小、容易操作的主题。

(四)尊重学生自主性

综合实践活动主题的选择应该体现尊重学生自主性的原则。首先，活动主题的选择应该以学生为主体。综合实践活动是解决学生所遇问题的活动，因此活动主题应该来源于学生，是学生的兴趣所在，学生会全身心地投入到活动中去。在实际的教学中，由于学生无法及时地提出有效的活动主题，教师就列举出一些问题并采取相应的策略，帮助学生选择活动主题(这种现象在中低年级更多一些)。在这个过程中教师同样要尊重学生的自主性，开展什么样的主题活动应获得学生的认可。其次，教师在帮助学生修改活动主题时也应尊重学生的自主性。对于学生的一些不恰当的活动主题，教师在指导时可以通过提出一些质疑，让学生意识到修改课题的必要性，或者教师可以让学生在尝试中体会到课题的操作困难，再引导他们确立合适的课题。在指导过程中，师生之间应采用平等对话、协商的方式修改主题。

二、确定活动主题的策略

确定活动主题是活动设计的核心，活动的目标、内容、形式、方法都将依据这一核心的需要而决定弃取。一般来讲，为组织学生开展综合实践活动，可以采取各种方法与策略，结合课程资源开发，帮助学生选择适当的主题作为研究的课题。

（一）发掘生活中的问题，形成活动主题

综合实践活动是以解决学生的问题为中心进行组织的，活动的主题主要来源于学生在生活中发现的问题。如何引发学生关注生活中的各种现象，形成问题意识是综合实践活动追求的核心目标之一。

提出一个问题往往比解决一个问题更重要。在综合实践活动开始阶段，教师采取有效措施，尽量让学生形成问题意识，在生活中发现问题，提出活动主题，是确定活动主题最为重要和有效的措施之一。

教师的问题意识、探究态度、思考能力和研究习惯，对学生产生直接影响。只有教师具备问题意识，具备探究能力，才能较好地指导学生开展探究性活动。

如何形成问题意识？怎样才能及时地提出问题而最终形成活动主题呢？教师要善于引导学生留心观察体验自身生活，对身边发生的各种现象与问题多问为什么，只有产生质疑才能引发学生去思考。下面的案例就是非常典型的代表。

案例分享：

落叶为何背朝天[①]

山西太原市迎泽区狄村小学　董俊英

我校曾被评为园林学校，校园内处处可见树木、花草。10 月的一个星期一，我们班同学在打扫校园时，发现了一个有趣的现象，当时一阵风吹来，老槐树上的叶子打着旋儿，纷纷飘落下来。有一位同学高叫着："哎，快来看呀，那叶子落下后大都是面朝地、背朝天呀。"同学们大都停下手来看着那飘落的叶子，有的看一看也说："真是这些落叶都背朝天呢。"还有的同学在小声嘀咕："这有什么大惊小怪的，或许只是巧合吧。"另外还有一些同学在小声说："是不是其他树叶也是背朝天呢？"当时，我想：这不正是一个培养学生观察能力的好课题吗？该怎么引导他们呢？这时，一位同学说："你们这样猜测，又没有根据，不如我们搞个调查吧。"我说："这位同学的提议很好，下节活动课我们具体讨论实施方案好吗？"

……

学生对于落叶背朝天的现象的发现，反映了他们对生活中的现象的敏锐的观察力，这是产生问题的重要前提。而通过同学们的质疑、讨论，反映出

① 张海忠：《小学综合实践活动》，群言出版社、华文出版社 2002 年版，第 111 页。

他们对这一现象有了进一步的思考，进而在教师的提议下形成了活动主题。

对于生活中发现的问题当时可能并不一定能够得到答案，教师应指导学生养成记录的习惯。随时记录自己的问题，并且将问题产生的过程、情景尽量详细地记录下来，便于对问题作进一步的分析与研究。在对问题分析时尽量多地提出是什么、为什么、怎么样等质疑，有利于对问题进行深入分析，帮助学生确定这个问题是否可以成为活动主题。

(二)开展社会调查，在实践中发现活动主题

开展社会调查，体验生活，了解社会是学生产生问题的有效途径。社会调查的形式是多种多样的，包括组织学生观察、参观、考察、访问、交流、讨论、问卷调查等。社会调查可以让学生通过多种途径了解社会，认识生活，有意识地培养学生的兴趣。在社会调查中，学生能够发现自己感兴趣的现象，发现自己不明白的问题，发现大家达成共识的社会问题，还能够发现成人容易忽略的或已经司空见惯的一些不合理的现象。通过对这些现象与问题的进一步思考可以形成活动主题。

如有的学校的教师组织学生开展校园周边地区的社会调查活动，学生发现了许多不良社会现象和问题，如无照商贩乱摆摊点问题、校外吃零食的饮食卫生问题、人行道被侵占问题、校园周边交通拥堵问题、商铺牌匾不规范运用汉字问题等等。学生通过对这些问题的进一步探究，根据自己的兴趣选择不同的问题作为开展综合实践活动的主题。

开展社会调查活动是形成活动主题的重要策略，其实调查活动本身又何尝不是锻炼学生能力水平、促进学生认识社会、培养学生社会责任感与公民意识的实践活动呢？开展社会调查活动，往往会达到事半功倍的效果。

(三)运用“头脑风暴法”，选定活动主题

所谓“头脑风暴法”，就是一种集思广益的收集选题的办法。具体操作时，请参与活动的学生充分发表意见，就自己喜欢的、想到的或者自认为有必要和可能进行研究的课题(或问题)统统提出来，并对提出的问题加以详细地记录。注意在提问题的阶段，不要打断别人的思路，尽量不要提反面的意见，也不要引导辩论；过程的后期，则需要将记录的问题进行分门别类的整理，集中分析，筛选出可供研究的选题。

其实，头脑风暴法就是学生的问题讨论会。学生可以通过问卷的形式来交流自己的问题。问卷调查格式见表 6-1。

表 6-1 问卷调查

班级	姓名	问题回答
你想研究什么事物？		
你想研究这些事物的哪些方面？		
你想怎样研究这个问题？		
你准备独立研究还是与他人合作？		
你预计的困难和需要的帮助		

学生开展问题讨论时应从三方面进行问题归类，即是什么、为什么、怎么做。通过分析选择合适的主题。例如针对“学校的午餐”问题，可以从以下几个问题入手：

问题 1：我们每天的饮食中需要哪些营养？

问题 2：这些营养从哪些食物中来？

问题 3：人们饮食为什么要注意营养搭配？

问题 4：怎样合理安排饮食，营养才会均衡？

问题 1 和问题 2 属于回答“是什么”的问题，通过文献资料的查阅或者网络资料的查阅就可以得到答案，一般不专门作为研究的主题；问题 3 和问题 4 分别要回答“为什么”和“怎么办”，解决这一类问题需要学生在设计研究方案的基础上进行深入研究，有一定的深度和广度，可以作为学生研究的主题。①

通过进一步的整理分析，学生要不断明确自己的问题，修正主题。

(四)运用“概念图法”，选定活动主题

“概念图法”是一种进行选题的有效办法，这种办法又可以称为“发散选题法”，例如选择“生活”方面的主题做选题，在“生活”的小事上做文章，就可以请每个学生在纸上写出“生活”两个字，然后将自认为与生活联系最为紧密的五个词写出来，作为“生活”的下位概念。如有的同学会选择衣、食、住、行、玩，有的会选择水、电、钱、粮、煤等。再要求学生就自己提出的二级概念中希望研究的问题进行第二次发散，如选择“水”主题的概念图(见图 6-1)，可以写出与水紧密相连的各项内容，如此推演下去，就有可能找到有价值的研究课题。当然，每一次的发散也可以不仅仅局限于五项内容，例如可以尽可能地提出更多的选项，以利于更广泛地网罗可以研究的问题。

① 郭元祥：《综合实践活动课程的实施》，高等教育出版社 2003 年版，第 66～67 页。

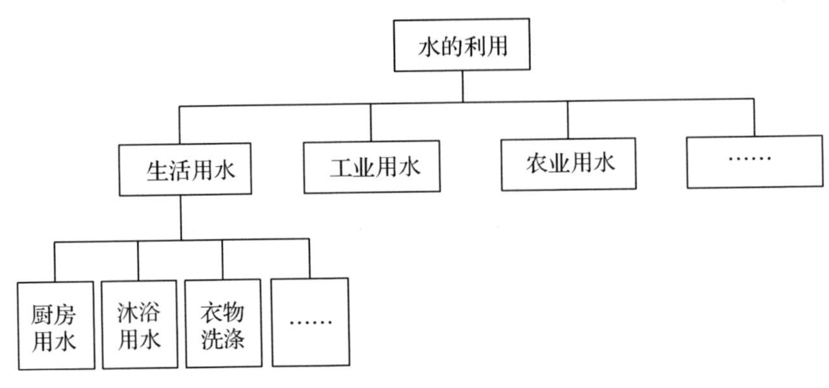

图 6-1 “水”主题概念

(五)创设情境，引导学生发现问题，形成活动主题

学生问题意识的培养离不开教师的引导，教师有时可创设一定的情境，引导学生身临其境地发现问题，形成主题。教师创设情境的手段是多样的，可以是故事、文章、数据、照片以及实地参观等。请看下面的案例：

案例分享：

零花钱的研究

北京市平谷区第五小学　张云霞

(照片导入)谈话：大家知道，咱们学校旁边的这条街很繁华，很多同学上下学时光顾这些超市、店铺，大家看一看，他们在干什么，由此你想到了什么？(随即播放一组教师在学校附近小商店门口及路边小商贩摊前抓拍的照片，照片生动地反映了学生上下学时花钱买东西的情景)

学生通过看自己或同伴被“偷拍”的照片，被激发起极大的兴趣，经过热烈讨论，产生出一系列与零花钱有关的问题。

形成综合实践活动主题的方法策略多种多样，这里只是列举了比较常见的几种策略。活动主题的最后确定，在遵循选择活动主题原则的基础上，不仅要关注学生的兴趣、学习基础和学习能力，还应该考虑结合地方特色和学校文化，以便更利于活动课程有效实施。

第二节　综合实践活动设计

综合实践活动设计，也可以称作综合实践活动方案，就是要把活动目标、活动内容及活动过程中师生活动的形式和方法，按照一定的原则组织成一个合理的结构，从而形成一种使综合实践活动得以运行的程式。在综合实践活动开展之前设计出较为详尽的活动方案，是顺利开展综合实践活动的基本前提。

一、活动设计的基本内容

综合实践活动设计(方案)的基本内容一般包括活动基本信息、活动背景、设计思路、活动目标、活动方式及方法、活动准备、活动过程、活动总结交流及评价、活动拓展等。

(一)活动基本信息

活动的基本信息包括活动名称、活动实施者、活动指导者、活动时间与地点等内容。活动名称即活动主题的名称；活动实施者指的是开展活动的主体，应标明学生的年级与班级；活动指导者即为参与指导活动的教师和其他人员。

(二)活动背景

活动设计要介绍综合实践活动主题提出的背景或活动主题提出的缘由，说明主题活动的必要性，活动开展对学生的发展具有的价值与意义等。请看下面的案例：

案例分享：

“课间游戏的调查与研究”的活动背景分析

北京市房山区阎村中心校　隗红英

随着社会的进步、人们生活水平的日益提高，学生接触的游戏也发生了一些重大的改变：游戏的技术含量越来越高，户外活动的游戏越来越少，游戏中需要的玩具越来越少，大家一块玩的时间越来越少，可以玩的游戏场所也越来越少，这一系列的变化给我们带来了深刻思考：孩子近视人数的增多、体质的下降、肥胖的与日俱增、不谦让、不会合作、热衷于电子游戏及各种新奇玩具的现象骤增。针对这种现象，我们设计了本次活动。

这次活动就是让学生通过调查与研究来了解参与有意义的课间游戏的重要性，进而在亲身探究、合作研究中找到适合自己玩的有意义的课间游戏，并在实践尝试中，最大限度地调动起学生自己及他们身边小伙伴参与课间游戏的兴趣。

> 有趣的游戏可以增强学生的体质、锻炼学生的思维、培养学生的协作意识。在课间做游戏能让学生的身心感到轻松和愉悦；在游戏中学生能结识好朋友、能学会合作。让我们开展一次有意义的实践活动——课间游戏的调查与研究。

另外，有许多教师在活动背景分析中还加入了学生情况的分析内容。学情分析是活动开展与活动目标设定的基础。综合实践活动是以学生为中心开展的课程，只有真正了解学生的生理发展与心理认知特点、现有的知识经验水平以及学生的具体实践需求等要素，才能有目的地设计与开展符合学生发展需求的活动，解决学生的具体问题。下面的案例中，教师主要通过认知发展特点、学习特点两个方面开展学情分析，特别是充分了解学生对即将开展的活动具备的知识与经验，为活动的设计与实施奠定了基础。

案例分享：

“走进王致和”活动学情分析

首都师范大学附属小学　李欣

五年级学生的认知发展特点：各方面都较低年级有不同程度的发展，学会掌握初步的科学定义，学会独立进行逻辑论证，在生活中随时随地地应用所学知识进行论证。

五年级学生的学习特点：本届学生在二年级时的博物馆日曾经走进“王致和腐乳厂”参观，并体验过手工做豆腐、参观机械化厂房，对“王致和腐乳”从何而来有了初步了解，所以此次活动受到了他们的欢迎与喜爱。我们围绕“百年传承王致和”“传承与创新”“神奇的发酵性豆制品”“神奇的美味”“中外融合”等活动进一步引导学生了解这个百年老字号的历史与今天，同时引发他们对“老字号”的未来进行畅想。

1. 知识与技能基础：学生多次参与考察探究活动，已经具备一定的调查能力、观察能力、思考问题的能力、表现能力，在信息技术上已经学习并运用过互联网查阅资料、收发邮件，制作有动画效果和视频音频文件的演示文稿。熟知活动流程分为准备阶段(确定子课题、设计方案、分工)—实施阶段—总结和评价阶段等，这些已有知识和能力的储备为本次活动的开展创造了有利前提。

2. 在情感基础上：思维活跃，参与意识强，乐于动手实践，学生完全具备合作研究、总体设计、具体分工等合作学习的意识与能力。

3. 面临的问题：

(1)信息的提取：通过“王致和腐乳厂”的工作人员面向全体同学进行的介绍，以及分小组后针对本小组研究内容的考察探究，这样大量的信息无从下手进行筛选，因此本次活动针对信息的提取、筛选进行了重点指导。这也是本活动的难点。

(2)评价方面由于缺少系统的评价体系和方法，学生不能形成良好的客观公正地评判自己和他人的评价习惯，如何从多元的角度评价自己和他人的活动过程与成果正是本次活动的生长点。

(三)设计思路

设计思路即设计者对实践活动开展的基本线索与程序。活动设计者主要通过活动设计的线索与策略、活动开展过程的方法与手段、活动所要达到的最终效果等方面的介绍，梳理出活动的思路与过程。请看下面的案例：

案例分享：

“瘦西湖水域有多大”活动的设计思路

北京宣武区白纸坊小学 霍艳

瘦西湖公园是著名的风景游览区，也是扬州地区学生实践活动的重要基地。本活动向学生提出实践中可能会遇到的有关于环境地域考察的问题——“瘦西湖水域有多大?”这是一个学生既无法实际测量，并且用所学知识也难以解决的实际问题。活动引导学生在探究、思考中，尝试改变思维方式，运用一幅地图以及自己的生活经验，用“称面积”的方法，寻找出一种既便捷、又能比较准确地解决问题的方法，并拓展认识到解决问题的方法是多种多样的，在实践活动中遇到问题时，要尝试思维变通，变换不同角度思考问题，寻找有效的方法。

(四)活动目标

活动目标是综合实践活动设计的重要内容之一，活动目标应该明确，通过活动的开展，学生应该在价值体认、责任担当、问题解决、创意物化这四方面引起一些变化。请看下面的研学旅行活动案例：

案例分享：

制定研学旅行活动方案——走进嘉兴南湖革命纪念馆

桐乡市凤鸣高级中学　唐华

问题解决：学生通过“设计介绍框架”“策划活动方案”“分享评价成果”三个活动，形成一份优质的研学旅行方案，学会学习，为研学旅行做好充分准备；学生历经小组合作的方案制定过程，形成在实践操作中学习的意识，提高综合解决问题的能力。

价值体认：基于南湖革命纪念馆资料的学习，增强学生的家国情怀，强化对中国共产党的认识和感情，形成中国特色社会主义共同理想和国际视野的价值体认。

责任但当：完成“研学旅行活动方案”的任务制定，形成主动服务他人、服务社会的情怀，学生的责任担当得到了提升。

(五)活动方式与方法

综合实践活动强调运用多种活动方式与方法。活动方式从组织形式看有个人、小组及班集体以上规模的活动，从内容形式看有实验、研讨、参观、考察等多种活动；活动方法可以分为观察、问卷、访谈、科学实验等多种方法。根据活动主题范围的大小、活动性质特点选择恰当的活动方式与方法，并且要注意多种方式与方法的有机结合，可以拓展实践活动的内涵，激发学生的活动情趣，促进学生的全面发展。

(六)活动准备

与学科课程的学习不同，综合实践活动的开展需要师生在活动前做大量和细致的准备工作，包括物质、心理、组织以及时空等方面的准备。物质准备包括资料信息、活动材料、设备场地等。心理准备包括营造活动氛围，激发学生对主题活动的浓厚兴趣与热切向往等。组织准备指规划活动的组织形式，对内进行活动分组，明确分工职责，选举或指定组长，明确组长的责任；对外注意加强与校外有关人员的联系与沟通，争取社会力量的支持等。时空准备指计划活动开展的具体事项，时间、地点要事先落实，告知当事人等。

(七)活动过程

活动过程是综合实践活动设计中最为重要的内容。活动过程包括综合实践活动主题活动实施的阶段(环节)、学生活动内容、活动方式及教师指导等内容。

（1）活动阶段（环节）的划分。将活动划分为几个相互联系、各有侧重的阶段（环节）。一般地，一次主题活动分为4～6个大的活动阶段比较适宜，不宜过多。

（2）阶段目标、活动内容与活动方式的制定。根据活动规模和活动周期的大小，大的活动可以根据活动目标，制定阶段性目标、活动内容和活动方式。

（3）活动过程指导。在活动过程中，教师应根据学生活动中所产生的问题给予相应的指导，以利于活动的顺利开展。教师指导可以包括对学生的合作学习、人际交往以及资源利用方面的指导；对学生活动的各种方法的指导；对学生活动动机与热情的进一步激发，以维持活动的持续发展，促进活动的深化；指导学生做好活动资料的搜集和活动过程的记录，为活动总结与评价提供依据及资料；针对学生活动中遇到的困难和生成的新问题给予必要的引导与帮助；等等。

（八）活动总结交流及评价

综合实践活动总结交流包括活动结果的展示交流和活动感受的总结交流。学生活动结果的展示交流和活动感受的总结交流的方式内容多种多样。交流的材料可以包括：文本材料如调查报告、活动记录、活动日志、活动论文等；影像资料如照片、录音、录像等；作品资料如诗歌、绘画、乐曲等；实物资料如制作的标本、模型等。交流活动的形式可以包括报告、表演、答辩、展示等。

综合实践活动评价是活动过程的重要组成部分。综合实践活动中的评价主要指的是学生评价，即通过活动学生的收获如何？是否达成了活动的目标？评价包括学生自评、同学评价、小组评价与教师评价，如果有其他人员参与了活动，还应该有他们的评价意见。

（九）活动拓展

根据活动的进程和需要，在活动结束的阶段，可以设计一些拓展活动，进一步强化活动效果，将活动推向更高的水平，也可以为开展下一个主题活动奠定基础。

二、活动目标的设计

（一）活动目标的设计要求

每一项活动都是围绕着一个特定中心进行设计的。活动内容不同，活动的目标也不一样。活动主题确定后，恰当地确定活动目标，便成为实现活动教育价值的关键所在。综合实践活动目标的确定有如下要求：

1. 活动目标的设计要准确

要从活动特定的要求出发，为活动确定清晰明确的目标。活动的目标实际上就是通过该活动学生可能取得的收获，而不是教师从观念出发，想当然地为学生制订的活动要求，把课程目标作为教师要做的事情来陈述。活动目标本该是从活动中生发出来的，表明期望学生发生什么变化，是活动过程水到渠成的结果，而不应该是任何人任意“拔高”的产物。我们常常发现，一些教师在确定某项具体活动的目标时，把教师作为主体，如：使学生掌握方法等，活动目标的表达一定要以学生为主体，如：尝试设计水火箭，并与同学分享自己的制作要点。另外，有些教师对学习目标制定过多，实际上，任何具体活动，学生从中可以取得的收获总是有限的，教师对活动的目标的确定应以明确具体、恰如其分为好。但由于各种各样的原因，或者是怕人家说“不全面”，或者本人缺乏提炼的能力，结果便眉毛胡子一把抓，甚至自己也说不明白活动的目标到底是什么。

2. 活动目标的设计要具体

综合实践活动的目标设计要实实在在、切实可行。有些教师常笼统地把“提高分析能力”“培养创造能力”等作为具体活动的目标，这样泛泛的提法倒不如从活动的实际出发，将目标分解细化，指出这种行为运用的内容或将要应用这一行为的生活领域，如“学习某一具体分析方法”，“了解某种创造技法”，也容易对之进行评估检查。

3. 活动目标的设计要恰当

综合实践活动需要从活动主体的年龄特点和认知水平的实际出发，恰如其分地制定活动目标。特别是小学生还处在学生时期，心智发育稚嫩，对知识了解得有限，针对他们的活动设计更要照顾这一特点，不便于提出过高的要求。学生由具象思维向抽象思维过渡的“关键年龄”大约在小学四年级，四年级以下的活动组织应以简单的观察活动、游戏和制作为主，目的在于学生学习基本的研究方法、参与活动的兴趣和加强手指小肌肉群的训练，为将来的学习打好基础。四年级以上的学生，知识学习有了较多的积累，分析能力和综合能力有了明显的提高，在进行活动设计时，就可以有意识地引导他们从深入观察和调查中发现问题，也可以设计一些简单的实验，组织他们学习一些初步的科学研究的方法。

4. 活动目标的设计应具有层次性

综合实践活动课程应注重价值体认、责任但当、问题解决、创意物化等方面的全面培养。

综合实践活动与学科课程相比，虽然并不强调系统知识的学习，但也不排斥知识的学习，只是把知识作为完成活动目标的工具，当缺少某项知识就难以完成确定的活动目标时，也是需要将知识的学习纳入活动目标的。

活动课程更强调意识和能力的培养，意识作为人们高级的心理活动，将感知、思维等心理活动提高到自觉的程度，是人们社会实践的产物。综合实践活动为学生广泛交往创设了适宜的情景，极有利于各项意识品质的培养，在活动中尤其应该注意学生的主体意识、实践意识、合作意识与责任意识的培养。

关于学生能力的培养，除了一般的心理能力之外，综合实践活动更应关注学生对知识检索和处理、实践操作、社会交往、交流表达等各项能力的培养。

(二)活动目标具体化设计

《中小学综合实践活动课程指导纲要》(以下简称《指导纲要》)确定的综合实践活动的总目标是："学生能从个体生活、社会生活及与大自然的接触中获得丰富的实践经验，形成并逐步提升对自然、社会和自我之内在联系的整体认识，具有价值体认、责任担当、问题解决、创意物化等方面的意识和能力。"《指导纲要》还进一步明确了小学阶段综合实践活动的学段目标，但是学段目标不是各种主题活动的具体目标。各种主题活动的目标要在学段目标指导下进行设计，即目标的具体化设计。

1. 确定维度分解活动目标

在进行综合实践活动目标具体化设计时，首先要明确目标所属的维度。目前运用比较广泛的维度分类有以下几种：

(1)按照布卢姆(B. S. Bloom)的目标分类法，可以将综合实践活动目标分为知识、能力、情感三个维度。请看下面的案例。

案例分享：

"走进家乡的桥"案例的目标设计①

江苏省无锡市华庄中心小学　张秋霞

知识目标：

了解桥梁的有关知识，通过观察、调查、访问、搜集信息、积累资料、撰写论文、探究家乡桥的丰富内涵，在自主探索与解决问题的过程中，积极主动愉快地获取桥梁的发展与变迁、桥梁的结构与风土人情、桥梁构造

① 张秋霞：《走进家乡的桥活动设计》，综合实践活动网。

与力学、桥梁的构造与美学、桥梁的名称与人们的愿望、桥梁与社会进步和经济发展，以及中国桥梁建造在亚洲乃至世界的地位与声望。

能力目标：

(1)学生观察调查能力：调查江南水乡桥梁的类型，以及这些桥梁的各种特点、采用的材质。

(2)学生处理信息能力，动手操作能力：搜集家乡桥梁的各种历史与变迁及民间传说，形成文字表达、声像、图片等资料进行汇总归类。

(3)学生的创造能力：画一幅美丽的桥，试着为家乡的河道设计既美观又牢固的桥梁。

情感目标：

学生关心无锡的人文历史、家乡建设、周围环境，积极参与各项活动、社会调查、实践活动，合作精神和自我发展意识得到提升，学生发展热爱祖国、热爱家乡的情怀，以及产生强烈的民族自豪感、为民造福的责任感。

(2)依据《基础教育课程改革纲要(试行)》的要求，可以将综合实践活动目标分为知识与技能、过程与方法、情感态度与价值观三个维度。请看下面的案例。

案例分享：

“改进缺点创造发明”主题活动的目标设计

中国农业科学院附属小学　雷琛琛

知识与技能：

(1)自主灵活地运用缺点列举法创造性地对日常用品进行改进。

(2)知道缺点列举法，能模仿他人发明的例子对日常用品进行改进。

过程与方法：

(1)主动用不同方法观察事物，发现问题，对问题进行探究，顺利解决问题。

(2)在教师的启发下，经历发现问题—研究问题—解决问题的过程，形成个人探究思路。

情感态度与价值观：

(1)形成合作意识，乐于与同伴沟通交流分享信息、创意和成果，养成互相帮助的习惯。

(2)克服依赖心理，养成认真完成分工的自觉性，形成遇到困难想办法、多沟通的意识。

(3)依据《中小学综合实践活动课程指导纲要》的体例，可以将综合实践活动目标分为价值体认、责任担当、问题解决、创意物化等几个方面进行设计。请看下面的案例。

案例分享：

“走进王致和”主题活动的目标设计

首都师范大学附属小学　李欣

1. 价值体认：通过亲历“王致和博物馆”的参观活动，建立对非物质文化遗产的认识、对百年老字号品牌的了解，激发对中华传统文化的兴趣，为自己是中国人感到自豪。

2. 责任担当：围绕“走进王致和”的活动，学生形成传统文化的传承者意识，建立文化传播的使命感。

3. 问题解决：在教师的引导下，结合参观“王致和博物馆”的活动，发现并提出自己感兴趣的问题。能将问题转化为研究小课题，体验课题研究的过程与方法，提出自己的想法，形成对问题的初步解释。

4. 创意物化：运用信息技术手段，将研究结果进行汇总，除此之外，还与家长一同设计制作创新腐乳菜肴并分享交流。

2. 运用行为动词将抽象目标转化为具体目标

根据活动目标的不同维度和内容要求的不同水平阶段，在文字上可以通过运用恰当的行为动词来描述或说明活动者的行为或结果。比如，知识目标，在了解水平阶段可以运用说出、回忆、复述等行为动词来表述目标要求，在应用水平阶段可以运用设计、撰写、评价等行为动词来表述目标要求。运用行为动词可以将抽象的目标转化为具体的、可操作的活动目标要求，有利于活动的开展。表6-2列举了不同目标维度在不同水平阶段的常用的行为动词。

表6-2　不同目标维度在不同水平阶段的常用的行为动词

维度	水平	常用的行为动词举例
知识	了解水平	说出、知道、背诵、辨认、回忆、选出、列举、举例、复述、描述、了解、认识、识别、再认、熟悉
	理解水平	解释、说明、阐明、比较、权衡、分类、选择、归纳、概述、概括、判断、区别、识别、提供、转换、猜测、预测、估计、推断、检索、收集、整理
	应用水平	掌握、应用、使用、质疑、辩护、设计、解决、撰写、拟定、检验、计划、总结、推广、证明、评价

续表

维度	水平	常用的行为动词举例
技能	模仿水平	模拟、重复、再现、模仿、例证、临摹、尝试
	独立操作水平	会、完成、表现、制定、解决、拟定、安装、绘制、测量、尝试、实验
	迁移水平	联系、转换、改进、灵活运用、举一反三、触类旁通
情感	经历(感受)水平	经历、感受、寻找、参与、尝试、讨论、交流、合作、分享、参观、访问、考察、接触、体验
	反应(认同)水平	提出、获得、发现、遵守、拒绝、认同、承认、确认、接受、反对、愿意、欣赏、称赞、喜欢、讨厌、感兴趣、关心、关注、重视、采纳、支持、尊重、爱护、珍惜、蔑视、怀疑、摒弃、抵制、克服、拥护
	领悟(内化)水平	形成、养成、具有、热爱、确立、树立、建立、坚持、发展、保持、追求、增强

3. 设计阶段目标分解活动总目标

有一些综合实践活动的主题活动，活动开展周期在一两周甚至更长时间，活动范围比较广，参与活动的学生和辅助人员较多。这种主题活动在设计时通过不同的维度可以确定活动的总体目标，但是对于活动具体实施中的某个阶段学生活动的目标要求会比较含糊，指导意义不明显。因此可以采取设计阶段目标的方式，分解活动总目标，使学生在不同的阶段开展活动都有了具体的目标要求。"营养早餐"主题活动就是个长周期的活动，设计分成了五个阶段，每个活动阶段都设计了相应的目标，对活动总目标进行了具体化设计。具体请看下面的案例：

案例分享：

"营养早餐"阶段目标设计①

河南省郑州市二七区航海中路小学　冯新丽

第一阶段：活动准备阶段

目标：通过交流有关"营养早餐"的话题，引发提出有意义的问题，并能把问题转化成有研究价值的课题，形成研究意识。

① 河南省教育学会中小学综合实践活动教学专业委员会：《综合实践活动课程指导》，海燕出版社2016年版，第276～277页。

第二阶段：活动实施阶段

目标：通过参与小组主题活动，了解小学生食用早餐的现状，认识到营养早餐对人体的重要性，逐步树立科学进餐的意识。

第三阶段：总结交流阶段

目标：通过展示有关营养早餐的知识、图片、倡议书、视频、手抄报、绘本、现场制作煎饼等，进一步认识到营养早餐的重要性，了解营养早餐搭配的方法和科学的进餐时间，学会做简单的营养早餐，形成吃营养早餐的习惯。

第四阶段：总结提升，撰写报告

目标：学习研究报告的基本特点及写作方法。

三、综合实践活动的过程设计

活动的过程设计也称为活动的程序设计。为达到预期的活动目的，需要在对活动目标分析的基础上，将活动过程分解为几个基本阶段，预先设计好活动的过程，再组织学生按部就班地开展活动。活动过程有如施工的步骤，它是活动目标达成的措施和保证。

一般来讲，一项完整的活动过程应包括：激发兴趣、研究探索、汇报交流、进行评价等几个基本的阶段①。

综合实践活动强调学生自主探索的过程，它的选题是开放的，活动是学生主动进行的，但这并不排除对学生活动的组织工作。相反地，更提倡对活动过程要精心设计、精心组织。

综合实践活动是以问题为中心进行组织的，如何引发学生对研究问题的关注是活动成败的关键之一。活动之初，教师应采取有效的办法，引导学生对选择的课题产生研究和探索的欲望，从而兴趣盎然地投入活动中去。

综合实践活动的类型有多种，每一种活动常常会有较为适当的导入方法，例如思维训练活动可以用激疑导入法；设计与制作活动，可以用实物演示导入法等。对活动导入的总的要求是通过营造恰当的情境，激发学生的兴趣，对活动进行“预热”，将学生的积极性引发出来，主动投入活动中去。

活动的研究探索阶段是活动实施的主要阶段。综合实践活动的类型不同，其探索研究的方式方法和具体要求也是不同的，但要形成研究的过程，组织者就要把活动涉及的各种因素（如人员、材料、设备、工具等）合理地组织起

① 陈树杰：《综合实践活动课程引论》，首都师范大学出版社 2010 年版，第 166～167 页。

来，构成一种便于操作、探索和研究事物的条件。一个好的过程，关键是要能够发挥学生参与的主动性和积极性，一切能够有效地激起学生积极参与并使活动获得实效的办法，都是应该提倡的好办法，切忌刻意追求所谓方法的多样性，机械堆积、表演式的强拉硬扯，将简单的问题人为地复杂化，做虚功而不见实效。

强调活动过程的设计，其目的是为学生搭建一个平台，使他们能够切切实实地获得探索问题的感受，学习解决问题的方法。活动的类型和方法各异，某些方法对于某些活动内容具有某种专属性，指导老师要力争把每一个具体活动都搞成解决相应问题的范例，这样的活动多了，学生积累的经验也就多了，掌握的方法自然也就多了。经验和方法是有迁移性的。学会了方法，就可以举一反三，经验和方法的不断积累，就会有效地促进学生科学意识和科学精神的形成。这正是综合实践活动所追求的重要目标之一。

一个完整的活动要有汇报交流和总结评估。汇报和交流是活动中师生互动和生生互动的具体表现，通过交流分享，收获乐趣，将个人的经验所得变成大家的宝贵财富，可以拓展活动的教育效果。积极的评价是激发人们奋进的催化剂。活动最后，一般来说应进行评价，但是这种评价不应是教师的“一言堂”，它应建立在学生自评和互评的基础之上，教师的结论性的评价应从学生活动中自然地引出，水到渠成，画龙点睛，教师也可以补充和完善学生的结论，但是绝不可越俎代庖，更不能强加于人。

四、活动设计应注意的几个问题

综合实践活动设计的能力和水平是教师能力和水平的重要标志，能否进行活动设计应该成为考核教师专业能力的重要条件之一。如何进行活动设计，前面已经谈到了一般的要求，此外还有些值得注意的问题，列举出来以供参考：

(一)从学生的心理需求出发，设计符合学生认知水平的活动

综合实践活动是基于学生经验的实践性学习，只有能够引起学生兴趣的活动，才能吸引他们全身心地投入其中。心理学研究表明，每个学生都有与同龄人一起活动的需求，都有徒手或使用工具折折弄弄的建设动机，都有对新鲜事物的好奇引起的探索欲望以及渴望自我表现的表演动机。依据学生的这些心理需求，设计他们喜欢的综合实践活动的项目，自然容易取得较好的教育效果。问题是，不同年龄段学生的动机水平是不同的，他们的知识水平亦不一样，怎样才能设计出适应不同年龄段学生的活动项目呢？这就要求人们具体地研究不同年龄段的孩子的心理特点和认知水平，从他们的实际出发进行活动设计。

例如：小学生的观察能力的发展具有一定的阶段性。低年级学生大都处于认识“空间联系”的阶段，中年级学生大部分进入了“因果联系”阶段，到了高年级才进入“对象总体”阶段；学生的注意力随着年龄增长，有意注意不断地代替无意注意；到高年级有意注意逐渐占据主导地位，与此同时，对抽象材料的注意逐步地得到发展。

基于上述认识，在为学生设计活动项目时，低年级活动重点应把制作、游戏、表演的内容结合起来，逐步增加研究问题的难度。具体单个项目的活动时间也不宜过长。随着年龄的增长，逐步引入观察思考活动的项目，引导学生通过活动进行探究式学习。当然这里只是提出一些考虑问题的思路，操作时还要进行具体的分析才行。

（二）活动设计要体现基本的教育目的，又要具有恰当、可以达到的具体目标

综合实践活动要贯彻党的教育方针，无疑应该按照党的教育方针的要求，促进学生的全面发展，需要从德、智、体、美、劳诸方面全方位地寻找活动的切入点。但是全面贯彻党的教育方针，促进学生的全面发展，是对综合实践活动这一课程（当然还有活动课程以外的其他教育教学内容）整体的要求，这并不意味着每一项具体活动都要“全面”。这似乎说起来是谁都明白的道理，但是实际做起来却并不那么容易，许多初步接触活动设计的人常常就是因为过于追求目标的“全面”，致使设计归于失败。例如，理论上讲活动要着重学生技能、方法、情感态度和世界观的形成，于是在具体活动设计时，就面面俱到，想用一个活动达到所有的目标，结果是或者这样的理想设计难以达到，或者勉强地拼凑出来，学生未必喜欢，教育效果也就很难如人所愿。恰当地确定活动的目标是实现活动教育价值的关键所在。每一个致力于活动设计的人，对此都应有清醒的认识，因为只有如此，才能把对学生的培养落到实处。

有一种观点认为，活动设计主题一定要大、周期一定要长，每一项活动都要形成一个系列。当然这也不失为一种活动设计的思路，在有较强师资的条件下，也可能会获得较好的教育效果。但是对于小学生，特别是中低年级的学生来说，我们更主张“课题要小，立意要巧，开掘要深，效果要好”的“四要”原则。这可能更符合小学生的认知特点，也更便于在实现教育目标大原则下，在具体活动中将培养目标进行分解，从学生可以达到的最近发展区选择切入点，提出挑战性、激励性的问题，采用多种形式和方法，把活动激活。例如，学会从广泛领域用不同的方法检索知识，是活动课的培养目标之一。在不同的年龄段就可以设计不同的活动，分别训练学生从报刊、索引、百科全书和因特网上检索知识的方法。又如，为培养小学生的交往和交流能力，

就可以分别创设不同的情境，组织不同年级的学生分别进行采访、咨询、独立或与他人合作对既定对象进行调查，组织专题会议由学生汇报和交流活动的心得、体会等等。总之每一个活动设计都要有明确具体的要求，每一个活动都要尽可能地取得看得见、摸得着的收获。

(三)活动设计要注意过程和方法的研究

综合实践活动属于过程性学习，它追求的不仅是过程的结论，而且是形成结论的过程以及在过程中学到的取得科学结论的方法。因此，综合实践活动的设计应该十分重视活动的过程和方法的设计。

这里讲的过程，既是研究和解决问题的过程，也是探索问题、研究事物的程序或步骤。一般来讲，这样一个研究过程，应该包括：①提出问题，激发兴趣，引发求知欲望；②解决问题，即采用与问题相关的科学方法收集信息、编码资料、提炼结论，使问题得到解决；③进行交流，使用文字或口头的方法，交流研究所得，互相分享成果和研究过程带来的各种感受；④评价检验，通过自评和互评，比较自己的成果与别人成果的异同，分析哪一个更符合实际情况，必要时或在有条件的情况下还可以将已有成果付诸实施，接受实践检验。对过程的设计尽可能地抓住主要环节，帮助和引导学生将注意力放在解决主要矛盾方面。我们讲注意过程，是要将学生引导到能够解决问题的科学的过程上来，我们讲学生通过过程取得的体验，追求的应该是能够激发学生奋进的积极体验。需要说明的是，并非只有取得预期成果的活动才会产生积极的体验，活动失败了，能够找到失败的原因，从失败中汲取了教训，产生了进一步夺取胜利的信心等等，自然也应归于值得鼓励的积极体验。

活动实践充满着各种科学方法的学习和使用的过程。科学方法是科学过程取得成功的保证，无论自然科学还是社会科学和人文科学，科学方法都具有广泛的适用性。活动过程强调学生应以探索者的身份主动进行探索，绝不是不要方法的指导，主动地探索不是盲目地行动，更需要正确的方法予以保证。这里所说的方法既包括观察、思考(分析和概括)、操作等一般方法，也包括调查、实验、测量、统计及模型设计等具体方法和各种专业方法。活动的内容和目标不同，解决问题的方法和要求也不同。前面曾谈到，活动的设计者应力求把每一项施于学生的活动都做成解决相应问题的范例。当然这不是一件非常容易的事，然而有志于综合实践活动设计和开发的人们，都应该深入系统地研究科学方法问题，将那些行之有效的科学方法，深入浅出地迁移到学生的综合实践活动设计中来。

本章小结

一、基本概念

综合实践活动设计，也可以称作综合实践活动方案，就是要把活动目标、活动内容以及活动过程中师生活动的形式和方法，按照一定的原则组织成一个合理的结构，从而形成一种使综合实践活动得以运行的程式。

二、基本内容

1. 综合实践活动主题的选择应该遵循源于学生的生活和经验、具有现实意义和价值、具有可操作性和尊重学生自主性的原则。

2. 确定活动主题可以通过发掘生活中的问题、开展社会调查、运用“头脑风暴法”和“概念图法”、创设情境等策略。

3. 综合实践活动设计(方案)的基本内容一般包括活动基本信息、活动背景、设计思路、活动目标、活动方式及方法、活动准备、活动过程、活动总结交流及评价、活动拓展等。

4. 活动目标的设计要求要准确、恰当、具有层次性。

5. 活动目标具体化设计的策略有确定维度分解活动目标、运用行为动词将抽象目标转化为具体目标、设计阶段目标分解活动总目标三大策略。

6. 活动设计应注意以下问题：从学生的心理需求出发，设计符合学生认知水平的活动；活动设计要体现基本的教育目的，又要具有恰当、可以达到的具体目标；活动设计要注意过程和方法的研究。

探究与实践

1. 谈谈你对选择与确定综合实践活动主题的认识。

2. 针对不同类型的实践活动，你如何进行设计？

3. 小组设计一个综合实践活动方案并实施。

第七章　综合实践活动课程实施与指导

学习要点

1. 综合实践活动课程实施的特点和主体。
2. 综合实践活动实施的方法和过程。
3. 综合实践活动课程中的教师角色转变和素质要求。
4. 综合实践活动课程指导的一般要求。
5. 综合实践活动实施的阶段性指导。
6. 不同类型实践活动的指导要求。

第一节　综合实践活动课程实施

一、综合实践活动课程实施的特点

综合实践活动课程的实施是课程开展最为重要的环节。随着课程的深入开展，无论是课程的管理者，还是课程具体实施的参与者都已经深深地体会到，综合实践活动课程的实施与学科课程相比有着明显的区别，主要表现为影响因素众多、时间跨度较长、活动场所众多、活动方式多样化、自主性体现明显、对活动安全要求高、实施管理难度大等特点。

(一)影响因素众多

综合实践活动课程的实施涉及众多的因素，如人、财、物、信息、时间、空间等方面。每个因素又包括诸多要素，对课程的实施有明显的影响。如人的因素，既包括学校领导和指导教师，又包括校外的家长和社会人士，还有学生自身。物的因素包括许多方面，有学校内部的如图书馆、资料室、实验室、多媒体教室、教学与实习研究基地等，有校外的如科技馆、少年宫、文化宫、农村、工厂、科研院校、研学实践基地和自然中的各种资源等。

(二)时间跨度较长

国家规定从小学至高中开设综合实践活动课程，综合实践活动课程陪伴着学生走过基础教育学习阶段。对于每一个具体的主题活动，教师可根据实际需要对活动时间进行灵活分配。有的活动主题大，要经过一系列活动才能完成，需要的时间多，延续的时间就长；有的活动主题相对来说较小，两三次活动就可能完成，需要的时间少，延续的时间就短；有的活动时间可能是集中使用，有的则可能是分散使用。总体说来时间跨度长是综合实践活动课程的特点之一。

(三)活动场所众多

综合实践活动的开展包括学生与自然、学生与社会、学生与自我三条主线，活动主题也源于自然、社会、自我的范畴，所以活动场所多、活动空间广。实施综合实践活动的场所不仅涉及学校，还延伸到学校之外的家庭、社区活动场所及社会各相关单位等范围。

(四)活动方式多样化

综合实践活动课程的实施方式是多种多样的，如参观、考察、调查、座谈、查阅资料、尝试体验、设计制作等。多样化的方式为学生所喜闻乐见，为学生获得多方面的发展奠定了基础。

(五)自主性体现明显

综合实践活动课程实施的自主性，一方面反映在教师自主性的体现，即要求教师在开展教学时要体现出课程实施者、课程开发者、课程设计者和课程组织者的角色作用，同时还要关注和激发学生的主体意识，充分尊重学生的自主权利；另一方面反映在学生自主性的体现，活动开展中充分体现了学生的主体性，学生自主选择主题，自主地进行设计、开发、行动、体验与创造，充分享受到过程的艰辛、探究的乐趣、活动的愉悦、劳动的充实、服务的快乐、创造的幸福，获得积极的生存体验，增强使命感和责任感。

(六)对活动安全要求高

综合实践活动课程由于活动内容涉及广泛，活动方式方法多样，活动场所众多，活动涉及人员庞杂，因此带来了学生在综合实践活动过程中的安全问题。小学生尚处于身心发展的未成熟阶段，判断是非的能力、应对偶发事件的能力、心理承受能力还不是很强，这也使综合实践活动中的安全问题上升为综合实践活动实施“第一位”的问题。因此综合实践活动课程的组织者应当高度重视安全问题，注重调动一切因素为学生安全地开展实践活动提供切实的保障。

(七)实施管理难度大

综合实践活动课程具有自主性和开放性特点。课程的活动内容与活动方式、活动涉及的场所、活动参与的人员以及活动的评价等都没有统一的要求和固定的模式，因此给综合实践活动课程实施的管理带来了很大的难度。

鉴于综合实践活动课程实施的特点，对课程的开展和教师的指导提出了挑战。这就要求综合实践活动教师要综合考虑各方面的因素，充分利用各种教育活动，深入发掘课程的功能，以实现学生最大限度的发展。

二、综合实践活动实施的主体

综合实践活动课程实施的主体众多，主要包括教育行政管理部门、学校、教师、学生、学生家长、校外合作教育机构及社会相关人士等。

教育行政管理部门主要对综合实践活动课程实施进行区域性的规划，制定相关的政策，对课程实施进行引导、监督、评比等，起着引导、评价与监督的作用。

学校则对综合实践活动课程开展具体规划设置、课程资源开发、课程教师培养、课程管理评价等工作，起着规划、决策、管理的作用。《指导纲要》中明确规定了学校的具体职能，即“学校要成立综合实践活动课程领导小组，结合实际情况设置专门的综合实践活动课程中心或教研组，或由教科室、教务处、学生处等职能部门，承担起学校课程实施规划、组织、协调与管理等方面的责任，负责制定并落实学校综合实践活动课程实施方案，整合校内外教育资源，统筹协调校内外相关部门的关系，联合各方面的力量，特别是加强与校外活动场所的沟通协调，保证综合实践活动课程的有效实施”。

综合实践活动课程教师承担制定具体课程方案、协调各方面的关系、开发与利用课程资源、对活动过程进行指导、对课程实施进行总结等工作，是综合实践活动课程实施的具体落实者、指导者、参与者和管理者。为保障课程的顺利开展，《指导纲要》规定：“要建立专兼职相结合、相对稳定的指导教师队伍。学校教职工要全员参与，分工合作。”

学生是综合实践活动的具体实施者，学生则根据自己的兴趣，选择课题、查找资料、参与活动过程、展示活动作品、进行自我评价等，是综合实践活动课程实施施加影响的主要对象，也是活动的直接受益者。

学生家长是个特殊的群体，他们会根据学生开展活动的需要和自身的条件，有选择地参与综合实践活动课程的实施。学生家长是综合实践活动课程实施的积极支持者，为学生积极参与活动提供了有力的精神和物质保障。

校外合作教育机构是开展综合实践活动课程的重要合作伙伴，特别是为当前学校研学旅行的开展提供了必要的资源支持，为学校研学旅行课程的开发与顺利实施做了大量的工作。

社会相关人士根据学校活动的需要，提供相关的资源和技术支持，是综合实践活动课程实施的有力配合者。

在综合实践活动课程的实施中，不同主体所承担的任务是不同的。其中，学生和教师作为课程实施主体中最核心的部分，任务最重，所起作用最大。他们的作用与表现影响着综合实践活动课程实施的效果，决定着综合实践活动课程目标的达成。此外，根据活动的需要，还应该“积极争取家长、校外活动场所指导教师、社区人才资源等有关社会力量成为综合实践活动课程的兼职指导教师，协同指导学生综合实践活动的开展”。

三、综合实践活动实施的方法

指导学生开展综合实践活动，特别是考察探究活动，像科学家那样解决现实存在的问题，需要有一定的方法作保证。我们把以科学方法论为指导的，适用于各学段考察探究活动中最常见的方法称为科学研究的一般方法。例如文献法、观察法、调查法、实验研究法等，这些方法在考察探究活动中经常被使用。学生能否规范、正确地使用这些方法，直接影响到考察探究活动的质量和水平，因此教师要关注对学生考察探究活动方法的指导。

(一)文献研究法

学生确定了研究课题之后，一般都要查阅相关的文献资料。文献法就是根据选定的研究方向或研究课题，对相关的文献资料进行搜集、整理、分析，从而全面、正确地了解要研究的问题，并且发现文献资料中的规律性、本质性的内涵，或者形成新的观点和认识的方法。文献法可以为学生提供更加丰富的研究背景资料，向学生提示对当前研究有帮助的思路和方法，告诉学生此研究范围内前人已经完成的工作，帮助学生进一步具体地限定要研究的方向和内容等。

在进行文献搜集的过程中，学生首先需要尽可能多地搜集与主题相关的资料。此后，学生要认真阅读搜集到的文献资料，并且进行分类和整理。学生通过对资料的阅读研究，应该能够从中发现一些问题，并对这些问题有所思考，提出自己的观点和想法。

在学生开展文献研究的过程中经常出现的问题包括搜集不到有用的资料，或者是容易搜集到太多的资料，但是缺乏整理、加工和筛选，此外还有将文献中的资料简单地堆积在一起，却没有通过对文献的阅读和学习提炼出自己的观点。

针对这些常见的问题，在进行文献搜集的过程中，教师要提示学生先尽可能多地搜集与主题相关的资料。搜集资料时，教师要指导学生学习一些文献检索的基础方法，并且为学生提供一些基本的资料来源，提示学生通过对文献资料的题名、关键词、作者姓名、出版时间、地点等特征进行检索。检索的途径可以采用人工目录检索，也可以通过计算机进行检索。在学生进行文献搜集的过程中，教师要提示学生随时记录下信息资料的来源，便于今后再次查阅相关的内容，同时也要使学生养成良好的学术道德，尊重他人的研究成果。

此后，教师要提示学生认真阅读搜集到的文献资料，进行分类和整理，并对不同来源的资料进行比较和筛选。学生通过各种途径收集到的资料，需要经过甄别与筛选，去粗取精，去伪存真，才能应用到活动成果当中。教师要经常提示和指导学生对资料进行筛选和鉴别，使学生最终形成的研究成果更加科学合理。教师要提示学生通过对资料的阅读研究，提炼出自己的观点，而不能仅仅停留在对资料被动地学习和接受的状态。

(二)观察研究法

观察是人们对周围事物现象和过程的认识。“观”即看，“察”即深刻细致地观看和研究。观察是人们有意识、有目的地感性认识问题的活动，是人们对事物有目的、有选择、积极主动的反映过程，常同积极的思维相结合。观察过程要全面地把握事物的各种属性，常需要借助一定的手段，按一定的要求进行。观察作为人类最早认识世界的最基本的手段，如今已经独立地形成科学的观察研究法。同时，观察又常常会作为基本的要素成为构成其他科学研究方法的有机组成部分。观察研究法，即是以人们的感观活动作为先决条件，与积极的思维相结合，在事物自然状态下，通过系统地运用感观或借助工具或仪器，对事物进行感知、理解的一种科学研究方法。

观察是人们有计划的认知活动，通过观察敏锐、准确、全面地把握事物的特点，除了必要的知识储备，还需要掌握科学的观察方法。观察有许多不同的分类方法，如直接观察和间接观察，参与观察和非参与观察等。用于学生研究性学习的观察，主要是不使用仪器的直接观察。在对自然现象的研究中只能使用非参与观察的方法，只有在对社会现象的研究，有时需要参加到观察对象的活动中达到观察目的时，才有可能涉及参与观察的范畴。

观察法有许多优点，运用方便，随时可以进行，可以保持观察对象的自然状态，直接获得第一手资料等。但观察法也有其局限性：第一，观察法只能发现“是什么”和“有什么”这类问题，不能说明“为什么”这类具有因果关系的问题；第二，观察是主观对客观的感知，观察过程中，观察者个人的意识形态、价值观念和感情色彩可能会影响到对观察资料的记录和整理；另外，观察法取样小，可能会受一些偶然因素的干扰，观察研究获得的推理结论过多，就会降低研究信度。

组织观察法的研究活动，教师事先需要引导学生拟定观察提纲和明确观察的程序，明确观察的时间、地点、范围、方法和形式，以便使观察活动能够有条不紊地进行。观察收集研究的资料，需要加以记录，记录内容要详细、准确，有些专业性的内容还要使用规范化的格式予以记录。学生在观察时最容易出现的问题：一是懒于记，二是不会记，教师有责任帮助他们解决这些问题。

(三)调查研究法

调查研究法是通过一定的途径，采用一定的办法，有计划、有目的、有系统地收集资料，认识和了解自然、社会和生活中各种问题的科学研究方法。调查作为了解情况的方法之一，在日常生活中是经常用到的。正如普通的"看"并非科学的观察法一样，一般的了解也不属于调查研究。使用科学的调查研究法，广泛地收集第一手材料，不仅为解决特定的现时问题提供依据，还可以突破时空的界限，将其用于比较研究和纵向发展研究。

调查研究方法的突出特点是调查手段的多样性，如问卷、访谈、座谈、测量等。使用调查研究的办法，可以有针对性地在较短的时期内取得第一手材料，为解决问题提供事实依据，同时又能较好地培养青少年收集信息、分析问题和解决问题的能力，因而在学生的考察探究活动中得到了广泛的应用。

无论哪一种类型的调查研究，一般程序多包括确定调查任务、选择调查对象、划定调查范围、制定调查内容、组织实施过程、分析调查资料、撰写调查报告等几个环节。

为了比较深入地了解研究对象的特征，对于较小的选题自然可以进行全面调查，对于涉及面较大的选题，则可以从总体中抽取部分作为"样本"做详细调查，并用统计学的方法对调查结果加以分析，用样本所具有的属性反映总体的属性。

实施调查研究不仅要确定明确具体的目标，通常还需要审慎地设计适用的调查提纲，在社会调查中则常会使用调查问卷。样本的选择和问卷的编制，在调查研究中具有特殊的意义，且技术性较强、要求较高，须认真学习和对待。

使用问卷调查的方法，教师要指导学生规范地编制问卷，一般一份完整的问卷包括标题、指导语、问题与选择答案四部分。有些问卷可能在问题之前需要有了解答卷人自然情况的问题，以便对问卷中的问题做相关性分析。

问卷编制的一般程序：第一，根据调查目的，确立总体目标体系即问卷的理论框架(维度)，如小学生性健康教育情况调查，其理论框架由性生理发育知识方面、性心理发展引导方面、异性交往、性自护知识与技能学习方面、性自护意识培养方面、艾滋病知识与预防等部分构成；第二，围绕目标体系把研究问题具体化，把大问题逐层分解为一个个小问题；第三，对问卷征求意见，进行小范围测试，而后酌情进行修改。

问卷设计的问题的形式分为开放的、封闭的和综合的三种形式。开放式问题只提出问题，不给答案，适用于深层次研究的问题，由于答案多样且复杂，一般问卷中开放性问题不宜过多；封闭式问题是研究者提出问题的同时提供与该问题相应的若干个可供选择的答案，这类问题答案标准化，易于统计处理；综合式也叫半封闭式问题，是前两种形式的组合，即研究者提出问题并给出针对问题的几项可选择答案的同时，还给出一个“其他”选项，由填写者自行决定填写相关的内容。根据问卷设计问题的形式，问卷呈现相应的类型。

在设计问题时，教师要引导学生问题的规范表述，即问题表述要简明扼要，问题要客观、保持中立，措辞要委婉。

在问卷中对于问题的排列要注意先易后难；事实性问题放在前面，知识性问题、意见性问题放在后面；封闭性问题放在前面，开放性问题放在后面；带有时序性的问题按时间顺序排列；同类性质的问题尽量排列在一起；一份问卷回答的时间因对象的年龄而定，一般不要超过 30 分钟。

问卷回收后要做统计工作，首先要统计问卷的回收率和有效率，回收率在 70%以上可以作为研究结论的依据。

此外，访谈和文献调查也是调查研究中经常会使用的方法。

利用抽样法获得的信息，了解的多是一般“面”上的情况，许多反映事物历史和发展动态的鲜活材料从调查问卷中是难以得到的。另外，从问卷中可能发现的典型的人和事，也需要进一步的追踪和了解，这就需要运用访谈和文献调查的方法。

访谈即访问和交谈，既可以用开调查会的办法，请当事人或与研究内容相关的人开会调查，当面收集情况，征询意见，集思广益；也可以请个别人作深入交流，两种情况事先都要做认真准备，制订适用的调查访谈提纲，邀请适宜的访谈对象，访谈过程还须认真记录。

作为直接调查的补充，或者对某些难以直接调查的内容，或者为收集相关问题的背景材料还可以采用文献调查的方法。通过检阅报刊、文献资料、记录档案等，收集与问题相关的资料。

调查研究的目的是收集材料，解决问题。通过实地调查、问卷调查和访谈得到的大量的材料需要收集、积累、整理、分析，才能从中引出必要的结论。调查过程中随时获得的各种文字、数据和实物材料等，如实地调查收集到的标本、样品，观察和测量的记录等；社会调查回收的问卷、访谈记录，以及调查过程收集的照片和录像等统称为即时资料。对这些即时资料的整理关键在于及时。

调查工作结束后就可以在综合分析（量性分析和质性分析）各项材料的基础上，完成从感性到理性的飞跃，撰写调查报告了。至于调查报告的规格，不同内容的调查研究的项目会有不同的要求。对于学生的调查研究活动的总结，还要根据实际情况区别对待，对不同学段的学生分别提出不同的要求，逐步提高他们撰写报告的能力和水平。

（四）实验研究法

实验研究法是人们根据研究的目的，运用一定的手段，主动控制、干预或模拟事物发生发展的过程，获取科学知识，揭示因果关系，探索事物规律的一种研究方法。实验研究法是随着自然科学的诞生和发展逐步形成和发展起来的，目前不仅在自然科学领域而且在社会科学领域也得到了广泛的应用，成为与观察法和调查法一样从现实中获取信息、发现科学真理的基本手段之一。与观察和调查相比，科学的实验方法，更能够揭示事物的因果关系，受到人们越来越多的关注。

影响事物发展有许多因素，科学实验时特别给这些因素以一定的含义，称为变量。变量又分为自变量、因变量（二者合称实验变量）和无关变量。自变量是实验中由实验者操纵其变化的因素或条件；因变量是实验中由于自变量的改变而导致的相应的变化和结果；无关变量则是在实验中会影响实验结果的其他因素或条件。这里所谓无关变量，并非与实验无关，它们还是会对实验产生影响的，只是不是该实验所要研究的内容。科学实验本质上就是一个操作自变量、控制无关变量、关注因变量变化的研究过程。三者结合得越好，实验的效果也会越好。我们将会从下面的案例中深入理解三种变量的概念及其科学研究的实验设计的过程。

任何实验研究都会涉及指导实验的科学理论、实验的物质设备和实验的技术操作等三个方面的问题。而学生研究性学习中对于这三个方面的问题又有其特殊要求，需要引起人们的注意：首先，实验项目的选择和设计要有理论依据。其次，对实验技术和方法的学习要高标准要求。再次，教师要加强对实验观察的指导。这样才能保证学生实验研究的顺利完成。

（五）讨论研究

讨论研究是学生在综合实践活动过程中，针对活动产生的疑惑、体验及认识，与他人进行交流与研讨。讨论研究可以在学生与学生之间进行，也可在学生与教师之间进行，甚至可以是学生与其他人员的交流讨论。讨论的形式可以是有组织的集体讨论，也可以是少部分同学自发进行的随机讨论。平等的角色地位、积极的交流态度、准确的表达、耐心的聆听、和谐的氛围是讨论研究成功的基础，对问题理解的深入和创造性火花的碰撞是讨论研究的追求目标。在活动中教师要对学生给予适当的指导，帮助学生顺利地开展讨论研究。

四、综合实践活动实施的过程

综合实践活动课程的实施是课程的核心内容，就是将课程计划、主题活动设计付诸实践的过程，是实现综合实践活动课程目标的必要途径。

综合实践活动课程的实施包括国家、地方、学校不同层面的实施，这里主要针对在学校中具体的主题活动的实施进行探讨。

(一)综合实践活动实施的基本过程

综合实践活动在具体的实施过程中有很多不同之处，但其实施的基本过程是相同的，可以概括为确立活动主题—确定组织形式—确定活动方案—开展实践活动—交流活动成果—反思活动历程与评价—开展拓展活动等步骤。其流程如图 7-1 所示[①]。

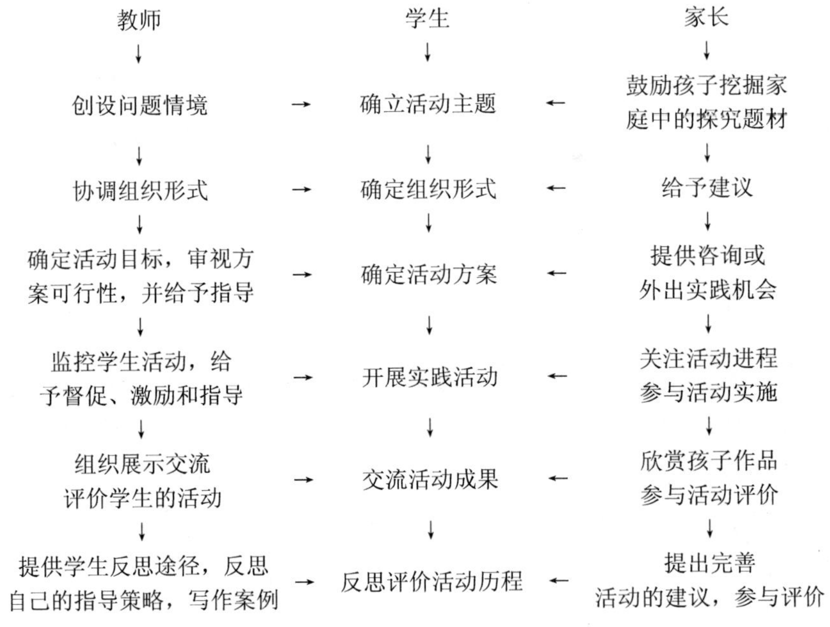

图 7-1　综合实践活动流程图

① 郭元祥：《综合实践活动课程的实施》，高等教育出版社 2003 年版，第 115 页。引用时有改动。

1. 确立活动主题

确立活动主题是综合实践活动课程开展的第一个环节，教师可以通过发掘生活中的问题、开展社会调查、运用“头脑风暴法”和“概念图法”、创设情境等策略指导学生以现实生活为切入点，选择学生感兴趣的、具有现实意义和价值的、具有可操作性的活动主题。

2. 确定组织形式

综合实践活动开展的组织形式是多种多样的，根据主题活动的性质选择恰当的活动组织形式，可以保障活动顺利、安全、有效地开展。活动组织形式可以包括小组活动、个人活动和全班活动等，其中小组活动是综合实践活动最基本的组织形式。教师可以指导学生在自愿的基础上合理分组与分工，协调活动的组织形式。

3. 确定活动方案

活动方案是开展活动的必要前提。学生在教师及其他相关人员的指导下拟订活动方案。活动方案包括活动主题、活动目的、活动时间与地点、参加人员与分工情况、活动内容、活动方式与方法、活动准备、活动过程及需要注意的事项等。教师需要确定活动目标是否合理，审视活动方案的可行性，并给予针对性的指导。

4. 开展实践活动

学生开展实践活动是综合实践活动课程最核心的环节。活动的顺利开展是前期所有工作的目的，也是综合实践活动课程目标达成的必要途径。

在活动过程中，教师要有效地监控学生活动，及时地给予学生督促、激励和指导；在活动过程中，师生还应该注重与社区、家庭保持密切联系，以便取得多方的支持；在活动过程中，师生可以根据实际情况对活动方案进行灵活改动，以使活动有效开展。

5. 交流活动成果

学生将实践活动中的成果以及整理汇集的体验、收获通过各种方式进行交流。教师组织学生开展展示交流活动，组织学生对活动表现进行评价，教师要恰当评价学生的活动。

6. 反思活动历程与评价

教师组织学生对活动方案、实施过程及实施效果进行反思，为学生提供反思途径；教师对自己的指导策略，对其中存在的问题与不足进行思考与检讨，组织有效的评价活动。

7. 拓展活动

学生在交流成果后可以进一步将活动进行拓展，如湿地考察探究活动后，学生可将研究成果带到社区进行宣传；也可以制作动植物标本，办标本展览；制作装置利用水生植物进行光合作用实验。通过拓展活动，可以把活动引向深入或拓展到其他活动内容中。

(二)不同类型实践活动的实施过程

根据实践活动内容与学习活动方式的不同，可以将活动分为考察探究活动、社会服务活动、设计制作活动和职业体验活动，不同类型的实践活动的实施过程有一定的区别。

1. 考察探究活动的实施过程

研究现实中的问题，探寻其中答案，是科学研究的基本方法，体现了人类认识世界的基本方式。将科学家认识世界的过程进行概括和总结，形成一种有目的、有计划的课程形式引进学校教育，组织全体学生从小在学校里就能够像科学家研究问题那样进行学习，是在中小学综合实践活动课程中设置考察探究活动的初衷。教师有效指导学生开展考察探究活动，实践考察探究活动的价值目标，需要把握好考察探究活动的关键要素。

考察探究活动的实施过程包括：发现并提出问题—提出假设—选择方法—研制工具—获取证据—提出解释或观念—交流、评价探究成果—反思和改进等阶段。

(1)发现并提出问题

开展考察探究，学生首先要发现并提出自己感兴趣的问题，经过筛选后转化为要研究的选题。在提出问题的阶段，学生要联系自己的学习生活以及周边社会生活和自然环境的实际，选择自己感兴趣的，并有一定价值的问题作为研究性学习的起点。适用于中小学生的研究活动，通常都是围绕着“为什么”和“怎么办”两个方面展开的。前者如“为什么小学生爱吃洋快餐”“为什么要禁止一次性塑料袋的使用”，后者如“怎样缓解学校门前的交通拥堵”“怎样保护自己的视力”等，许多关于小学生的“为什么”的问题，常常可以转化为“怎么样”的问题，不但会深化学生研究的内容，还可能收获更高层次的教育效果。例如对洋快餐问题的研究，可以帮助学生形成健康的饮食观念；关于一次性塑料袋的研究，可以帮助学生形成环境保护的意识等。

从问题到选题还有一个依据一定的条件或标准对可供研究的问题进行评价、比较和选择的过程，并不是任何有价值的问题都可以作为小学生考察探究活动的主题，而是应该选择那些他们力所能及、能够研究的。对小学生而言，主要应关注学生的兴趣以及问题本身的价值，特别是它的教育价值；以及研究者本身的主客观条件，尤其是学生的认知水平和智能结构是否有条件进行相关问题的研究。只有对小学生而言是适合的选题，才有可能实现预期的目标。

(2)提出假设，选择方法，研制工具

当问题被发现以后，人们自然会产生一个“为什么”的问题，“事物为什么是这样的，它形成的原因是什么”然后就会“猜想”，猜想就是“假设”，只是一种可能，要使其变为现实的答案，则需要求证。为此，学生需要对研究主题和假设认真加以分析，制定出相当完整的研究方案。制定方案可以帮助学生梳理思路，注意整体和局部、内容与方法、目的与步骤之间的关系，进一步明确活动的目标方向，保证考察探究活动有计划、有步骤地进行。在“提出假设，选择方法，研制工具”的阶段，教师指导的重点在于帮助学生制定出考察探究活动的整体方案和计划，明确研究的方向，根据研究假设，选择合适的研究方法，并且研制工具，进行合理分工，确定研究的具体任务、步骤和时间安排，为后续的研究活动做好准备。

通常一份研究方案主要可以用四个方面的问题概括：想要研究什么？为什么要研究？如何研究？研究成果是怎样的？活动方案的具体内容可以包括：活动主题名称、主要内容、活动目标、研究假设、小组成员及分工、研究准备、活动时间、活动方式和方法、实施步骤、预期成果及其表现形式等。

在回答想要研究什么的问题时，学生首先要说明主题的名称是什么，并且要描述清楚主要研究的对象和研究的内容及假设是什么等。然后，学生要回答为什么要研究这个主题，研究的背景、意义，以及目标价值是什么，同时也可以设想一下完成这个主题的可能性等。在回答想要怎么研究的问题时，学生要说明研究的主要步骤和流程，每个阶段的目标、任务及时间安排，采用的方式和方法，活动中成员的分工，调查、访谈的对象，实验或实践的准备，设备及其条件的配置，以及估计可能遇到的困难、障碍和解决方法等。最后，学生说明想要形成怎样的成果，学生的活动成果可以是论文、调研报告、实验报告、实物模型、网页等，其表达方式为文字、图片、实物、音像资料等。

教师在指导学生制定研究方案时的主要工作是拓展学生的思路，引导学生从多方面分析问题，充分考虑影响活动实施的各种因素，从而制定出合理可行的研究方案。对小学生而言，制定一份完整的方案可能比较困难，尤其是低年级的学生。教师可以为学生提供几份不同的活动计划给学生参考。让学生通过阅读、分析、比较，了解活动方案的基本格式和内容，并参照范例，学习制订简单的计划。这种方法在综合实践活动起步阶段能对学生起到了很好的帮助和借鉴作用，但不要让学生一味地照搬。教师可以组织学生先分析别人的方案当中都考虑了哪些方面的问题，然后再针对自己的选题，通过小组同学共同研讨，想清楚要做什么、怎样做，以及要注意什么等，并把讨论的结果记录下来。

综合实践活动倡导学生通过多样化的活动方式去解决问题。在考察探究活动中，涉及的研究方法和方式是多种多样的，如观察、测量、统计、考察、访问、计算、测量、调查、设计、制作、查阅资料等。小学低年级学生对这些活动方式和方法了解甚少，为拓宽学生思路，教师可以提供各种活动方式及途径供学生参考，使主题活动的内涵更加丰富，例如，当学生准备查阅某方面的资料时，教师可以提示学生，除了去图书馆和上网之外，还可以询问家长或者向相关的专业机构或部门咨询，从而搜集到更加丰富、更加鲜活的信息。

(3)获取证据

获取证据的过程就是要求研究者使用各种手段和办法，采集与解决问题相关的事实材料。科学要求证据，需要用证据说话。这就要求研究者收集充分而必要的证明材料，以便对选定的问题进行研究。根据研究需要收集证据是科学研究的基础性工作，也是考察探究活动获得成功的基本保障。

考察探究活动要求的证据，主要是来自实践的，包括时事材料和相关数据在内的“一次信息”，需要研究者用肉眼或借助工具或仪器对现象进行观察，通过自然条件或人工环境下的实验、测量，走出教室对事物进行调查和访谈获得。能够为研究所用的证据材料，要求真实、客观、系统、全面。为此就需要研究者掌握和学习观察、调查、实验、测量、取样、记录等科学研究的方法，用科学的方法保证收集证据的质量和水平。

为了实现上述要求，不但要有方法意识和加强方法的学习，还要树立责任意识，以确保收集的证据是真实的而不是虚假的，是客观的而不是臆想的，是全面的而不是片面的，是系统的而不是零散的。只有这样的材料才能成为论证问题可靠的依据。

(4)提出解释或观念

科学是逻辑和想象力的结合。对收集到的证据经过去粗取精、去伪存真、由此及彼、由表及里的加工过程，为事物形成的原因或现象产生的结果提供理由，获得对所研究问题的结论，即是提炼解释的基本含义。提炼解释是考察探究活动的核心环节。提炼解释通常需要研究者综合利用已有知识，融会贯通地处理收集到的各种证据材料，这是研究者在收集的材料和已有知识之间架设桥梁的过程。既是综合地运用已有知识的过程，也意味着新知识的形成，集中地体现了考察探究活动的创新过程，以及培养学生创新精神和创新方法的教育价值。

从证据到解释，体现了研究者对所研究的问题从无序到有序、从现象到本质的认识上的飞跃。这一飞跃过程的实现，不仅要尊重证据，还要借助分类、分析、推理、预测等一般的认知方法，以及逻辑推理、批判推理等常规认知过程，有时还要经由新异性信息加工的过程才能完成。为此，既需要帮助学生学习和掌握科学的思维方法，也需要激发他们丰富的想象力。见前人之所见，思前人所未思，是进行科学研究的基本要求。在小学生的考察探究活动中，更要秉持这一原则，鼓励学生从收集到的看似平常的信息中，发现新异的线索，大胆地提出新的意见和见解。长此以往，就自然而然地锻炼和培养了学生独立解决问题的能力和主动的探索精神。

从收集的证据中提炼出相关的解释后，还需要与其他可能的解释进行比较，对取得的成果进行价值判断，本着科学的态度和负责任的精神，精益求精，不断完善已有的结论。如果发现新的、更有说服力的证据时，甚至可以变更已有结论，直至弃之不用，重新提炼。

(5)交流、评价探究成果

科学研究的成果需要交流，交流是促进科学发展的重要条件。可重复性是检验科研成果真实性的重要依据。通过交流，经由同行验证，科学研究的成果才会得到确认。交流又是宣传，通过宣传科学知识才会得以更迅速的普及。学生考察探究活动虽不要求像科学家那样接受严格的核查，但却提倡通过交流，实现分享。

考察探究活动的交流，一般都要求研究者使用直观手段、简练的文字或语言向同学们介绍自己的研究过程和研究成果；反思研究中存在的问题；明确今后努力的方向，因此有机会得到同学们的质询和审查。交流过程中，同学们可能会对研究的过程和结果提出这样或那样的意见，研究者也可以为解释自己的成果和同学们展开讨论或辩论。无论哪种情况，对研究者都是一次宝贵的锻炼机会，都有可能从同学们的发言中汲取营养，获得进一步完善成果的机会；对于全体参与交流的同学们，也会从中获得启迪和教益。总之，通过交流，彼此分享研究的成果和研究的快乐，不但会培养交流意识和交流能力，更会整体推动考察探究活动向更高层次发展。

在学生展示交流之后，教师要引导学生对探究结果做出评价，可以着重从以下几个方面考虑：使用的有关证据是否能够支持现有解释，采用充分而必要的原则，检查使用的证据是否无懈可击，真实可靠，无可挑剔；从证据形成解释的过程是否合乎逻辑，是否严谨合理，不存在疏漏；解释的内容及其过程是否存在偏见或失误，是否已经实现了客观与公正。需知偏见比无知离真理更远，由此可能会产生重大失误；解释的表述是否严谨，行文是否准确、简洁，条理是否清晰，并确保不会产生歧义；此外，还应注意，看相关的证据是否还能够推演出其他的解释，等等。

对考察探究的成果进行评价，应以学生的自我评价为主，同时教师还要引导学生进行相互评价，教师本人也要对学生的成果进行有针对性的点评。对研究结果做出评价是研究者不断提高和积极进取的过程，研究者既要敢于坚持真理，又要勇于修正错误，要以平和的心态，听取来自各方面的意见和建议，集思广益，努力使提炼的结果不断完善。

(6)反思和改进

展示交流探究成果之后，教师还应指导学生对整个活动过程进行反思。通过反思，可以帮助学生对研究过程进行整体回顾，梳理自己在活动中的经验与教训，提升学生在活动中的认识与收获，使活动取得更好的教育效果。

学生对活动的反思可以从以下几方面进行：首先，记载成功的经验。每一次研究活动都会有精彩之处，也许是遇到问题时学生的巧妙、灵活应对；也许是学生方法和思路的创新；凡是活动中的成功之处，都可以让学生详细地记录下来，分析成功的原因，并且在此基础上进行不断的改进、完善、推陈出新。其次，牢记失败的教训。不管一次活动准备得多么充分，都难免有疏漏、意外之处，会留下一些不尽如人意的地方或一些令人感到遗憾的事情。为此，教师应指导学生在活动结束之后进行冷静思考，对它们进行回顾、梳理，并做出深刻的反思。同时，教师还应指导学生积极地剖析这些疏漏、失误的原因，找到解决问题的对策和方法，使之成为以后再次开展类似活动时的经验教训，变这次的失败之处为下次的成功之笔。再次，记录成长的历程。学生参与活动的过程，也是他们在知识、能力、社会经验、心理体验等各方面不断积累和丰富的过程。在这个过程中，他们的综合素质不断提高，心智水平也得到很大提升。引导学生及时记录下自己在活动过程中真实的思想、感受，以及各方面发生的转变，就是在记录他们成长的历程。这样，学生就能对自己在活动中的进步与发展有更加清晰的认识，为今后更好地参与活动树立信心，做好准备。最后，展望今后的方向。学生的研究形成了一定成果，并不意味着考察探究活动就到此结束了，教师还可以引导学生针对本次研究过程没有解决的问题，或者是在研究中发现的新问题、想到的新方法、获得的新思路和新方向进行深入地研究，使学生的研究能够继续拓展延伸，这也体现了考察探究活动生成性的特点。

针对展示交流过程中学生和教师提出的问题，学生要对自己的研究成果进行修改和完善，并在此基础上进一步改进，然后将研究成果向更多的人宣传和推广，使研究的成果能够在生活实践中加以拓展和应用。例如，学生针对学校和社区中实际问题开展的研究，形成成果之后，可以向全校同学或者社区居民进行宣传和推介，让更多的人关注他们的研究课题，分享他们的研究课题。对于真正有价值的课题研究成果，教师还可以通过多种途径联系社会媒体，向全社会进行宣传和推广，提高学生的研究成果应用价值。

2. 社会服务活动的实施过程

社会服务的类型和项目内容不同，实施的过程也有所差异。合理开展的社会服务活动应符合服务学习的基本过程，包含以下几个环节：明确服务对象与需要—制订服务活动计划—开展服务行动—反思服务经历—分享活动经验。

(1)明确服务对象与需要

开展社会服务活动首先需要确定服务对象，并对其需要进行了解和分析。在这一阶段，小学生要在教师的指导下，对社会生活进行认真观察，发现并确定服务对象。学生的服务对象可以是身边的人，也可以是机构或者社会组织，还可以是周围的动植物或者环境。要为这些对象提供高质量的服务，教师还要引导学生与服务对象进行有效沟通或者认真观察，从而发现服务对象的真实需要，这样才能有针对性地开展服务。无视服务对象的需要，按照自己的主观想法开展的服务通常都是低效或无效的，有时甚至还会对服务对象造成干扰。例如，在去当地福利院开展服务之前，学生认为福利院的孤儿缺乏生活物资，他们想要为这些孩子购买一些生活用品。教师则提示他们可以先到福利院了解情况，然后再决定他们应该提供哪些服务。学生经过实地考察并与福利院的员工及孩子交流，发现他们其实并不缺乏生活物资，福利院中的孩子更希望得到同龄人的关心和陪伴，为此学生将服务的内容调整为给学生讲故事并跟他们一起做游戏。

(2)制订服务活动计划

顺利完成社会服务活动，需要全面考虑各种相关因素。因此，在开展服务活动前，教师需要指导学生制订服务活动计划。制订计划时，教师要提示学生根据服务对象及其需要，确定活动的目标、服务的内容和形式、服务的时间和地点、服务的流程，以及需要注意的问题等。学生制订的计划要符合现有的条件，具有可行性，这样才能够真正开展服务。

(3)开展服务行动

开展服务行动是一次社会服务活动最核心也是最重要的环节，学生在进行服务前要做好充分的准备工作。对小学生而言，他们可能没有开展过类似的服务活动，因此首先需要学习一些相关知识与技能，接受教师或专业人员的培训与指导，以便提高服务的能力和水平，并在服务的过程中确保自身和服务对象的安全。

在开展服务活动时，教师要提示学生积极、认真地开展服务行动，做到履职尽责、坚持不懈，并在服务时积极与同学合作。遇到问题及时与教师和同学沟通，寻求帮助。在服务过程中还要始终做到讲文明，有礼貌，充分尊重服务对象。教师在提醒学生认真参与服务的同时，还要指导他们做好服务记录，为后续的交流与反思积累过程性资料。

(4)反思服务经历

社会服务不仅是学生为他人提供服务的过程，也是学生自我成长和发展的重要过程。对服务经历进行反思有助于学生及时发现服务中的问题，在后续活动中不断加以改进和完善，同时也有助于学生总结和积累服务经验，并将这些经验有效迁移到他们今后的生活和学习当中。引导学生及时反思他们的服务经历，还能够帮助他们回忆自己在服务过程中得到的肯定与鼓励，再次感受在实现自身价值时的喜悦，从而看到自己的成长和进步，形成积极的情感体验，进一步增强社会责任意识。学生的反思不仅仅是自己的思考与回顾，还要认真听取服务对象、小组同学、教师，以及其他参与者对服务的反馈和建议，对社会服务活动的评价也可以与学生的反思相结合开展。

(5)分享活动经验

反思与评价之后，教师应安排学生交流分享自己的服务经历与感受，并在这个过程中促进学生的相互学习和共同提高。分享活动经验是对学生活动的肯定和认可，学生可以展示自己的成功经验和服务活动取得的成就，从中得到激励和鼓舞，促使他们今后更加积极地投入社会服务活动当中。倾听的同学也可以从中受到启发，获取有效的经验，为今后更好地开展社会服务活动做好准备。

分享活动经验的方式是多种多样的，教师可以鼓励学生用自己喜欢的方式进行展示，例如讲故事、绘画、表演短剧、制作幻灯片、手抄报，以及微电影等各种形式。此外，教师还可以安排在学校宣传栏或广播、校园网站上设立专门的栏目进一步宣传和展示学生社会服务活动的成果。

3. 设计制作活动的实施过程

虽然不同类型的设计制作过程不完全相同，但基本流程是类似的，设计制作活动的实施过程包括创意设计—选择活动材料或工具—动手制作—交流展示物品或作品—反思与改进等阶段。

(1)创意设计

设计的起点是发现需求。在开始设计制作活动时，学生首先要在教师指导下，通过观察、调查、考察等活动，发现事物存在的问题或人们的现实需求，并对这些需求进行分析，从而明确问题的本质，确定自己要设计的内容。设计不是漫无目的地凭空想象。在确定设计大致方向后，学生还要搜集、检索设计对象的信息，了解已有类似设计的特点、效果、不足等，作为设计的基础，然后才真正进入设计的环节。对小学生而言，创意设计就是在教师的指导下针对要解决的问题，提出自己的思路和想法，尝试用语言、绘画、文字等形式表达出来，教师要鼓励学生大胆想象，不断提出新的想法并相互交流、启发、借鉴，最终形成有一定实用性、可行性、创新性的设计方案。

(2)选择活动材料或工具

根据设计目标和设计方案，选择合适的材料和工具是学生实现创意的重要条件。小学生要与同学讨论，共同列出完成作品需要的材料，例如纸、塑料、木、皮革、布、线、泥沙等，以及加工这些材料需要用到的工具和设备，如剪刀、刻刀、尺子、锥子、针、钳子、钻等加工工具，或者是采集处理信息需要用到的硬件设备及软件，如摄像机、照相机、3D打印机、编程软件、素材编辑软件等。学生要从中选择既能满足作品需要，又容易获得的材料和工具，并在教师的指导下学习各种工具、设备的使用方法，知道材料的特性及安全操作注意事项，做好动手制作的准备。

(3)动手制作

动手制作是将创意或方案转化为现实的关键环节。学生要在教师的指导下，明确制作的步骤，学会制作方法，运用各种工具、工艺，以及信息技术动手操作，根据设计方案制作出相应的物品或作品。小学阶段学生可以完成各种手工制品，高年级的学生也可以尝试运用信息技术完成一些数字作品，如编辑一段微视频、制作班级的海报和活动相册等。学生动手制作过程中，老师需要随时提醒学生注意规范操作，确保安全，注意同学之间的相互配合，同时还要经常鼓励学生遇到困难不气馁，能积极想办法，请其他同学帮助或修改原有设计方案，最终完成制作。

(4)交流展示物品或作品

交流展示物品或作品是设计制作过程中最为激动人心的时刻，学生可能经历了多次失败才最终完成作品，在这个环节可以充分向其他同学展示自己的成果，并分享自己愉快或艰难的经历，这对学生来说是非常重要的环节。在进行展示之前，学生应在教师的指导下，共同讨论制定评价标准，这一过程有助于学生更好地理解设计和制作的标准和要求。实践证明，只要教师引导得当，小学生是有能力参与评价标准制定的。进行展示时，学生要能够清楚地陈述设计思路与过程，并演示作品的实际效果。因此，展示作品的过程也是学生进一步思考并梳理设计思路的过程。在这个过程中，教师可以提示学生选择恰当的方式进行展示，以达到理想的展示效果，同时还要为学生创造更多展示的机会，如通过学校的宣传栏、校园网、广播站进行展示。学生展示后，教师要指导学生根据评价标准，客观地进行自我评价，并认真听取其他同学的意见和建议。

(5)反思与改进

反思与改进是设计制作活动不可或缺的环节。在这一阶段，学生要对自己的设计思路、制作过程进行全面反思，既要总结成功经验，又要发现存在的不足，并提出改进的设想。反思活动能够帮助学生对设计制作的过程和结果进行全面回顾，将本次活动获得的经验进行提升，并迁移到今后的实践活动当中。同时，这一环节也有助于学生养成经常对自己的行动进行反思的习惯。因此，在学生进行作品展示之后，教师还需要安排反思与改进活动，引导学生认真加以反思。

4. 职业体验活动的实施过程

职业体验是一种体验式学习，主要环节符合体验式学习“体验—反思—概括—应用”的基本模式。职业体验活动的实施过程包括选择或设计职业情境，实际岗位演练，总结、反思和交流经历过程，概括提炼经验、行动应用等环节。教师要把握职业体验的关键要素，除了引导学生做好岗位演练，还要特别关注和引导学生对体验进行反思总结、经验提炼和行动应用，促使学生将活动开展得更加规范和深入，帮助学生加深活动感悟，提升活动价值。

(1)选择或设计职业情境

进行职业体验，首先需要确定体验的岗位。在这一环节，小学生要在教师指导下初步了解自己想要体验的职业或教师创设的模拟职业情境的特点。然后，学生要根据自己的兴趣、爱好、特长和能力特点，初步选择要体验的具体岗位。选定岗位后还要明确体验岗位内容和相应要求。

(2)实际岗位演练

岗位演练是学生进行职业体验的主要环节。小学生要在真实或模拟的职业情境中，进行参观、考察等，初步了解体验岗位和体验职业的基本情况。在管理人员、教师等的指导下，小学生要学习必需的岗位技能，能够进行简单的实际操作。在演练过程中，学生要做到认真、尽责地完成任务，能够发现自己在体验岗位中存在的不足并积极改进。

(3)总结、反思和交流经历过程

总结反思是体验性学习的重要环节。学生在岗位演练之后要能反思参与职业体验的过程、总结收获，对自己体验情况做出评价，同时还要与同学、教师等交流和分享职业体验的过程与方法、收获和感受等，通过总结反思加深对职业角色和职业生活的理解和认识。

(4)概括提炼经验、行动应用

体验性学习是一个螺旋上升的过程，通过总结反思可以提炼概括出在体验活动中获得的经验，然后还要将这些经验在学习和生活中进一步应用。学生一方面要总结岗位体验的过程与方法、收获与经验，形成正确的劳动观念，同时也要将岗位体验活动与自己的学习、生活结合思考，树立正确的人生志向。

(三)多种活动方式的融合实施

综合实践活动方式的划分是相对的。在主题活动设计时，引导学生参与和经历多种方式的活动，能够使活动更加深入和完善，从而更好地实现综合实践活动的课程价值。因此，我们提倡将考察探究活动与其他几种活动方式整体设计、综合实施，使不同活动方式彼此渗透、融会贯通。

1. 以考察探究活动为基础的多种方式融合实施

实现多种活动方式的整合，可以将考察探究活动作为活动的基础和核心，将几种主要活动方式融合在一个主题活动当中实施。首先，通过参观考察确定活动主题。教师带领学生走进自然，走进周边的社区、公共场所、厂矿企业等，进行实地参观和考察，引导学生注意观察，多方面搜集信息，从中发现并筛选出有研究价值的问题。其次，开展研究分析问题的原因。教师引导学生围绕主题开展各种研究活动，例如问卷调查、访谈、实地考察、科学实验等，多方面收集信息和证据，分析导致问题的原因，提出解决问题的思路和方法。再次，运用技术尝试解决问题。教师引导学生充分运用信息技术和劳动技术，搜集信息，交流研讨，进行创意设计，寻求解决问题的办法，或者是设计制作出相关的模型、工具、装置等来解决问题。在这个过程中，也可能会用到其他一些方法，例如技术试验、活动策划、方案设计等。结合活动主题，学生还可以选择与之相关的职业进行体验，获得对职业角色和工作要求的真切理解，修改和完善解决问题的方案。最后，应用研究成果开展社会服务。学生可以应用考察探究活动取得的成果在社区中开展宣传推广活动，改善社区的环境和设施，面向社会开展服务。

案例分享：

清除社区小广告

北京市东城区景泰小学　田琳

社区中小广告到处张贴的现象屡禁不止，这些小广告不仅脏乱，而且对城市形象也产生了影响。为此，我指导学生开展了“清除社区小广告”这次活动。活动是在四年级学生中进行的，他们活泼好动，易接受外界新鲜事物，具有一定的搜集处理信息的能力，掌握了一定的研究方法。

在准备阶段，我让学生观看了自己在去学校的路上拍到的一些照片，同学们发现社区中的小广告非常多，就像“牛皮癣”一样顽固不化，严重影响了社区的环境。这些图片调动了学生参与活动的积极性，经过讨论，学生确定了6个子课题：人们对张贴小广告行为的看法；研究小广告产生、泛滥的原因；小广告张贴的位置；小广告的内容和形式；管理部门治理小广告的做法；清除小广告的方法。各小组选定课题后，在我的指导下制订出各自的研究计划。

在实践活动阶段，学生走进了社区对居民进行采访。学生提出“您认为小广告对城市容貌有哪些影响？您对小广告持一种什么态度？”两个问题，并且用摄像机把过程录了下来。这组的还对居民发放了调查问卷。

研究“小广告产生、泛滥的原因”的小组学生利用采访、查阅图书、上网查找资料的方式进行研究。通过查阅资料，学生发现生意人想推出自己的产品，而电视广告又太贵，所以选择了小广告。他们还到居民家中进行了采访，了解到小广告成本低，告之面广。

研究“小广告张贴的位置”的小组，设计出小广告张贴位置情况记录表，用画“正”字的方法详细记录小广告张贴位置的数量。

还有的小组研究了小广告的内容、形式并进行分类。他们拍摄了小广告照片，并对小广告涉及的内容进行了整理，发现小广告的内容有：招聘、招生、房产中介、钻孔、通下水管、开锁、办证、搬家等多方面内容。

学生还注意到小广告的形式：有喷漆的，用一罐小小的喷漆罐，随手在地上、墙上喷出一串串白色电话号码；有胶黏的，用不干胶直接贴在大街小巷；有图章的，用大型图章直接章印，印记醒目；有手写的，简单的一张纸写上小广告的内容。

围绕“管理部门治理小广告的做法”开展研究的小组走进了城管局对管理人员进行了采访，了解到了一些治理小广告的措施。

还有一个小组研究“清除小广告的方法”，他们通过观察、拍照、上网、采访的方式了解到了一些清除方法，包括：用磙子刷，用铲子铲，用手揭，用高压水枪冲。学生了解到清除方法后，对这些清除方法非常感兴趣，积极地运用这些方法尝试清除小广告。

在展示交流环节，我发现学生对如何清除小广告这一问题非常感兴趣，于是决定带领他们进行深入的研究。在学生初步了解到一些清除方法的基础上，我指导他们设计更加有效的清除方法实验。我分别给每组准备了木板、瓷砖、硬塑料、金属片、有机玻璃、泡沫塑料板，在这些材料表面，用黏性较大的双面胶贴了几张纸，模拟“小广告”。我还给大家准备了一些材料和工具：洗衣粉、洗涤灵、五洁粉、酒精、小铲子、小刀、小刷子、干湿布。然后，学生以小组为单位，亲自动手探究，探索有效清除小广告的方法，并尝试设计清除小广告的新工具。

最后，学生决定采用小手拉大手的方式，把自己在活动中探索出的有效清除方法和设计制作的清除工具应用到实践中去，做清除小广告的卫士，到社区中去做一名小小志愿者，并长期坚持下去。

本次活动采用了考察探究、设计制作、社会服务等多种活动方式，使本次主题活动不断深化，学生在活动中也有多方面的收获和进步。

2. 在研学旅行活动中实现多种方式的融合

研学旅行是考察探究活动的重要形式。在设计和实施研学旅行活动时，学校应该广泛、深入地进行教育资源开发，拓展学生学习的空间，在一次旅行活动中设计多元化的目标和内容，避免只让学生简单地参观和听讲解，安排更多实践性和体验性强的活动，帮助学生将书本知识和现实生活联系起来，丰富感性认识，提升理性思考。学校在进行研学旅行活动设计的时候要考虑为学生留出开展个性化研究的时间和空间，引导他们在旅途中多方面搜集与当地风土人情、自然环境、历史文化等相关的信息，开展内容丰富、形式多样的研究性学习。在研学旅行活动中，学校可以充分开发旅行路线上的各种教育资源，为学生提供参与设计制作活动、职业体验活动的机会，引导学生在研学旅行过程中实现自我管理和服务，轮流担任讲解和导游，并在力所能及的情况下进行环境卫生维护、文明旅游宣传等社会服务活动，将研学旅行与其他几种活动方式整合实施，从而实现更大的教育价值。

案例分享：

在研学旅行过程中如何有效地开展“志愿服务”

中国传媒大学附属小学　薛宝卫

在研学旅行的过程中借助不同地域丰富的资源不但可以引导学生开展考察探究、设计制作、职业体验，更可以开展志愿服务活动。借助不同地域的资源开展志愿服务活动时，要注意做好志愿服务前、中、后三个不同阶段的工作。下面就结合我校学生在中国四川都江堰大熊猫保护研究中心研学旅行过程中开展志愿服务的情况进行分享。

第一，志愿服务前的动员和指导。

在开展志愿活动前首先对学生进行动员和指导有助于提升志愿活动的实效性，提升志愿服务的质量。例如在开展大熊猫圈舍打扫的志愿活动之前，向学生介绍为大熊猫打扫圈舍这项志愿服务的意义，即通过体验饲养员每日打扫大熊猫圈舍来感受国家对它们的保护，了解这项志愿服务申请的困难，使学生产生珍惜和重视的意识，这样就打好了思想基础。其次，就是要了解志愿服务的主要工作任务。就打扫大熊猫圈舍而言，也是有一定步骤和时间规定的。因此高质量顺利地完成打扫任务就尤为重要了，直接影响“志愿服务”的效果。要了解的就是打扫圈舍的步骤和每一步的基本任务及要达到的标准。学生准确了解了步骤和标准对高质量地完成志愿服务又打下一项良好的基础。

第二，志愿服务过程中的监控与指导。

在学生开展志愿服务过程中，教师要注意加强监控与指导，尤其是有些小的安全隐患的环节，教师要格外关注并给学生具体的指导，让学生明确地知道应该怎样做是正确的。例如，打扫过程中第一步就是清理大的竹竿、竹枝，这时教师要注意引导学生有序清理、不猛拉、不争抢，避免因无序、猛拉、争抢而出现被竹枝、竹竿划伤、扎伤等情况。再如，由于大熊猫的圈舍都是依山而建的，因此在清理室外圈舍时还要注意看路、不能跑，尤其是雨天。教师及时的监控与指导能够有效提高志愿服务的质量。

第三，志愿服务后的总结和反思。

志愿服务后的总结和反思一方面有助于进一步加深对服务的认识和理解，另一方面为进行类似的志愿服务打下了良好的基础，另外，还有利于学生形成学习成果。例如在本次志愿服务后，当天就组织学生对志愿服务活动进行了交流和总结。通过总结，学生不但对打扫圈舍这项工作有了更深刻的认识，而且还发现了同学的优点和自己的不足，感受到了同学之间的互相帮助等。在后续的反思过程中，还有很多同学撰写了日记，其中有一篇在《中国少年报》上发表了。

3. 实现信息技术与各种活动方式的融合

《指导纲要》中指出：“要充分发挥信息技术对于各类活动的支持作用，有效促进问题解决、交流协作、成果展示与分享等。”综合实践活动中学生的观察、实验、制作等能够帮助学生获得直接的经验，信息技术的有效应用能为这些实践和体验活动提供更加丰富的资源，并促进学生之间、师生之间的有效交流和互动，让学生的实践活动得以突破时间和空间的限制，开展得更加深入。

案例分享：

京厦美食推介会

北京市西城区育翔小学　姜璐

北京作为首都，是美食汇聚之地，自身也沉淀了数百年的美食文化；厦门作为东南沿海的一颗明珠，经济发达、文化交融，美食亦是一大特色。俗话说“民以食为天”，小学生更是对美食充满兴趣，研究美食对于他们是精神、物质的双重享受，研究兴趣浓厚、持久，研究需要较为强烈。而且，很多美食就在他们身边，有的是耳熟能详、有的早就想一探究竟，学生进行实践活动十分方便。

在众多的地方美食中怎样选取有代表性的种类呢？我偶然发现了一则关于“北京烤鸭 & 厦门姜母鸭”的新闻，将社会热点引入课堂，解决了内容选择的难题，也使得活动情境性得到增强、社会实践意义得到提高。本次活动是同时在北京和厦门两地开展的，我分别指导北京和厦门的学生对当地美食进行信息的查询与筛选，然后相互交流和推介。

我先在北京指导本校学生查到了关于两地美食的信息资料，并进行了整理，传到了 QQ 空间上，让两地的学生可以共享。然后，我到厦门的学校指导学生在对两地美食资料阅读和学习的基础上，交流和比较“北京烤鸭”和“厦门姜母鸭”的特点。为了使学生的交流更加方便和顺畅，我在课上使用了网络视频对话的技术。在课堂上，我利用 QQ 视频聊天作为沟通手段，帮助远隔千里的北京、厦门两校学生在同一时间、不同空间“面对面”地进行交流和讨论，学生感到这种方式很新奇，发言特别踊跃，活动取得了很好的效果。

在这次活动中，我尝试运用网络视频技术实现了异地学生围绕同一个主题开展研究，并且帮助两地学生实现了“面对面”地交流和互动，在利用信息技术开展综合实践活动方面做了一次比较成功的探索和实践。

第二节　综合实践活动的指导

一、综合实践活动课程中的教师

综合实践活动课程是与学科课程有着明显区别的新的课程领域，它从根本上改变了传统教学中教与学的方式，对教师提出了前所未有的挑战，使教师在教学活动中的角色定位发生了根本性的变化，由以往教学中传授者、主导者、支配者甚至主宰者，转变为活动的组织者、指导者、参与者、合作者。综合实践活动教师的多重角色，对教师的素质和能力提出了许多新的要求。教师变以往的“师道尊严”为真正的“教学相长”，并在实践中实现自身的专业发展。“人们对教育专业问题的反复讨论，所期望的是使教育工作能走向专业化，使教师能够不只是一个‘能干的教书匠’，而且是努力提升到‘专业的教育家’的境界。”①

(一)教师角色转变

综合实践活动课程教师的角色转变，有着深刻内涵，是教师价值观念的根本性变革，其内容包括如下几个方面：

1. 课程要求教师角色转变

综合实践活动课程的实施，对教师最强烈的震撼和引起教师角色最本质的变化，是从以往被动课程的推行者变为课程主动的实施者。

综合实践活动课程作为我国基础教育课程体系中的一个重要组成部分，具有课程的本质属性，它有明确的课程目标、系统的课程内容、适合课程特点的教学规范，并实施课程评价，体现了具有较强规定性和计划性的特点。尤其值得注意的是，这一课程的实施改变了以往学科教育中单纯注重知识传授的倾向，强调形成积极主动的学习态度，使学生在获得基础知识和基本技能的过程中，同时学会学习和形成正确的价值观念。这样的课程理念，符合当今改变单纯注重传播知识，引导学生学会学习、学会做事、学会共同生活和学会生存的课程理论发展新趋势，打破了传统的基于精英主义和升学取向的过于狭窄的课程定位，有利于“一切为了学生的发展”，也为教师的角色的转变提出了新的要求。

2. 教师作用的转变

传统上，教师的作用就是“传道、授业、解惑”。在教育教学中，教师作

---

① 刘捷：《专业化：挑战21世纪的教师》，教育科学出版社2002年版，第280页。

为真理的化身，被赋予了极高的地位。

随着新的课程改革的理念的不断深化，教师角色被赋予了新的内涵。特别是作为综合实践活动课程的教师，其主要职责是为学生创设合适的教育情景，营造良好的学习氛围，引导和帮助学生进行意义建构。教师不再是单纯的知识传授者，而是学生学习活动的组织者、活动过程的参与者、探索研究的指导者和促进者。在综合实践活动中，教师不是学生知识的主要的和唯一的来源，特别是在信息化和网络化的今天，教师的目的和任务主要应放在如何激发学生获取信息的积极性，指导学生掌握获取信息的工具和方法，并能根据需要对获取的信息进行分析、加工，形成有用的知识等方面。为此，综合实践活动教师就要熟练地掌握本课程的教学流程，转变旧的教学观念和以往传统学科教学中不合时宜的教学行为和习惯，以适应综合实践活动对教师角色的新要求。

3. 人际关系的转变

在学校教育教学过程中，涉及教师最基本的关系就是师生关系和老师之间的关系。综合实践活动课程实施，与传统课程相较，两种关系也发生了根本的转变。

综合实践活动课程改变了以往传承式学习为探究性的实践学习，由过去的“教师讲，学生听”，变成新课程中“自主、合作、探究”的学习过程。教师必须放下架子，发挥“平等中的首席”的作用，认识并充分发挥学生的主体作用，才可能会有自主活动的形成；只有平等的地位，才可能有互相间的真诚合作，也只有民主，才可能激发自由意志的实现，产生有意义的探究结果。坚信“教师不必贤于弟子，弟子未必不如师”，真正做到尊重、善待和没有任何成见地赏识每一个人，才有可能建立良好的师生关系。

在综合实践活动课程中，之所以还要特别转变教师之间的关系，加强教师间的合作，是因为在以往的传统学科教育中，尽管也有教师之间的合作要求，但毕竟各类学科教学都有比较强的专业性，教师大多需要独立完成各自的教学任务，基本上无须与其他老师有更多的业务上的交往。综合实践活动则不然，“团体指导，协同教学”在现在和将来都有重要的指导意义，老师不但要有合作的意识，而且要有合作的能力。

4. 研究角色的转变

传统教学中，教师的主要任务是教学，他们考虑的也主要是如何将课本的知识有效地教授给学生。教师作为教育行政部门各项规定的执行者和课程标准的实现者，并没有发现和研究的任务。如果说教师也可以搞研究，大部分也主要集中在教法研究的层面上，内容和作用都有极大的局限性，教师的课程意识被绑架了，其科研能力自然不能充分发挥。随着综合实践活动课程的实施，教师的研究者角色特征日益明显。教师要以研究者的眼光审视和分析课程理论和教学实践中的各种问题，不断地对自己的和旁人的经验进行反思和归纳，形成规律性的认识，变成研究成果和政策建议。

(二)综合实践活动课程老师的素质要求

综合实践活动课程要求教师要转变观念与角色，同时对教师的素质提出了要求。

1. 高尚的教师职业道德

综合实践活动课程的特点与目标要求，对教师的职业道德水平提出了更高的标准。学生是综合实践活动的主体，学生提高素质全面发展是课程的目标，因此就要求综合实践活动课程教师要不断地提升自身的职业道德水准，具有全新的教育理念，树立“以人为本”的思想，不断探索实践课程的教育教学规律，关注学生知识的积累、能力水平的提高和情感态度价值观等方面的转变，致力于学生持续地全面发展。

2. 广博的知识结构

作为教师应具备系统的教育学、心理学知识。教育学的基础理论包括课程论、教学论、学习论等内容，教育理论可以帮助教师深入地把握教育规律并按照教育规律开展教育教学活动；心理学尤其是小学生心理学知识可以帮助教师根据小学生的心理年龄特点和认知特点，有的放矢地组织学生开展综合实践活动。

作为教师，应具备广博的学科文化知识。这既是一名教师应具备的素养，又是综合实践活动课程对老师提出的要求。传统的“传道、授业、解惑”要求教师应具备渊博的知识储备，综合实践活动课程的综合性特点也要求教师具备全面广博的综合性知识。只有努力全面地掌握各个学科的知识并且能够融会贯通，教师才能够从容驾驭综合实践活动课程的教育教学。

3. 全面的课程实施能力

综合实践活动课程教师的课程实施能力直接影响到综合实践活动课程实施的实际效果和课程目标是否达成，也影响学生的发展和教师自身的专业发展。所以综合实践活动课程教师必须具备全面的课程实施能力。

课程实施能力包括课程资源开发能力、课程活动设计能力、组织管理能力、合作交往能力、利用信息能力、研究创新能力及评价能力等方面。课程资源开发能力是教师为满足课程开展的需要，依据学生发展的需求有目的、有计划地开发利用周围的课程资源的能力。课程活动设计能力即是教师能够根据学生选择的主题，针对学生的特点设计具有特色和可实施的活动设计方案的能力。组织管理能力是指在实践活动开展过程中老师必须具备的一定的组织与管理学生的能力和协调各方面关系与及时化解各种矛盾的能力。合作交往能力指教师与学生之间、教师与教师之间、教师与学生家长等社会其他人员之间、教师与学校之间，以及教师与其他社会组织之间的交流、沟通、合作的能力。利用信息能力一般包括搜集信息、判断信息重要性、把握信息之间的关系、整理信息及合理运用信息的能力。研究创新能力指教师应该具备研究综合实践活动课程教育教学规律，创造性地设计开展课程的能力。评价能力是指教师应该具有对课程教学、对学生发展的正确恰当的评价能力。

综合实践活动课程的实施涉及方方面面的因素，因此要求教师在实施中要能够应对来自各个方面的挑战。综合实践活动课程教师具备全面的课程实施能力是施教必备的素质之一，也是课程顺利实施的必要保障。

4. 丰富扎实的实践经验

综合实践活动课程是一门实践性课程，也是一门经验型课程。实践活动的主题来自于学生的生活经验，实践活动的开展需要学生的生活经验，实践活动的结果是增加学生的经验与体会。综合实践活动指导教师由于自身的年龄和经历原因，具有比学生更丰富的生活实践经验，这是指导学生活动的前提。教师可以运用自身的实践经验帮助学生开展活动，如提醒学生活动开展前需要做哪些准备工作，活动中遇到问题应该如何合理应对，如何与他人交流等。一名实践经验丰富的指导教师可以帮助学生少走弯路、少犯错误，保障学生有条不紊地开展综合实践活动。

二、综合实践活动课程指导的要求

综合实践活动本质上是学生自主性教育行为，活动过程是一个师生互动共同发展的过程。其中又离不开教师积极主动的参与，教师对活动的指导就是教师作为活动的组织者、参与者和指导者的具体体现，也即教师作为平等中的首席应该充分发挥的作用。综合实践活动课程对教师的指导有一定的要求。

(一)营造活动环境，激发探索欲望

组织学生实施和开发综合实践活动，教师的首要任务就是要为学生营造活动的必要条件。教师要通过多方面的努力，营造活动的环境，创造活动的条件，激发学生参与活动的积极性和探索的欲望，成为实现课程开发的第一需要。

活动环境包括宏观和微观两个方面的内容。宏观上的活动环境创造，主要是指课程实施的环境，包括政策、制度层面的内容和学校管理层面的内容。

从微观上讲，营造活动环境，特指对具体活动的环境建设和情境的营造，这是保证任何具体活动成功的条件。任何具体的综合实践活动都是在一定环境中展开的。有一些活动，可以是没有或学校里暂时不具备必要的环境，则要努力创造，如考察探究活动中的实验设备和操作材料、社会服务活动场所的联系和交通工具的筹备等都属于这种情况。

至于活动情境的营造，大多属于具体的技能和指导艺术问题。因为综合实践活动是以“问题”为中心的探究性学习，在具体操作过程中，教师不应直白地将问题本身呈现给学生，更不能将教师对问题的思考强加给学生。有经验的教师，常常会根据学生的实际情况，设计出一些有效的办法，如情境引入、设问引入、实物引入、案例引入等都能很好地起到激发学生探究欲望的效果。

(二)关注学习过程，引导研究方向

综合实践活动的过程是一个发掘和获得知识的过程，又是一个获得经验、体会逐渐走向人生成熟的过程。在组织学生融入自然、走进社会、贴近科技、认识自我的丰富多彩的主题活动中，主动地联系实际、进行探究、学习方法、积累经验，培养素质是综合实践活动的基本要求。综合实践活动是过程学习，教师对综合实践活动的指导要落实在活动的过程中，落实到活动的各个环节。教师在活动的各个环节对学生以适时的指导，如选题是否科学、适当，计划是否周密、具体，分工是否明确、合理，人力、物力、财力各种条件运用是否得当等。

不同类型的活动具有不同的特点，无论哪种类型的活动，都涉及相关方法的学习和运用。学习过程就是学会运用各种不同的方法获取知识和经验，并通过经历和反思形成感受和体验的过程。从学生的活动表现来看，缺乏方法、渴求方法，希望在方法上得到点拨和指导，是活动过程中教师遇到的最为常见的问题。因此，教师要研究不同类型活动的特点和要求，了解各种类型的活动中涉及的各种不同方法的具体要求，以及各种方法的适用范围和操作要领，并在活动过程中对学生进行适时、适度的点拨和指导。对学生学习过程的关注，对研究方向的引导，并且能够始终保持活动中师生互动的良性发展，是综合实践活动课程指导工作对教师提出的要求。

综合实践活动课程的终极目标是要学生学会探究，学会做人。这是涉及学生世界观、人生观和价值观的根本问题。这个终极目标的实现，对教师的指导工作提出了更高的要求。教师始终要把对综合实践活动过程的指导，作为引导学生树立科学世界观、人生观和价值观的过程。要有效地引导学生能够用理智的心态面对世界、面对社会、面对生活，这是激发学生产生和保持

科学探究兴趣的重要方法，也是开展综合实践活动的根本目的。

（三）组织合作学习，关注个体差异

综合实践活动主张“自主、合作、探究”，以小组为基本组织形式，开展合作学习是综合实践活动的主要学习方式。指导教师需要把参与活动的学生有效地组织起来，形成统一的认识，选择共同的课题，分工协作，坚持完成各自的研究任务，实现综合实践活动的目标。良好的团队精神，强烈的合作意识，明确的分工，广泛的交流，个性优化互补，交往民主和谐，是合作学习的基本保证。教师的指导工作要为合作学习的顺利开展保驾护航。

活动之初，教师要引导学生讨论、交流，逐步明确活动的目标，制订比较详细的计划，使每一位学生都要明确自己的具体任务和要求。

调动和维持学生参与活动的积极性，是贯彻整个活动的基本的指导策略。在教师对活动实施指导的过程中，不仅要教育学生具有合作的欲望或意识，还要帮助学生具备合作的能力，注意引导不同发展程度的学生都能积极投身到活动之中，使具有各种特长的学生都能各尽其才，都能得到应有的发展。在组织小组活动时，以个人的特长进行分工在某些时候不失为一种选择，如善于交际的负责对外联系，计算机较好的负责资料查询，文笔较好的负责总结报告等，这无疑会对最终成果的质量有所帮助。但如此分工，难免使应该得到某种锻炼的学生失去了学习的机会，因此，从长远考虑，从活动的教育目标出发，进行混合编组，甚至针对特长的弱项进行分工也并非不是一种选择；又如对于组内分工，许多人选择平时关系较好的两位或两位以上的学生分为同一个小组，以为如此定能容易合作，任务完成则必然较为容易。殊不知如此分工，感情较好的同学分在一起，却常常会因为从情感出发，能力较强的学生为了帮助能力较弱的同学，而过分地越俎代庖，使能力较弱的同学反而得不到应有的锻炼而背离了活动的初衷。又如，活动和课内教学一样，在群体中常有强势和弱势之分，不同的是，在学科教学中，强势者多是那些平时成绩较优的所谓“好学生”，而活动中的强势者，大多数情况下则是那些性格外向的争强好胜者，他们常常成为活动中的“语言霸权”者，性格内向的学生则会沦为追随者的地位。面对这种情况，教师就要适当地引导，不但要善于根据具体情况审时度势，搞好分工合作，教育学生各司其职，完成自己分内的任务；还应引导他们善于听取别人的意见，借鉴别人的经验，任何时候都要尊重他人，尊重他人的劳动成果；任何时候都不能只看到自己的优点和长处，忽视别人的闪光之处，更不能用自己的长处和别人的弱点相比较，不断提高自己融入社会、融入集体的能力和自觉性。

身教胜于言教。教师在活动中的表现常会成为学生的楷模，教师在活动

中的身先士卒的表率作用具有极大的教育功能。教师始终能以合作者和参加者的姿态，从关注学生个体差异、满足个体发展和需要出发，始终以饱满的热情投入活动之中。在活动的各个阶段，都能从当时的实际出发，多方面地与学生进行沟通和交流，了解学生在活动中可能出现的问题，并根据实际需要给予有效的指导。任何时候都不故步自封，脱离学生实际盲目指挥。无论在何种情况下，对所有学生都要一视同仁，绝不能有冷落、压制、鄙视、讽刺等错误举止。教师在活动中所有这些情感、态度、价值观方面的表现，对学生的成长和发展无疑会产生巨大的影响。

(四)开展积极评价，促进学生全面发展

评价是教育的导向，具有对受教育者的“指挥棒”的作用。为促进学生的全面发展，教师在综合实践活动过程中，应开展积极的评价工作，充分发挥评价的导向功能。

评价学生是综合实践活动课程教师的指导工作的重要环节，积极的评价不仅包括对学生优点与进步的正面的表扬与赞赏，还包括对学生缺点与不足的善意的批评、惩戒与适当的引导。

教师对学生的评价要做到中肯和公正。中肯生情，公正生威。要使学生体会到教师的评价合情合理，使自己能够从中得到启发和教益，从而获得成长的营养。教师的评价对所有学生没有亲疏贵贱的区别，真正做到公正廉明，没有讽刺揶揄，任何时候都能平和理智，自然会产生评价的权威性，只有这样的评价才是积极的评价，才能产生评价的教育功能。

教师对学生的评价要力求全面。综合实践活动从其课程的性质讲，是发现新事物、获取新认识的过程。在发现新事物的过程中，对学生的表现进行表扬和鼓励是评价的重要方式。然而探究存在着前景的不确定性，因此失败的事是常有的，至于造成失败的原因又可能是多方面的，有客观存在的不可抗拒的因素，也会有主观上的原因，甚至有可能是计划不周、操作失误，以致归咎于责任事故。对于学生在活动中出现的负面的、消极的表现，教师也应善意地批评和惩戒，并进行及时的、适当的引导。“教育惩戒是完整教育的组成部分，有助于未成年人的人格健康和谐发展。”在活动指导中正确地引导学生面对可能的失败，善于从失败的辛酸苦辣中吸取营养，汲取教训，变坏事为好事，是评价过程中需要特别关注的。

教师对学生的评价要有重点。学生的全面发展是教师评价的出发点和落脚点。无论哪一种类型的活动，也无论哪一项具体的活动，都有特定的目标和适宜的教育功能，评价不宜过分“泛化”，要结合活动的具体情境进行评价。帮助学生发现和总结在学习过程中看得见、摸得着的收获和提高，哪怕一次活动只有一两点具体的收获，比如学会了一种工具的使用方法，了解了一项创造技法的要领等，假以时日，集腋成裘，对学生素质的提高都是会起到实实在在的作用的。活动评价要切忌任意拔高，杜绝泛泛而论，更不能任意“忽悠”。需知，那样一种所谓评价，对学生发展是有百害而无一利的。

评价是一种高难度的教育技术，无论是表扬和鼓励还是批评与惩戒，都要做到适时适度，当发而发，当止则止。评价实际上也是一把双刃剑，教育的时机应以有效、有益为原则。这里的关键是教师的能力和水平，为了做好活动实施过程中的评价工作，教师首先要对活动进行深入的研究，不仅对活动的目标、步骤、内容、要求搞得清清楚楚，还要对每一个活动的具体的科学性问题，活动的关键环节的技术性的要求等都要做到心中有数，这样对学生的活动点评起来才能条理清晰、重点明确、是非分明，起到以评价促发展的作用。

三、综合实践活动实施的阶段性指导

在综合实践活动实施过程中，要处理好学生自主实践与教师有效指导的关系。教师既不能“教”综合实践活动，也不能推卸指导的责任，而应当成为学生活动的组织者、参与者和促进者。主题实践活动实施过程一般分为活动准备阶段、活动实施阶段和活动总结阶段。教师的指导应贯穿于综合实践活动实施的全过程，在不同阶段指导的重点也不同。

(一)活动准备阶段

(1)确定活动主题、目标与内容。教师要充分结合学生经验，为学生提供活动主题选择以及提出问题的机会，引导学生构思选题，鼓励学生提出感兴趣的问题，并及时捕捉活动中学生动态生成的问题，组织学生就问题展开讨论，确立活动目标内容。

(2)制定活动方案。教师要让学生积极参与活动方案的制定过程，通过合理的时间安排、责任分工、实施方法和路径选择，对活动可利用的资源及活动的可行性进行评估等，增强活动的计划性，提高学生的活动规划能力。同时，教师还要引导学生对活动方案进行组内及组间讨论，吸纳合理化建议，不断优化完善方案。

(二)活动实施阶段

(1)积极开展实践体验。教师要创设真实的情境，为学生提供亲身经历与现场体验的机会，让学生经历多样化的活动方式，促进学生积极参与活动过程，在现场考察、设计制作、实验探究、社会服务等活动中发现和解决问题，体验和感受学习与生活之间的联系。

(2)掌握正确的活动方式与方法。教师要加强对学生活动方式与方法的指导，帮助学生找到适合自己的学习方式和实践方式。教师指导重在激励、启迪、点拨、引导，不能对学生的活动过程包办代替。

(3)教师要指导学生做好活动过程的记录和活动资料的整理。

(三)活动总结阶段

(1)开展交流与总结活动。教师要指导学生选择合适的结果呈现方式，鼓励多种形式的结果呈现与交流，如绘画、摄影、戏剧与表演等，对活动过程和活动结果进行系统地梳理和总结，促进学生自我反思与表达、同伴交流与对话。

(2)学会反思。教师要指导学生学会通过撰写活动报告、反思日志、心得笔记等方式，反思成败得失，提升个体经验，促进知识建构。教师要让学生根据同伴及教师提出的反馈意见和建议查漏补缺，明确进一步的探究方向，深化主题探究和体验。

三、不同类型实践活动的指导要求

综合实践活动可以划分为许多不同的活动类型，各类活动，内容不同，特点各异，在具体指导时也有不同的要求。教师应深入研究各种类型活动的特点，并据以做好自己的指导工作。下面按照考察探究、社会服务、设计制作和职业体验四种主要活动类型来谈一谈教师在指导学生开展活动时的指导要求。

(一)考察探究活动的指导要求

考察探究活动是综合实践活动的重要内容。考察探究活动是学生广泛接触自然和社会，关注身边出现的问题，并能像科学家那样去探索未知，体验开展科学研究的过程，初步学习科学研究的方法，解决问题，形成理性思维、批判质疑和勇于探究的精神。教师对考察探究活动的指导，应关注以下几个方面：

1. 依据活动内容不同，确定恰当的目标要求

学生开展的考察探究活动涉及的内容非常广泛，因此在活动开展中，应该对不同的活动内容确定明确的目标要求。如观察活动是利用感官，或借助辅助器材对自然状态下的事物进行连续的考察、分析、记录以获取事实材料的一类研究活动。观察是考察探究活动中的重要内容，教师在指导中应根据观察要求的不同，对观察方法、观察内容以及记录和分析方法等给予明确的要求。在“校园树木调查”和“做个环境小卫士”两个主题活动中，虽然同是以观察(或调查)为主的活动，前者的目标可以锁定在“训练学生掌握几种树木调

查的具体方法”上，后者则可以确定为“学习制订调查研究的计划，学会观察和记录的方法”上，两者都不宜将目标设定在“培养学生观察和分析问题的能力和方法”上。如果将目标制定得过于空泛，活动就不便于具体操作了。

2. 依据具体情况，关注科学方法的学习

在开展考察探究活动中，无论研究自然还是探究社会问题，教师都应该在整个活动过程中注意引导学生对科学方法的学习。

综合实践活动课程“重在过程”，“过程”应该包括两层含义：第一，指对过程的体验，即学生对活动过程带来的酸甜苦辣等各种经历的体会和感受，它将作为自己的一种精神财富伴随一生；第二，指活动过程中能够产生积极成果的科学方法的习得和积累。

考察探究活动涉及多种科学研究方法，如文献研究、观察、调查、实验等。学习和正确运用这些方法是学生开展实践活动的目的之一，因此教师要在活动中加强对学生正确认识与掌握科学方法的指导。如在运用观察方法时常要借助一些工具或手段，需要一定的方法和技巧，教师在对学生进行指导时，就要结合活动内容，训练学生有目的地进行具体的观察，并根据学生好奇心强、自制力弱的特点，确定明确的观察目标和方法，适时地引导他们掌握对事物进行具体观察的方法和要领。在活动中学生对科学方法的掌握，是和活动过程的进行紧密地联系在一起的，从这个意义上讲，重视方法就是重视过程的体现，只有重视方法，才能真正地重视过程。

3. 注重科学精神和人文精神的整合

考察探究活动不仅是学生对科学知识、科学方法的学习过程，而且是对学生正确的情感、态度与价值观的培养过程。因此，实践活动从精神层面培养学生具有科学精神和人文精神，使他们从小就既崇尚科学，又崇尚人文，促进他们的全面成长。

科学必须以事实为基础，求实是科学的真谛。教师要通过科学探究活动，从小教育学生说老实话、办老实事、做老实人。要敢于忠实于事物的本来面目，坚持从获得的真实材料中得出正确的结论，任何条件下都不做假，不骗人，实事求是，光明磊落。指导教师必须率先垂范，要经得住任何功利的诱惑，实实在在地做好自己的工作，坚持从学生的实际情况出发，根据他们的年龄特点和认知水平，不失时机地、踏踏实实地逐步提高他们的工作能力和研究水平。

科学的本质是创新，不断冲破已有的结论是科学前进的规律。教师要鼓励学生大胆而合理地怀疑。在科学探索活动中，教师要注意保护少数学生，倡导“追求成功，又容忍失败”的氛围，鼓励学生在确认和怀疑之间建立健康的平衡关系。

科学的高速度、高水平发展，已经使科学成为人类共同的事业。当今的科学已然告别了偶然的个人天才表演的时代，从小就要培养学生具有勇于合作、善于合作的意识和能力，要鼓励信息共享，反对人为封锁，提倡互相支持与协作。

科学是桨，人文是舵，驾驭人类未来的航船，只有二者的平衡和整合才能到达光辉的彼岸。

(二)社会服务活动的指导要求

社会服务是在社会情境中展开的实践性服务活动，常见的活动内容和形式是公益活动、志愿服务和勤工俭学等。对这一类活动的指导应特别注意以下几个方面：

1. 加强对教育资源的开发

社会服务活动内容具有极强的地域性，这就决定了开发这一类活动不可直接使用现成的材料，必须结合当地社会的实际，挖掘适用的教育资源。即便是借助已有现成的方案设计，也只能是利用已有方案的设计思路，真正活动起来必须充实本地区的内容。

实际上在社会实践这一领域可供选择的活动主题是十分丰富的，如了解社区的参观、考察和调查活动，服务社区的公益服务、义务劳动和针对特殊人群的家政服务以及对学校和社区公共设施的管理服务等。至于社会实践内容的选择，更可以涉及社区的经济、政治、社会、文化、历史等方方面面的主题。因此，对身边社区和社会教育资源的开发是开展社会服务活动的前提与基础，教师在指导学生开展社会服务活动时，要能让学生对社会资源提升认识与了解的水平，进而选择具有教育价值的资源进行开发与利用。

2. 活动要着重培养学生的社会责任感

社会责任感的形成，归根到底是个人对现实社会生活和未来社会发展的认同，是人作为个体生活主体和社会生活主体的高度统一。社会责任感的集中表现即是人的主人翁精神的张扬，这样一种高尚的精神境界的形成，说教和灌输都是很难成功的。而活动和交往则可能是一条必要的途径，通过深入社区的实践和交往，通过对活动内容中发现问题的探究、反思和批判，通过实实在在的活动的沟通过程，引导学生认识自己的力量和价值所在，进而将自己的志向和理想与社会的发展联系起来，就能够促进学生崇高信念和价值观念的形成，激发学生自觉的亲社会行为。

为了达到上述目标，教师在组织和指导学生开展社会服务活动时，在组织学生深入了解社区的同时，要帮助他们对了解的问题进行辩证的分析，既看到现状，又要看到历史和将来，鼓励学生以积极的态度面对现实，并注意不失时机地挖掘活动中积极的因素，对学生进行启发和引导，以实现最佳的教育效果。

3. 在活动中加强安全措施

社会服务活动的一个特点是活动经常要到校外进行，因此或多或少地都会存在某种安全隐患。有些时候，安全成了搞好活动的第一要素，具有“一票否决”权，必须给予特别的关注。一般来讲，活动开始时就要注意安全问题，凡是不符合学生安全要求的地点和现场，都应列入不宜活动范围。对任何外出的现场和路线，教师事先都应予考察，以便发现和杜绝隐患。凡外出活动都应建立小组活动制度，进行严密组织，明确安全要求。活动中凡涉及明火、用电和使用煤气炉灶等，都应有教师或辅导员在现场辅导。总之，要把安全作为保障活动成功的头等大事，一定要做好。

(三)设计制作活动的指导要求

设计制作活动是从学生生活实际、生产实际和社会实际选择有利于学生发展、对未来生活有用、与现代社会和科学技术发展有关联的内容，运用已有知识开展的，以设计制作实物成品为特征的活动。它以培养学生爱劳动、懂技术、能创造的综合能力为目标，在综合实践活动中占有重要的地位。

设计制作活动包括应用劳动技术为主的设计制作和应用信息技术为主的设计制作活动。教师对活动的指导包括以下几个方面：

1. 实现工具价值和发展价值的统一

设计制作活动，从根本上讲应着眼于培养学生“爱劳动、懂技术、能创造”这样一个大目标。活动过程在拓展学生劳动技术经验的同时，要特别注重学生情感、态度、价值观的形成，实现学生教育目标的工具价值和发展价值的统一。

设计制作活动作为对学生的劳动与技术教育和信息技术教育的重要内容，掌握劳动技能和设计的本领，对学生的现实生活和将来发展无疑具有很大帮助，对学生潜能开发和人生价值的实现更具有发展价值。因而，活动指导应着重引导学生理解劳动的意义、珍惜劳动的成果、养成劳动的习惯和形成尊重劳动群众的思想感情，培养学生勤劳、俭朴、负责、守法的美德。要注意保持和发展学生学习技术的积极性和投入技术实践的兴趣，并在活动中注意培养学生耐心细致、有始有终、自信自强、坚忍不拔等非智力品质，使之得到健康的发展，使学生的情感、态度和价值观在活动的陶冶下，潜移默化地得到提升。

活动的指导要依学生实际，选择恰当内容帮助学生熟悉各种常用材料的性质和用处，通过活动学习一些常用工具的使用方法，并掌握一定的手工劳动的技能。教师还应不失时机地引导学生将观察、分析、想象和创造应用到自己设计制作的实践中去。实现设计制作活动的整体目标，使劳动与技术教育、信息技术教育的工具价值和发展价值统一起来，将会使学生终身受益。

2. 技术设计指导和操作能力训练紧密结合

综合实践活动中的设计制作活动，主体的内容是设计和制作，将动手动脑在更高层次上有机地整合起来。在确定对活动的指导策略时，应特别注意将技术设计的指导和操作能力的训练密切地结合起来，使学生既学设计，又学操作。通过设计和活动的实践，培养学生的创新意识和实践能力。

加强对学生设计活动的指导，应贯穿于活动的始终。在选择和确定活动项目时，就应选择那些具有一定技术要求、有进行设计余地的活动主题。在活动过程中，要有意识地渗透一些设计方法的学习。在活动时，可以明确要求先设计，后制作，在制作过程中改善原有设计，发展学生的想象力和创造力。活动过后还可以组织学生对自己的和别人的实物成品进行自评或互评，通过讨论发展学生对科技作品的鉴赏能力。

将设计意图变为现实的成品需要操作，操作能力是实践能力的重要表现，也是设计制作活动重要的培养目标。从小培养学生掌握简单工具的使用方法，培养与提高学生进行设计和操作活动的能力。为适应发展的需要，活动应将使用信息技术进行信息收集、分析与处理作为重要的活动内容。

3. 注意良好工作习惯的培养

“少小若天性，习惯成自然”，在设计制作活动中要注意养成教育，培养良好的工作习惯。为此，应坚持如下要求：

第一，坚持要求“看懂了再做”。即使对于最初级的模仿和照图施工的活动，也要先搞清楚其中的道理，切忌匆匆忙忙，草率从事。

第二，坚持要求“想清楚再做”。即要认真研究活动项目的环节和要领。首先要对整个活动有一个通盘的考虑，再确定每一个环节的具体要求。切忌走一步，算一步，心中无数。

第三，坚持要求“准备好了再做”。即先要做好有关的物质准备，如工具、材料等，各项工具材料还应摆放在适当的位置，以方便使用，并确保工作的安全。切忌丢三落四，以致忙中出错，造成不应有的损失。

此外，还应要求对所设计和制作的成品具有负责的态度，努力提高制品的工艺水平。

(四)职业体验活动的指导要求

职业体验活动可以让学生了解不同职业的特点，获得对职业生活的真切理解，逐步培养职业兴趣，发展自己的专长，并形成正确的劳动观念和人生志向，提升职业生涯规划能力。教师对学生职业体验活动的指导包括以下几个方面：

1. 了解学生的生活经验，创设职业情境

学生开展职业体验活动所选择的职业，肯定是自己较为熟悉和喜爱的职业。教师应该先了解学生的生活经验，确定学生选择的职业角色。或者为学生创设模拟职业情景，让学生能够尽快了解职业角色的具体情况，从而确定具体岗位。如现实生活中“邮电局”已经渐渐淡出我们的视野，学生对“邮递员”十分陌生。但当“邮电局”变为“××快递”时，学生会迅速知道自己所要扮演的角色。

2. 鼓励学生开展积极的操作体验，了解职业角色的特点

无论是真实情景还是情景模拟，教师应多鼓励学生积极开展体验活动，不断提高岗位技能水平，尽快了解体验岗位和体验职业的基本情况，并能够发现自己在体验岗位中存在的不足并积极改进。

3. 指导学生交流与反思

学生职业体验活动结束后的总结交流反思环节，教师应给予高度关注。指导学生及时开展总结与交流活动的收获体会，客观评价自己的体验情况，反思体验活动的不足。让学生能够通过总结反思加深对职业角色和职业生活的理解和认识。

本章小结

1. 综合实践活动课程实施具有影响因素众多、时间跨度长、活动场所众多、活动方式多样化、凸显自主性、活动安全要求高、实施管理难度大等特点。

2. 综合实践活动课程实施的主体包括教育行政管理部门、学校、教师、学生、学生家长及社会相关人士等，其中学生和教师是课程实施主体中最核心的部分。

3. 综合实践活动实施的基本方法包括资料收集、观察方法、调查方法、实验方法、讨论研究等。

4. 综合实践活动实施的基本过程可以概括为确立活动主题—确定组织形式—确定活动方案—开展实践活动—交流活动成果—反思活动历程等步骤。综合实践活动可分为考察探究活动、社会服务活动、设计制作活动和职业体验活动等类型，不同类型的主题活动的实施过程有一定的区别。实践活动也可以整合方式实施，使不同活动要素彼此渗透、融会贯通。

5. 综合实践活动课程对教师的角色与素质提出了新的要求。教师应具备高尚的职业道德、广博的知识结构、全面的课程实施能力和丰富扎实的实践经验。

6. 综合实践活动课程指导的一般要求包括营造活动环境，激发探索欲望；关注学习过程，引导研究方向；组织合作学习，关注个体差异；开展积极评价，促进学生全面发展。

7. 综合实践活动实施的阶段性指导；不同类型的实践活动的指导要求。

探究与实践

1. 在综合实践活动开展过程中如何恰当地选择活动方法?

2. 看一节综合实践活动录像课，分析：教师是如何指导学生开展活动的?还存在哪些问题?

3. 如何理解综合实践活动课程对教师素质的要求?

第八章　综合实践活动课程资源的开发与利用

学习要点

1. 综合实践活动课程资源开发的有关概念。
2. 综合实践活动课程资源开发的主要意义。
3. 综合实践活动课程资源的主要类型。
4. 综合实践活动课程资源开发的基本原则。
5. 综合实践活动课程资源开发的基本策略。
6. 影响综合实践活动课程资源开发的主要因素。

第一节　综合实践活动课程资源概述

一、综合实践活动课程资源开发与利用的内涵

课程资源的开发与利用是课程规划与实施的重要组成部分。对综合实践活动课程来说，课程资源开发是课程内容的直接来源，是课程实施的必要条件。要进行课程资源的开发与利用，先要对课程资源、综合实践活动课程资源开发与利用有基本的了解。

(一)课程资源

总的来说，课程资源有广义与狭义之分。广义的课程资源指有利于实现课程目标的各种因素，狭义的课程资源则仅指形成教学内容的直接来源。综合两种观点，可以将课程资源理解为：在课程设计、实施和评价等整个课程与教学过程中可以利用的一切人力、物力以及自然资源等的总和，包括教师、学生、家长以及学校、家庭和社区中所有有助于实现课程目标、促成学生开展学习的各种资源。

现实中存在的课程资源并不能自然地成为课程的实施内容，这正如存在于地表或地下的矿产资源不能直接为人类利用，只有经过矿工等相关工作人员，通过辛勤劳动和智慧付出将它们呈现出来，才能供人们利用是同样的道理。从地质勘查到矿山挖掘与开采的整个过程就是矿产资源开发的过程。当

然该过程仅是对矿产品的初级开发，为使产品适用于不同的用户，发挥产品最大的潜在价值，就需要人们根据自己的具体需求、利用自己的科学知识，对产品进行深度开发。课程资源也是如此，它们大多会以潜在的形式存在于现实生活之中，把它们识别和遴选出来，可以看作是课程资源的初步开发，要使开发出来的课程资源充分地发挥它们的教育功能，还需要人们的教育智慧的参与。

(二)综合实践活动课程资源

综合实践活动课程资源指在综合实践活动课程的设计、实施、评价过程中可利用的网络、硬件资源与耗材、校内外活动场所、实践基地等各类资源的总和，包括教师、学生、家长以及学校、家庭、社区乃至社会中各行各业所有有助于实现课程目标、促成学生开展学习的各种资源。

课程资源只有经过创造性的开发，才能充分发挥其教育功能。综合实践活动课程资源的开发过程，就是以实践学习的课程理论为指导，对存在于现实中的各种课程资源进行遴选、加工，使之高效发挥教育功能的过程。

二、综合实践活动课程资源开发与利用的意义

课程资源开发和利用是课程实施的核心问题，它是课程实施的基本前提。既制约着学生学习方式的变革，又影响着教师专业发展的水平和方向，还涉及综合实践活动课程方方面面的问题，具有十分重要的意义。主要表现在以下五个方面：

(一)构建课程内容，保证课程常态实施

综合实践活动不像学科课程那样有现成的教材作为教学的内容，它的教学内容需要教师和学生共同来设计，这就涉及课程资源的开发问题，可以说，没有课程资源的开发，就没有综合实践活动课程的具体实施。另外，课程内容的整合性、目标的开放性和实施过程的动态性必然需要丰富的课程资源作为载体和支撑。课程资源本身往往成为课程内容的一部分。因此，开发与利用课程资源，是实施综合实践活动课程需要解决的基本问题。综合实践活动课程的具体实施是始于课程资源开发的，而且课程开发的效果直接决定着课程实施的效果。

(二)改变学生学习方式，丰富学生学习体验

综合实践活动课程资源的开发和利用，其直接受益者首先是学生。课程资源的开发，改变了学生的学习内容、学习空间和学习方式，对促进学生的全面发展具有积极的作用。

首先，课程资源的开发使学生的学习内容不再仅仅局限于教科书所规定的内容，大量丰富的、开放性的课程资源为学生提供了教科书和教学辅助资料所无法比拟的感官刺激、信息刺激和思维刺激，这些新鲜的刺激无疑会使学生的学习兴趣大大提高，在此基础上进行的学习会更加有效。

其次，课程资源的开发大大扩展了学生的学习空间，使学生的学习回归到生活世界的实际问题。现实生活中各种具体形象、生动活泼的社会资源和自然资源，为学生的学习提供了广阔的学习空间，在这样的空间中遇到的问题显然不同于课本上的问题，接触到的事物也不同于教室和学校中的事物。而是活在与他人、与世界真实的交往之中，这样的学习对于学生完成从自然人向社会人的转化会具有十分积极的意义。

最后，课程资源的开发，使学生学习方式的变革有了实实在在的基础。长期以来，学生的学习方式比较单一，主要表现在重视知识获得的接受性学习，偏重知识领域的认知性学习。综合实践活动课程资源的开发和利用，为学生直接经验和间接经验相结合的学习提供了大量的资源，也由此带来了学习方式的变革，学生在真实的生活情境中进行考察探究、社会服务、设计制作、职业体验、博物馆参观等多种方式的实践学习。这对于培养学生的综合素质、着力发展其核心素养具有重要的作用。

(三)提升教师课程意识，促进教师的专业发展

综合实践活动课程资源的开发和利用的价值还在于它可以有力地促进教师的专业发展。教师以往的专业发展主要集中于教学和教育手段、方式等方面。综合实践活动课程对教师提出了新的专业要求，即教师的课程意识和进行课程开发的专业素养和能力。在课程资源的开发和利用的实践过程中，教师的课程意识可以得到有效提升，课程开发的专业素质也可以得到比较充分的发展。

首先，课程资源的开发有利于教师主导作用和学生主体地位的确定。综合实践活动课程资源的开发和利用拓宽了这门课程的学习内容，扩大了这门课程的学习空间。教师既不能“教”综合实践活动，也不能推卸指导的责任，而应当成为学生活动的组织者、参与者和促进者。他们不再仅是“知识的权威”，而是作为参与者、指导者与学生共同探讨和研究问题。在学习方式上，教师不能代替学生进行探究、观察、访问、操作、表演等活动，只能为学生的学习提供建议，通过“导之以方向，辅之以方法”，共同推动实践活动的进程，实现教师与学生共同发展。

其次，课程资源的开发可以帮助教师确立正确的课程观。在课程资源的开发中，教师需要引导学生走出课本和教室，利用校内外的各种自然资源和

社会资源，在更广阔的空间中进行探索和学习。因此，教师必须具备根据具体的教学目的和内容开发与选择课程资源的能力，充分挖掘各种资源的潜力和深层次的利用价值。这样，在实践中教师就逐渐体会到，课程不仅仅是“知识”“学科”和“教材”，更应当是教师与学生共同创造的教育活动。课程不是一成不变的，而是一个动态的、生成的、实践的过程。

最后，课程资源的开发可以促进教师逐步养成反思性实践能力。在综合实践活动课程资源的开发过程中，教师必然会遇到各种各样的“故事”，哪些资源可用，哪些资源还可以更进一步的开发，哪些资源对学生的教育效果十分显著等，这些都是教师在以前仅仅教“教科书”所体会不到的，也是教师现在必须面对的，这些“故事”就可以为教师提供很好的反思背景。有了这样的经历，多了这样的反思，教师的课程意识逐渐确立，自然会有利于教师的专业发展。

（四）提升学校办学特色，构建学校课程文化

综合实践活动课程由地方统筹管理和指导，具体内容以学校开发为主。它不像学科课程那样有固定的教学内容，而是需要学校自主进行规划实施，是与学校整体课程文化密切联系的课程。因此，综合实践活动课程资源的利用与开发，有助于提升学校办学特色和构建学校课程文化。

第一，中小学校是综合实践活动课程规划的主体，对综合实践活动课程进行整体设计，将办学理念、办学特色、培养目标、教育内容等融入其中。学校在进行课程资源开发和利用的过程中，首先需要依据学生发展状况、学校特色、可利用的社区资源（如各级各类青少年校外活动场所、综合实践基地和研学旅行基地等）对综合实践活动课程进行统筹考虑，形成课程总体实施方案。课程资源开发的这一过程本身就是依托学校既有的办学理念与特色的过程。

第二，基于培育学生核心素养来构建学校课程文化和办学特色已经成为越来越多的中小学校选择的发展路径。综合实践活动课程目标以培养学生综合素质为导向，强调学生综合运用各学科知识，认识、分析和解决现实问题，提升综合素质，着力发展核心素养。越来越多的学校认识到实践课程的独特育人价值，并将之纳入学校课程文化和办学特色的重要板块。

（五）加强学校、家庭及社会之间的协作，构建整体育人环境

综合实践活动课程资源的开发，打破了学校、家庭、社会之间的壁垒，课程资源存在的广泛性和开发与利用形式的多样性使得学校、家庭和社会之间需要相互协调，建立起更加密切的联系和协作。

首先，综合实践活动课程的综合性和实践性要求学生走出课堂、走出学

校、面向社会开展一些活动，因此学校必须加强与社会的联系。建立校外实践基地，包括学农、学军基地等；建立与社区的经常性联系，为社区的图书馆、敬老院等公共场所、设施服务，与社区共同开展活动；与校外的一些组织和机构取得联系，如各级各类校外活动场所、综合实践基地和研学旅行基地等，这些组织和机构在学生的活动中都能起到重要的作用；与校外的专家、学者、相关专业人员取得广泛的联系，请他们为学生举办讲座，对活动进行指导。总之，通过与社会各方面力量的联系，使学校处于社会的监督、帮助之下，利用社会各方面的力量为学生服务，会使学生在更广泛的社会生活中获得全面的发展。

另外，综合实践活动课程资源的开发也可以密切学校与家长的关系。由于综合实践活动强调综合育人效果、实施过程具有开放性，每次实践活动往往需要家长的支持和积极参与。在此基础上学生实践活动的时间问题、安全问题等才能够顺利解决，学生在家庭中的活动可以得到家长的支持与指导，形成学校和家长共同关心课程、关心学生发展的局面，使学生在课程活动中取得更大的收获，达到多方融合育人的效果。

第二节　综合实践活动课程资源的类型

综合实践活动内容的丰富性，决定了课程资源的多元化。丰富多彩的课程资源，性质不同，呈现形式多样，作用也各不相同，也就制约或决定了课程资源的开发和利用的策略。为了有效而充分地做好课程资源的开发和利用，就要对各种课程资源的类型、特点有一个初步的认识，在此基础上再针对课程发展的需要制定相应的资源开发策略。

为了实施上的方便，目前多数人将课程资源分为校内课程资源和校外课程资源两大类，每一类别之下又区别为素材性课程资源和条件性课程资源。实际上，课程资源的素材性和条件性永远是交织在一起的，很难明确地将它们区别开来，任何具体的课程资源都会同时具有素材性特点和条件性特点。用这样的认识分析现实的综合实践活动的课程资源，可以具体地划分为物质资源、人力资源、文化资源、网络资源四个基本类型。

一、物质资源

物质资源包含自然资源和社会资源。自然资源涉及各种自然因素和自然条件，社会资源涉及各种社会因素、社会条件。

(一)校内的物质资源

1. 充分发挥实验室、专用教室等各类教学设施的作用

学校实验室、图书馆、计算机房、操场等教学设施是课程的物质资源，花园、甬路、宿舍、食堂在某种情况下也可以成为综合实践活动的课程资源，成为学生开展学习研究的对象与场所。各中小学校应该为综合实践活动的实施提供必要的硬件配套资源与耗材，充分发挥各类教学在综合实践实施中的作用，提高使用效率，避免资源闲置与浪费。

2. 有条件的学校可建设专用活动室或实践基地，如创客空间等

学生开展制作类活动，如动漫制作、编程、陶艺创作时，常常需要专用的活动室和设施、材料等资源。可以结合学校科技教育场所资源进行建设，不断提高学生的技术意识、工程思维、动手操作能力等。如浙江省温州中学在原来科技制作社的活动室基础上投资数万元建成了创客空间。学校提供了小型化、安全的木材、金属、塑料加工机械，如雕刻机、3D 打印机等，使其成为一个具有加工车间、工作室功能的开放实验室。在周一至周五的课余时间向所有学生开放，是学生在参与创客选修课学习后的动手实践基地。通过创客空间，鼓励不同年级、不同班级的学生观察生活、发现问题、研究跨学科的综合性项目，提升技术并交流创意。

(二)校外物质资源

综合实践活动作为一门从学生的真实生活和发展需要出发，从生活情境中发现问题，转化为研究主题，通过探究、服务、制作、体验等方式培养学生综合素质的课程，强调面向学生完整的生活世界，引导学生从社会生活或与大自然的接触中提出有教育意义的活动主题。因此，丰富、广泛的课程资源对于课程实施更加重要。

1. 自然资源

自然资源中包含地方与社区的自然因素，如水土、植被、气候和环境等，都可以成为学生研究的对象。学生可以从中发现一些与自然有关的探究性问题，比如水资源、沙尘暴、台风、水土保持、植物生长、水域污染等的调查研究，这些自然因素就成为综合实践活动的自然资源。考察探究活动是综合实践活动的主要方式之一，学生可以基于自身兴趣，在教师的指导下开展野外考察等活动。

2. 社会资源

社会资源除了工厂、农村、军营、交通设施，还包括地区的图书馆、博物馆、历史遗迹、政府机关、社会机构和福利单位等。考察历史遗迹，参观革命圣地，对政府机关进行访问，到敬老院、福利院开展服务、慰问等活动，

都可以成为综合实践活动中很有意义的内容，由此还可以开发出多样化的社会问题探究、社会考察和社会调查等活动。

例如，北京市自 2008 年启动了中小学生社会大课堂工程。该工程整合了北京市丰富的人文和自然资源，为拓宽学校课程的实施空间，探索基于社会资源的实践学习特征，优化教与学的方式而搭建的服务学校、服务教师、服务学生的课程与教学的平台。经过多年的课程与实践，已经形成了一个包括爱国主义教育课程系列、博物馆课程系列、京味文化课程系列、科学教育课程系列、图书馆课程系列、名人纪念馆课程系列、历史文化古迹课程系列等在内的分门别类的社会大课堂课程资源群。十年来，社会大课堂不断开发社会资源，促进资源共享，发展至今市区两级资源单位数量达到 1300 余家，其中市级资源单位 700 余家，涵盖党史、国情、传统文化、自然、人文、科技、体育、艺术、社会等多个领域。同时，大力推进课程建设，每学期提供 2000 多个市级社会大课堂活动课程。

3. 研学旅行基地

2016 年 11 月，教育部等 11 个部门印发的《关于推进中小学生研学旅行的意见》，明确规定要将研学旅行纳入中小学教育教学计划，要加强研学旅行基地建设。要根据研学旅行育人目标，结合域情、校情、生情，依托自然和文化遗产资源、红色教育资源和综合实践基地、大型公共设施、知名院校、工矿企业、科研机构等，遴选建设一批安全适宜的中小学生研学旅行基地。2017 年 9 月，教育部印发的《中小学综合实践活动课程指导纲要》将研学旅行正式列为考察探究活动的一种方式。

2017 年，教育部利用中央专项彩票公益金支持开展中小学生研学实践教育项目，并在国家有关基地主管部门和各省级教育行政部门推荐基础上，经过专家评议，营地实地核查及综合评定，命名中国人民革命军事博物馆等 204 家单位为“全国中小学生研学实践教育基地”，命名河北省石家庄市青少年社会综合实践学校等 14 家单位为“全国中小学生研学实践教育营地”。2018 年，又命名中国人民解放军海军南海舰队军史馆等 377 家单位为“全国中小学生研学实践教育基地”，命名北京市自动化工程学校等 26 家单位为“全国中小学生研学实践教育营地”。

各类研学旅行基地的陆续评定，为研学旅行健康发展提供了重要平台。有助于实现研学旅行承载理想信念教育、爱国主义教育、革命传统教育、国情教育的育人功能，突出祖国大好风光、民族悠久历史、优良革命传统和现代化建设成就。

二、人力资源

校内人力资源有学校的学生、校长、教师以及学校的其他工作人员。校外人力资源有学生家长、社区人员、课程专家和社会相关人员。中小学校是综合实践活动课程实施的主体，学校应明确实施机构与人员等，要建立专兼职相结合、相对稳定的指导教师队伍。

(一)专任教师

原则上每所学校至少配备1名专任教师。专任教师的职责主要是负责指导学生开展综合实践活动，组织其他学科教师开展校本教研活动。只有配置专任教师，具体承担起相应职责，辅助学校课程规划与实施，才能提高综合实践活动课程的实施效果，保障课程常态实施。

(二)兼职教师

学校教职工要全员参与，分工合作。各学科教师要发挥专业优势，主动承担指导任务。积极争取家长、校外活动场所指导教师、社区人才资源等有关社会力量成为综合实践活动课程的兼职指导教师，协同指导学生综合实践活动的开展。要充分发挥少先队、共青团以及学生社团组织的作用。家长对课程的赞成或反对在课程的实施中也起到了一定作用，综合实践活动课程中许多活动内容是要学生在家庭中或者依赖家长支持完成的，因此要取得家长的支持和理解；综合实践活动要走向社会，社区人员是必不可少的一支力量，他们有时在活动中承担重要角色，这些人在课程的实施过程中都可能发生作用。

三、文化资源

科学文化知识、传统文化遗产、民族文化、制度文化等都属于文化资源，现代信息资源、社会文化活动等也属于文化资源的范畴。

(一)学校传统与学校特色

综合实践活动课程的文化知识不仅指有确定结论的科学知识、规定性知识，还包括丰富的“本土知识”，在特定的生活背景下群体积累下来的有效经验、生活习俗、行为规范等也是重要的课程资源。作为一门具体内容由学校开发的实践性课程，一所学校的办学传统和学校办学特色是文化资源的重要组成部分。另外，学生在校的学习、生活经历、环境等是学生生活的重要组成部分，基于学校传统和办学特色挖掘课程资源，有利于综合实践活动课程的顺利开展。

(二)社区和地方的文化传统

我国具有悠久的历史和优良的文化传统，各种民俗、民间节日、民族文化等都可以成为综合实践活动宝贵的课程资源，如很多学校和教师以中秋节、元宵节、民族服饰等题材开展了丰富多彩的活动。学校的优良传统或艺术节、科技节、文艺节等传统项目也可以成为综合实践活动的课程资源。文化资源还包括地方和社区的社会文化活动。社区服务活动，文化宣传活动，社区的体育节、艺术节等都是学生参与社会活动的好时机，可以通过这些活动的参与，培养学生的综合实践能力。

除以上各类资源外，网络资源开发也在综合实践活动课程实施中扮演着重要作用。例如来自教学一线的典型案例和鲜活经验，各种分年级、分专题的综合实践活动课程资源包、案例集等教学活动资料或教师参考资料，这些都是综合实践活动课程资源中的重要组成部分。尽管综合实践活动课程不以系统知识传授为主，有着明显的地域特点和学校特色，但是有必要依据课程的教育目标，为学生和教师提供各种类型的网络资源，以这样的资料为平台，教师可以比较快捷地获取相关的教育资源。

第三节　综合实践活动课程资源开发与利用的原则与策略

一、综合实践活动课程资源开发与利用的原则

课程资源的开发与利用并不是随意地把某些资源应用于课堂，而是要遵循一定的基本原则。只有遵循了这些原则，才能实现课程资源开发的意义与价值，才能够促进课程的建设，促成学生、教师和学校的发展。

(一)自主性原则

不同地域的地理要素、自然资源、经济水平、文化传统等方面各不相同，这使得不同地区的综合实践活动课程资源呈现出地域性的特点。具体到学校、学生层面，不同学校内外的资源状况更是大相径庭。学生的学习经历和兴趣各有差异，因此课程资源具有极强的适切性和不可复制性，在开发和利用时也不应强求一律，应该从实际情况出发，充分尊重和发挥学校教师、学生的自主性。

(二)科学性原则

对综合实践活动进行资源开发，必须以综合实践活动课程的基本理念为

指导，坚持实践性课程资源开发的科学性原则。在选择与开发综合实践活动课程资源的过程中，应从课程目标的整体性和对学生影响的可持续性着眼选择资源、设计课程。对于各学段、各种类型的活动资源的设计和开发都要实现科学性的要求，内容和方法要科学，材料的选择和操作也要符合实践性课程的基本要求。

(三)经济性原则

课程资源的开发和利用要尽可能用最少的成本和精力实现其教育功能。开发和利用的过程主要是在现有条件(资源)的基础上进行整合利用，改造或创建要有经费来源，活动开展要做到资源的最大化利用。在课程化开发成本和使用效果之间，以用最少投入达到最理想的教育教学效果为标准。要抓住时机，就地取材，不舍近求远，尽量做到同一资源多用途使用和不同资源的配合使用。

(四)实效性原则

根据综合实践活动的课程目标，精选那些有利于激发学生兴趣、对学生实践能力发展具有重大意义的课程资源。要能够与学生原有的生活体验和能力发展结合，重视质量，深度开发。教师有必要在增加、改变资源或者不改变资源的情况下，从不同角度审视熟悉的资源，挖掘资源的内涵和潜在的教育价值。在明确课程目标的前提下，认真分析与课程目标相关的各类课程资源，认识和掌握其各自的性质和特点，这样才能保证资源开发利用的针对性和实效性。

(五)连续性原则

综合实践活动课程的资源开发和内容设计应基于学生可持续发展的要求，设计长短期相结合的主题活动，使活动内容具有递进性。要促使活动内容由简单走向复杂，使活动主题向纵深发展，不断丰富活动内容、拓展活动范围，促进学生综合素质的持续发展。要处理好学期之间、学年之间、学段之间活动内容的有机衔接与联系，构建科学合理的活动主题序列。

二、影响综合实践活动课程资源开发效果的因素

明确影响综合实践活动课程资源开发的因素，有利于提高课程资源开发的质量与效能。

(一)学校的综合实践活动资源开发的制度建设

相对于教师驾驭课堂教学而言，进行课程资源开发是更具有挑战性的。因此，学校对综合实践活动课程资源开发的制度建设就显得尤为重要。学校

要结合实际情况设置专门的综合实践活动课程中心或教研组等，承担起课程资源开发的具体职责，整合校内外资源，统筹协调校内外相关部门的关系，联合各方面的力量，特别是加强与校外活动场所的沟通协调，保证综合实践活动课程的有效实施。要提供必要的制度保障和激励教师主动参与课程资源开发的积极性，确保教学的实施效果，确保课程资源开发顺利开展。

(二)老师的课程资源开发的意识和能力

综合实践活动课程内容的开放性、实施过程的动态性必然需要丰富的课程资源作为载体和支撑。没有资源开发根本谈不上实施综合实践活动课。因此，教师对资源的开发与利用的意识和能力尤为重要。教师要对资源的类别和开发利用方法有明确认识。要提高自己的规划与设计能力、组织与协调能力等。教师应该学会转化课程“缺资源、无条件、少支持”的劣势，充分调动人力、物力、财力等各方资源为课程所用；能够深入挖掘校内资源，合理开发校园周边资源，善于利用各种社会教育资源，为学生创设更多的实践学习机会，丰富他们的直接体验、增强认识，提高课程实施的效果。

(三)学生的学习兴趣和需求

综合实践活动课程不是教师“教”出来的，而是学生“做”出来的。在综合实践活动中尤为强调学生主动的实践学习。学生对课程内容是否抱有兴趣、是否有积极参与的态度将直接决定研究的效果。因此，要精心选择和设计适合学生的知识与经验基础、符合学生兴趣爱好、满足他们发展需求的课程资源并转化为课程内容，在实践研究的过程中要关注学生实践学习的态度、学习能力的增长等，促成学生积极主动的学习。

三、综合实践活动课程资源开发的具体策略

根据上述资源开发与利用的基本过程中，还需要针对前述各种类型的综合实践活动课程资源，进一步分析和制定相应的资源开发具体策略。

(一)物质资源的开发与利用

1. 校内资源的开发与利用

综合实践活动的课程资源包括学习的内容素材等“软件”资源，也包括为学生开展实践活动提供条件的“硬件”资源，例如：学校的图书馆、阅览室、互联网、实验室等教学设施。在综合实践活动过程中，学生会比在课堂教学中更多地需要这些设施。在综合实践活动课程开设的实践中可以采取多种方式提高硬件设施的利用率。例如：通过图书馆教师向学生介绍图书、资料检索的基本方法，学校图书借阅的有关规定；学校组织学生开展读书征文活动，

调查学生课外阅读的兴趣与需求等方法，促进学生学会充分利用学校图书馆，获得综合实践活动需要的资料。此外，学校加强相应的管理措施，在课余时间向学生开放网络教室和实验室，为学生提供自主开展研究的更多便利条件，也使学生的综合实践活动得以顺利实施。学校中的雕塑和名言警句等文化设施，学校多年以来形成的教育目标和校风校纪，学校师生追求知识和真理的共同信念等隐性教育资源，在综合实践活动中也有重要作用。还要注意教师和学生也是重要的资源。

2. 校外教育资源的开发与利用

相对于综合实践活动课程的要求而言，学校拥有的各种教育资源是非常有限的。学校在充分开发现有课程资源的情况下，还应该合理利用校外教育资源，联合社会各方的教育力量，补充综合实践活动的课程资源。通常，学校容易联合和使用的校外课程资源包括公立图书馆、博物馆、科技馆等。可以组织学生开展社区调查，了解社区状况，包括自然和人文环境，自然环境如水土、气候、植被等，人文环境如工农业生产、交通、文化遗产、社区经济生活、社区政治生活、社区文化生活等。通过对自然和人文环境的调查和了解，可以收集和挖掘丰富的课程资源。

学校和教师还可以根据课程内容的需要，尝试与校外课程资源，包括高校、科研机构、机关、企事业单位、图书馆、因特网、视听传媒、科协、农科所、青少年活动中心等建立联系，调动他们参与学校教育的积极性，形成共建关系，资源共享或共同开展一些教育活动；也可以考虑邀请校外教育资源当中的专业人员来学校做报告，给学生介绍一些与开展研究相关的报告或科技报告；还可以组织学生到校外有关教育单位学习、参观、访问，甚至让学生利用校外科研单位的设施条件开展研究；等等。

(二)人力资源的开发与利用

学校在实施综合实践活动课程过程中，要充分发挥专兼职教师的指导作用，合理分工、密切合作。学校所有有条件对学生进行综合实践活动指导的教师，包括学校各学科的教师，以及其他可从事课程指导的教师，如实验员、图书管理员、后勤人员等职工，都是学校开展综合实践活动宝贵的人力资源。要通过行之有效的管理制度和措施吸引和激励他们参与对学生综合实践活动的指导。

对于家长、社会人员等校外人力资源，教师通过积极的沟通，要获取家长对学生开展综合实践活动的关注和支持，有些家长本身就是在某些领域里很好的指导专家。在条件允许的情况下，根据实际情况，吸纳高等院校、社会机构里的人士参与综合实践活动的指导，为课程实施注入新的活力。

（三）文化资源的开发与利用

关注生活中的文化现象。关注学生的实际生活，充分挖掘和利用符合中学生年龄特点和能力水平的研究课题，是开发综合实践活动课程资源的重要途径与方法。引导学生从生活中的文化现象出发，善于发现和提出问题。从自然现象到社会生活，从身边小事到国家大事，从现实世界到历史和未来，都是综合实践活动文化资源利用的重要途径。

综合实践活动课程资源的开发还要注意与现代科学发展的联系。通过给学生介绍一些当代科技发展的最新成就，如航空航天、生物工程、计算机技术、环境保护、新材料能源等，激发学生积极参与研究的兴趣和热情，可以为综合实践活动课程资源的开发开拓新的领域和思路。

案例分享：

利用社会大课堂资源开发有特色的综合实践活动课程资源

北京市通州区教师研修中心　李艳平

综合实践活动没有传统的“教材”做依托，这就需要学校立足实际、依托地域优势、因地制宜，充分挖掘区域内蕴含的课程资源和研究课题，使学生将自己的成长环境作为学习的场所，在不断理解、关注社会的过程中习得知识、培养能力，形成正确的人生观、价值观，促进学校与社会的良性互动。而北京市中小学生社会大课堂众多的基地资源，恰好为学生这种面向社会、面向未来的综合性、实践性学习提供了丰富的富有特色的课程资源。

每个区县、学校周边都有一些社会大课堂基地。以通州区为例，一些学校依托区域内社会大课堂基地资源，进行综合实践活动课程与主题活动研发。如北京育才学校通州分校紧邻北京韩美林艺术馆，他们充分利用艺术馆馆内资源，研发了“赏百变钧瓷　感不变美林”“钧瓷无对　窑变无双”“享受视觉饕餮盛宴　我们与大师零距离”“感受文化标志的魅力”“聆听线条的欢歌”“装饰艺术　靓丽生活”“赏紫砂壶　品美林情”“欣赏美林雕塑　感受中国文化”“走近天书，打开想象之门”“赏美林奥运福娃　探中国民族文化”等一系列有特色的综合实践活动主题，为学生开展富有特色的主题实践活动提供了丰富的课程资源。

通州区芙蓉小学坐落位于京杭大运河畔，曾经盛极一时的皇家码头、沉淀千年的运河文化、逐步构建的现代运河生态体系都成为学校进行特色主题实践活动研发的有效资源，学校结合实际，研发了“爱国教育类”“历史文化类”“科学实践类”“生态环保类”等实践类活动课程体系，学生在“寻觅运河遗迹，遥想漕运当年”“大运河畔我的家”“走进大运河水梦圆 感受运河源头文化”“运河水域动植物生态系统的调查与研究”“运河水文、大气情况的研究与监测”“运河历史风情的调查与研究”等实践活动中，解读运河文化发展历程，探究通州在运河文化发展进程中的作用，研究运河生态环保设计方案，展望通州新城美好未来。

台湖学校地处台湖经济开发区，与国内最大的出版物集散中心、交易中心、信息交流中心、版权贸易中心——北京国际图书城毗邻，学校依托图书城丰富的资源，研发了“穿越时空话图书”“探究印刷术”“探究图书发展史”“感受图书文化”“图书的检索与浏览”“少儿读物推介会”等图书文化类的综合实践活动主题，为学生探究图书发展史，体验雕版、活字印刷术，了解图书的分类与选购等提供了鲜活的实践体验内容。

永顺镇中心小学，依托中国民兵武器陈列馆的相关资源，研发了国防教育类的综合实践校本活动类课程，学生通过“穿越时空话民兵”“见证国防后备力量的历史丰碑”“从武器更新看世界发展”“人民战争中的智慧”“探究地面装备发展历程”等主题实践活动，解读中国民兵武器发展史及每一件武器背后的故事，探究中国民兵发展历程、了解中国民兵在不同历史时期所发挥的作用等。

应该说，社会大课堂广阔的时空环境、多元丰富的社会资源，为学生开展综合实践活动创造了充分的条件。大课堂资源的有效利用与开发，为学校构建富有特色的综合实践活动课程体系提供了有效的支撑。我们在利用社会大课堂基地资源研发综合实践活动主题时，首先，要引领学生深入了解基地资源情况，如基地的环境及资源状况，资源中蕴含的知识内容及实践、体验、创新活动点等；其次，要鼓励学生真正走进大课堂基地，提出实践、探究、学习的内容及主题，并开展有效的学习、实践、体验、探究等活动。

本章小结

一、基本概念

1. 课程资源：在课程设计、实施和评价等整个课程与教学过程中可以利用的一切人力、物力及自然资源等的总和，包括教师、学生、家长及学校、家庭和社区中所有有助于实现课程目标、促成学生开展学习的各种资源。

2. 综合实践活动课程资源：在综合实践活动课程的设计、实施、评价过程中可利用的网络、硬件资源与耗材、校内外活动场所、实践基地等各类资源的总和。

二、基本内容

1. 综合实践活动课程资源具有多元性，主要分为物质资源、人力资源和文化资源等类型。

2. 综合实践活动课程资源的开发是课程实施的必要环节，有利于丰富和完善课程内容，改变学生的学习方式，提升教师的课程意识，完善学校课程文化，加强学校、家庭、社会之间的联系。

3. 综合实践活动课程资源开发应遵循自主性、科学性、实效性、经济性、连续性等原则。

4. 学校的综合实践活动资源开发制度设计、教师的课程资源开发的意识和能力、学生的学习兴趣和需求三个因素会影响综合实践活动课程资源开发效果。

探究与实践

1. 说说你对综合实践活动课程资源类型的理解。

2. 综合实践活动课程资源开发的原则和策略都有哪些?

3. 请以你熟悉的某博物馆(或名人故居、爱国主义教育基地)为例，完成一次基于该场馆的综合实践活动资源开发。要求针对小学五、六年级学生开展设计，并具体指出利用该资源的哪些场所、资源能够开展哪些实践学习活动。

第九章　综合实践活动课程的评价

学习要点

1. 评价的内涵和作用。
2. 综合实践活动评价的理念。
3. 综合实践活动评价的要求与原则。
4. 综合实践活动学生评价的内容与方法。

第一节　综合实践活动评价的理念和作用

一、评价界说

评价伴随着人类活动的存在而存在，人类活动过程中表现出的趋利避害与动物的趋利避害不同，动物的趋利避害是本能，而人的趋利避害是在本能基础上又附加了理性思考，这种理性的思考或者说认识可以理解为一种评价活动。

(一)评价与价值

人的认识活动有两种：一种认识活动是揭示事物的属性和规律，去寻求世界是什么。这种认识活动中人们力求摆脱主观因素对认识过程的影响，使人们对世界的认识接近真实。我们可以把这样的认识活动称为认知，包括感觉、知觉、记忆、思维等心理活动，这种认识活动不包括情感与态度。

人的另一种认识活动就是揭示世界的意义和价值，寻求世界对人意味着什么，有何价值。这种认识活动是建立在寻求世界是什么的认识基础上，去发现价值的认识活动。“人类的一切活动，都是为了发现价值、创造价值、实现价值和享用价值，而评价，就是人类发现价值、揭示价值的一种根本的方法。”[①]所以说，“评价是一种认识活动，是人把握客体对人的意义、价值的一

① 冯平：《评价论》，东方出版社 1995 年版，第 2 页。

种观念性活动”[①]。因此，评价是揭示世界的意义和价值，寻求世界对人意味着什么的认识活动。简言之，评价是对价值判断的活动，目标是揭示主体与客体之间的价值关系，是对客体满足主体需要程度的价值判断活动。“评价不能创造价值，但评价可以揭示价值的存在，使人们意识到价值的存在，是价值实现的重要途径。”[②]

马克思认为“价值这个普遍的概念是从人们对待满足他们需要的外界事物的关系中产生的”[③]，价值“是人们所利用的并表现了对人的需要的关系的物的属性”[④]。由此可见，价值这一概念与人的“需要”有着密不可分的关系。“需要”这一概念有三层含义：第一，“是一种摄取状态，是主体有目的的活动动力”。第二，“总是与不足和缺乏联系在一起”。第三，“是在主体生存发展过程中产生的，具有动态性”[⑤]。由此可见，价值为人“需要”而存在。评价主体在特定的观念中，会构建一个价值世界，通过评价，去追求其构建的价值。某一客体价值如何，不取决于客体本身，而取决于不同的评价主体对客体价值不同的判断，而这种判断，是基于评价主体的价值取向和价值观念。

(二)价值取向与价值观念

价值取向：对于客体的价值，不同主体有不同看法，表现出不同的倾向性，这种倾向性一般称为价值取向。

价值观念是“关于客观对象的作用、意义，以及客观对象价值的总观点、总看法”[⑥]，“价值观念是评价主体关于客体世界(人生、社会、自我)价值的根本观点。它是评价主体的心理背景系统的核心。”[⑦]所谓心理背景系统是“评价者在一定的文化背景和社会关系中通过一系列特定的社会活动所形成的需要社会系统”[⑧]。因此，主体价值观念受其生活生长经历、所处社会环境的文化背景及其在其间的社会关系等的深刻影响。

在主体价值观念的作用下，形成价值取向，以多种形式作用于评价，其中主要是以评价标准的形式作用于评价。

可以认为，只要人类活动存在，每一天都会伴随着活动进行评价。当我们与人交往时，我们会对他人进行评价；当我们要去郊游时，我们会对郊游

---

① 冯平：《评价论》，东方出版社 1995 年版，第 1 页。
② 冯平：《评价论》，东方出版社 1995 年版，第 23 页。
③ 马克思、恩格斯：《马克思恩格斯全集》，第 19 卷，人民出版社 1965 年版，第 406 页。
④ 马克思、恩格斯：《马克思恩格斯全集》，第 19 卷，人民出版社 1965 年版，第 139 页。
⑤ 陈玉琨：《教育评价学》，人民教育出版社 1999 年版，第 2 页。
⑥ 袁贵仁：《价值学引论》，北京师范大学出版社 1991 年版，第 379 页。
⑦ 冯平：《评价论》，东方出版社 1995 年版，第 61 页。
⑧ 冯平：《评价论》，东方出版社 1995 年版，第 66 页。

的目的地进行评价。评价充斥在人们生活的每个角落中，在不同的价值观念下，形成人们的价值取向，使人们对价值为我“需要”进行判断、预测、选择，评价的最核心作用就是对人们的行为起着导向作用。

（三）教育评价及其发展趋势

在社会的发展过程中，社会对各个职业领域不同层次的人才有不同的“需要”，每个人生存“需要”一定的职业技能或谋生的能力，成为社会“需要”的人才，这都表现出社会及社会生活中的个体对教育的“需要”，这种“需要”就形成了教育的价值。由此，我们可以认识到教育评价的本质：“教育评价是对教育活动满足社会与个体需要的程度做出判断的活动，是对教育活动实现的（已经取得的）或潜在的（还未取得的，但有可能取得的）价值做出判断，以期达到教育价值增值的过程。”①教育评价是伴随着学校教育的出现而产生的，教育评价的发展是在社会发展过程中随着社会以及个体对教育“需要”的变化而发展的。现代教育评价发展有几方面的特点：从简单的纸笔测验到观察学生表现，从单一的考查学生记忆知识的情况转向侧重考查学生问题意识、解决问题的能力以及创新能力的发展情况，从重视传统的语言智能和数理逻辑智能的评价到关注学生不同智能发展的评价，从单纯知识与能力考查到包括认知、能力、情感、态度、价值观等方面的综合评价，评价的主体从一元到多元。总之，现代教育评价的发展对综合实践活动课程的评价理念有着重要的影响。

二、综合实践活动课程评价理念

综合实践活动课程要求评价对学生的发展价值，突出评价理念对课程教育价值的追求、对综合实践活动课程评价的要求与原则制定、课程评价的实施起着指导作用。其评价理念具体表现在如下几方面：

（一）将评价与课程、教学和学习活动融为一个整体

综合实践活动课程的实施过程中要把课程、教学、学习和评价进行统整，使它们融为一个有机整体。综合实践活动的学生评价要融入学习活动过程中，成为学习活动过程的一部分或一项内容渗透到活动的各个环节，让学生在综合实践活动课程学习的不同阶段、各项学习活动的不同阶段通过评价了解自己的进步，监控自我发展，认识自我优势与不足，从而使学生评价与学习活动形成一个有机整体。例如，学生在活动开始前期，师生共同制定评价标准，通过评价标准制定引导学生在活动中的发展方向；学生在活动中期，通过交流评价，发现活动中在方法上、研究思路上、获取信息的途径等方面存在的

① 陈玉琨：《教育评价学》，人民教育出版社 1999 年版，第 7 页。

问题，为后续活动中各方面调整提供参考。因此，学生评价的过程，即是学习的过程。

综合实践活动的教师评价要从教师在资源开发、活动实施与指导等方面进行，伴随着课程的开展与学生学习活动的深入，教师要不断地进行自评和阶段性的他评与交流，提高课程的实施与活动指导能力，教师评价的过程，即是课程有效实施与教师成长的过程。总之综合实践活动课程评价要作为师生共同学习的机会，为课程发展提供反馈信息，实践于教学，通过评价促进师生反思，使老师、学生及课程整体发展。

(二)实现评价的多元化

在综合实践活动课程中实现评价多元化，无论是对学校对课程设置管理、教师课程的实施以及对学生的评价都强调多元化。多元化表现在评价的价值取向、评价标准、评价内容、评价方法和评价主体等方面。

1. 评价价值取向与评价标准多元化

综合实践活动课程的评价强调多元价值取向和多元标准，对同一个被评价者，评价主体不同，对价值的认识不同，标准也不同；对不同的被评价者，评价中对价值的认识、标准也不尽相同。综合实践活动评价有能力与方法价值取向、情感态度价值取向等，评价中价值标准也因学生个体差异及发展情况呈现多元性。请看下面的案例。

案例分享：

评价促学生发展

北京密云县河南寨中心小学　郎国瑞

有位学生在综合实践活动中总是积极主动地承担任务，在自评时自我认可度很高。但在小组评价中同伴给他的评价是“有热情没方法”。在他主动承担任务时，同伴总是不信任他。教师针对此问题，对该学生的工作热情、责任心及工作方法进行了评价，使该生认识到了问题，也使同学们能够信任他，在活动中给他工作承担。

从这个案例中我们可以看到，学生在自评和他人评价时有着很大的差距，这个差距主要表现在情感与方法的价值取向及标准上，自评的价值取向更关注态度，他人评价更关注方法，而教师在评价中引导学生多元评价，客观综合地看待问题。

在综合实践活动评价中要肯定学生与世界交往的多元方式，学生具有多元的认知风格和学习策略，不仅表现为学生群体之间具有多元的认知风格和学习策略，还表现为同一学生个体在不同的发展领域具有多元的认知风格和学习策略。学生不仅对问题的解决可以有不同的方案，而且表现的形式也可以丰富多样。我们应该特别注意评价他们在解决问题和创造产品的过程中所体现出来的多样化的认知风格和学习策略。在学生评价中，要认识到学生的成长和发展是多方面的，对学生个体多方面的发展做出评价，从不同的视角对学生的发展进行评价，通过评价更加真实地反映学生发展的全貌。

2. 评价主体多元化

在学生评价中还要积极提倡评价主体的多元化，评价主体可以有学校管理者、教师、学生、家长以及参与到学生活动中的社区人员乃至有关课程教学的专家。多元的评价主体其背景不同、思维角度和思维层面不同，提供的评价信息将是多样的，但每种评价信息都会对学生全面发展产生促进作用。这种评价是建立在主体之间相互理解、相互信任的基础之上进行的。评价主体多元化，会加强学校、教师、家长、学生乃至社区等社会人员之间的沟通，使综合实践活动教育教学活动不局限于学校和师生之间，而是吸纳社会一切可以利用的教育资源参与到评价中，参与到学生的学习活动中，正是这样的评价才能满足学生成长以及社会对人才培养的需要。

3. 评价方法的多元化

在评价促进学生发展的理念下，评价的方法是多样的，不同的活动、活动的不同阶段采取的评价方法可以是多样的。如：用量表的表现性评价、即时评价、档案袋评价、描述性学生评价等。综合实践活动学生评价方法多元化一方面有利于真实地描述学生在实践活动过程中的表现与进步，使学生更加全面地看到自己的成绩与不足，以积极的心态更好地加入到学习活动中；另一方面可以及时调整学生的学习方法甚至活动内容以及研究方向等细节，把综合实践活动引向深入。

(三)实现对过程的评价与对结果评价的并重

我们以往的评价多数更注重对结果的评价，关注学生掌握了什么，教学目标是否达成，而不关心学生获得知识的过程，看不到获得结果的努力过程。综合实践活动评价重视学生活动过程，重视学生在活动过程中的表现以及他们解决问题的方法。比如：学生获得结果前的思考与推理、假设与猜想、方案设计与实验论证，在解决问题过程中付出的努力，对待失败的态度和补救失败的应对措施，在获得结果过程中的各种体验与感受等。综合实践活动评价是过程评价与结果评价并重，从宏观上说，评价中重视过程是相对于以往只重视结果而言的，并不是说，重视过程就不要重视结果。评价不仅应关注学习的效果，还应关注学生学习过程中的动机和方式过程。学生在学习过程中表现出来的动机和情感态度、学生在学习中所采用的学习策略，都是学习过程中的动态表现。综合实践活动的学生评价应该是追求过程与结果价值的统一，即使学生在实践活动中由于某些因素没有取得很好的结果，我们也要关注学生在活动过程中产生的困惑、痛苦、欣喜、挫折感等生命的体验与感悟，关注学生在这一过程中的探究与协作、实践与反思，这一切都是学生成长的收获。

案例分享：

评价要关注学生的情感态度

北京密云县河南寨中心小学　郎国瑞

“落花生的秘密”研究活动组织学生进行期终评价时，我请学生拿出成长记录袋，让学生自己看一看积累的材料并对自身在这次活动中的表现进行自评。结果发现学生赵××的档案袋中存放的内容缺少调查记录、实验记录、实验照片、活动报告、反思等。同学们认为他的成绩是不合格的。很多同学这些材料齐全都自评为优秀。这个评价是否合理呢？我回想起在观察花生花儿生长的位置活动中的情况。那次观察活动的检查结果是全班竟然只有赵××一名同学进行了观察，他的回答非常准确、精练：“上节课老师一留完作业，我放学就到路边的花生地观察去了，看得清楚着呢……”“花生花儿是黄色的，开在节上，形状有点像蝴蝶，花瓣上还有红色的道道儿，好看极了……”根据赵××在整个活动中的表现，我的评价是：“由于赵××积极参加实践活动，认真完成全部研究内容，我建议今天这次评价，赵××合格！”

我在反思中写道：评价要关注学生参与活动的态度。学生学习的态度呈现在综合实践活动中，就是研究的主动性和积极性，可以通过学生参与实践活动的时间、次数、认真程度、行为表现等得到具体体现。在这次研究活动过程中，赵××确实全程积极认真地参加了实践活动，只是因为没有纸质作业，差点成为考核不合格的孩子。

从这个案例可以看到，教师关注到了学生参与活动的过程，也通过评价使学生认识到活动过程和活动结果一样重要，在活动中一定要有一个好的过程。

(四)树立评价是为了促进发展的观点

树立评价是为了促进发展的观点是综合实践活动评价的价值根本取向，

体现在学生、教师、课程等诸方面。2017 年 9 月教育部颁布的《中小学综合实践活动课程指导纲要》中指出："各学校和教师要以促进学生综合素质持续发展为目的设计与实施综合实践活动评价。"就评价促进学生发展的问题，《指导纲要》还进一步指出："坚持学生成长导向，通过对学生成长过程的观察、记录、分析，促进学校及教师把握学生的成长规律，了解学生的个性与特长，不断激发学生的潜能，为更好地促进学生成长提供依据。评价的首要功能是让学生及时获得关于学习过程的反馈，改进后续活动。要避免评价过程中只重结果、不重过程的现象。要对学生作品进行深入分析和研究，挖掘其背后蕴藏的学生的思想、创意和体验，杜绝对学生的作品随意打分和简单排名等功利主义做法。"因此，综合实践活动的学生评价要建立在发展观的基础上，由"选择适合教育的学生"转向"创造适合学生的教育"，倡导评价全面化，由侧重甄别和选拔转向侧重学生全面发展。具体说学生评价不仅关注过去、现在，而且要关注其未来发展，关注个体面向社会的需求、未来发展的需要。每个学生都有独特的精神世界和心灵体验，都是一个独立自主的人，综合实践活动的学生评价关注学生情感、态度、价值观在活动中的形成，关注学生的成长过程中心灵深处的兴趣、态度、意志、毅力等非智力因素和精神领域的价值观的评价。

案例分享：

学会自立，懂得感恩

北京朝阳区某学生研学旅行活动总结

这次西安之行，除了知识上的收获，对于我而言还有一个收获就是我学会了自理，在西安的这几天，没有父母的陪伴，很多事情都需要自己上心，比如不要弄丢自己的随身物品、保管好房卡、处理好换洗的衣服、要有自我保护意识、按时完成学习任务等，这些事情在平时看起来都挺简单，但真正做起来都不容易。我体会到了父母的辛苦。现在我可以自豪地跟父母说我可以自己照顾自己了！

从学生的感悟中，我们看到学生能力的提高和内心深处情感的变化，这就是我们学生评价的一个重点，通过评价促进学生发展。

《基础教育课程改革指导纲要(试行)》中针对教师评价指出："建立促进教师不断提高的评价体系。强调教师对自己教学行为的分析与反思，建立以教师自评为主，校长、教师、学生、家长共同参与的评价制度，使教师从多种渠道获得信息，不断提高教学水平。"综合实践活动的教师评价与学生评价一样要着眼于教师的发展，课程要求教师要有课程资源开发意识和能力，在实践中，教师与课程共同发展。

发展观也体现在课程的发展上，《基础教育课程改革指导纲要(试行)》中明确指出："建立促进课程不断发展的评价体系。周期性地对学校课程执行的情况、课程实施中的问题进行分析评估，调整课程内容、改进教学管理，形成课程不断革新的机制。"因此，在课程实施与课程资源建设等评价方面也要注意树立发展的观点。综合实践活动课程资源来自学生生活世界、来自现实社会，开发综合实践活动资源及实施综合实践活动是一个动态发展、不断完善的过程，在对综合实践活动课程实施评价时站在发展的角度，通过评价促进综合实践活动课程建设和资源开发。

在十几年综合实践活动课程的建设与实施过程中，课程评价的发展观使学校对综合实践活动课程的落实、综合实践活动课程资源开发、综合实践活动课程师资队伍建设、综合实践活动课程实施的区域推进等起到了推动作用。

总之，综合实践活动的评价要根据学校、教师、学生不同发展阶段的发展需要，因地制宜、因材施评，为学校、教师和学生充分发展提供条件和空间。

三、综合实践活动课程评价的作用

综合实践活动课程评价是对课程意义和价值的判断活动，通过这个判断活动对课程实施反馈、改进、激励和导向等作用。

(一)反馈作用

教育评价观念不同会导致教育评价的价值取向不同，现代教育评价更注重教育评价判断后的信息反馈的作用。综合实践活动课程评价也是如此，通过课程评价，采集有关课程开展、教师教学活动以及学生实践活动的信息，这些信息在评价者与评价对象之间相互传递。由于综合实践活动课程评价主体具有多元性，所以反馈的评价信息是多元的，这能更好地将对课程实施中的各种评价信息建设性地传递给受评者。评价信息的反馈，使评价信息不再是某一方面评价者独有的信息，这可以使评价信息更全面、更大限度地被接受，具有更大的价值，这就是综合实践活动课程评价的反馈作用。

(二)改进作用

现代教育评价理念下的评价的目的不在于证明，而在于改进。在综合实践活动课程中，评价不是区分教师或学生成绩的优劣、给教师或学生划等分级。对教师而言评价目的是促使教师不断合理地开发利用教育资源、优化引导学生实施活动的方法；对学生而言，是了解自己在活动中的问题与不足，转换角度看待问题，分析出问题的原因，找到改进的方法。总之，综合实践活动的课程评价在课程高效实施、教师有效指导和学生积极参与诸方面都能起到改进作用。

（三）激励作用

在发展性评价观指导下，综合实践活动运用多元的评价方法，如收集课程实施过程中、实践活动开展过程中的各种信息，能够让师生看到自己活动中某些方面能力的发展情况，了解参与活动过程中情感、兴趣和态度的变化。师生在评价过程中还能够获得积极的体验与感受，从而其内在动机被有效激发，自我效能得到提升。这种激励作用，既是师生发展的需要，也是课程有效实施的需要。

（四）导向作用

评价的核心就是导向作用。评价的导向作用就是我们通常说的"指挥棒"作用。在综合实践活动课程评价中，评价的导向作用是在评价理念指导下，通过评价的目标、评价标准以及评价的程序与方法实现的。综合实践活动评价强调将课程、教学与学习活动融为一体，将评价过程视为学生学习的过程、教师教学的过程、课程实施的过程，通过评价引导课程的发展方向。综合实践活动评价的发展观要求以评价促学生发展、促教师提高，通过评价引导被评价者成长发展的方向。

第二节　综合实践活动课程评价要求、原则及内容

秉承了现代教育评价的理念，综合实践活动的评价有利于促进学生全面发展。综合实践活动的评价的目的、评价的指标体系和评价的方式方法等都直接影响着课程目标的实现和课程教育功能的落实。因此，在实施综合实践活动评价前要明确综合实践活动课程评价的一些基本要求与原则。

一、综合实践活动课程评价要求

（一）加强学生自我评价与学生之间的相互评价

在评价主体多元化的理念下，学生作为评价的重要主体：第一，可以相互倾听同伴的评价，使评价过程成为学习交流的机会，促进学生之间的互帮互学；第二，自我评价对学生个性发展及创造能力的培养、自我教育品质的形成起着积极作用；第三，学生作为主体直接参与评价标准的制定，这可以进一步加深学生对活动内容和过程的理解，将评价过程转变为学生自主学习

的过程，对学生的活动实施有重要的指导作用；第四，学生对活动的实施过程中的问题评价可以给教师提供重要的反馈信息，可以促进教师教学的改进。

1. 学生的自我评价

学生的自我评价是指学生针对自己的课业学习和身心发展状况，按照自我认同的评价标准，进行观察、诊断、分析和判断，从中找出优点和缺点，以便明确今后努力方向的自我教育过程。[①] 学生的自我评价能够帮助学生建立正确的自我意识，即认识自己的生理状态、心理状态及社会状态等。

自我评价对学生个性发展及创造能力的培养、自我教育品质的形成起着积极作用。学生通过自评可以系统全面地剖析自己，建立对自己的完整认识，清晰地看到自己的问题，从而不断地在活动中修正自我，调节自我。自我评价还能提高学生的自我效能，促进学生在学习活动中的自我激励，激发学习动机。开展学生自我评价还有助于培养学生的独立性、自主性，真正实现自我意义的构建。

学生自我评价能力是在活动过程中培养起来的。教师要善于在学习过程中引导学生针对活动的某个阶段、某项内容的实施过程进行反思，让学生思考自己采取的学习方法和策略，思考自己解决问题时的体验与感受，思考自己在活动过程中与他人的合作与成果交流分享，思考自己在学习过程中有哪些方面有所提升或需要改进。学生获得自我评价能力之后会实现真正意义上的自主学习与自主发展。

案例分享：

我给自己打满分

北京市石景山区五里坨小学　魏亚青

“这次活动我给自己打了满分，虽然同学们说我做的中国结不好看，但是我比哪一次都认真，我的手勒出了一个小水泡，可是我没对任何人说，而且还帮助了其他同学。同学们，你们认为我怎样？欢迎大家告诉我。”

2. 学生互评

互评是群体互动基础上的一种学习方式。在评价主体多元化的理念下，在综合实践活动课程中学生作为评价的重要主体，广泛开展学生互评，是评价主体多元化的体现。

在互评过程中教师要引导学生能够学习欣赏他人，使互评既是学生互相

① 蔡敏：《当代学生课业评价》，上海教育出版社 2006 年版，第 212 页。

学习的过程，同时也是提高学生批判性思维的过程。在互评中，学生学会理性分析他人的优势与不足、自己的长处与问题；在互评过程中学生能够达到思想的交流，在交流中深刻理解评价的问题；学生需要在与周围环境相互作用的过程中完善自我意识社会化，同伴教育在其中起到重要的作用，通过学生的互评，促进学生自我意识客观化，有效促进学生个体的反思，使学生能够比较客观地认识自己，摆正自己与他人的关系，认清自己的责任，促进学生自我意识的发展；通过学生互评促使学生提高与他人交流的技能，为学生社会性发展拓展空间。

案例分享：

实验结果的影响因素

北京市人民大学附属小学　张玉华

在关于饮水与健康的课上，有一个小组为了证明饮用白开水比饮用碳酸饮料健康做了一组实验，其中一个实验是用 pH 试纸测试芬达饮料和白开水的酸碱度。在学生互评环节，有一个学生站起来说：你们介绍并使用 pH 试纸测定碳酸饮料的酸碱度，丰富了我们的知识，你是看试纸颜色变化判断的饮料酸碱度，但是我想问，芬达有颜色，是不是会影响观察结果？建议你们用无色的碳酸饮料做实验。

学生作为评价主体在评价过程中，要参与评价内容的选择、评价标准的制定及评价结果的解释。学生参与制定评价标准，能深化对活动内容内涵的理解，对学习过程有积极的引导作用，对学生价值观的形成具有潜移默化作用。

学生的自评与互评要在宽松民主的氛围下进行，对评价结果秉持更加开放、宽容的积极心态，本着诚恳、诚实、虚心和互助的态度，通过自评与互评，使学生更加深入地认识问题、认识他人、认识自我，实现自我发展。

(二)尊重学生个体差异，进行综合评价

综合实践活动评价的内容要突出学生积极的学习态度、创新意识与创新精神，发现问题的能力，分析及解决问题的能力，正确的价值观、人生观和世界观，综合考察学生是否会学习、是否会生存、是否会做人。综合实践活动评价要关注学生的差异，这些差异表现在学生学业成就、生理的发育和心理的发展、多元智能的发展情况、学生的兴趣爱好及行为方式等诸方面。在实施评价时要关注学生的个体差异，尊重学生的个性发展与个性化的价值取向，评价既要有统一要求，又要运用不同的评价内容与标准评价学生的发展，

为学生成为有个性的社会成员提供发展空间。

(三)强化质性评价

从评价性质上划分，评价有两种，即量性评价和质性评价。

量性评价是指将评价对象进行数量化的分析和计算，从而判断出它的价值的评价。量性评价方法是一种具有客观性、科学性的评价方法，在学生评价中，适用于评价学生认知的发展，对知识的记忆和理解。量化评价方法具有精确性的特点，可以减少人的主观推论，而且能够用现代科学技术所提供的统计工具加以处理。然而，随着评价内容的多元化，以量化的方式描述人的发展状况时，常常会表现出某种僵化、简单化和表面化的问题，人的发展的生动活泼和丰富多彩，特别是作为受评价的人，他们的努力和进步，他们的情感、态度和价值观常常会被淹没在一组组抽象的数据之中，以致忽略了评价中最有意义、最本质的东西。

依据综合实践活动课程的理念和特点，综合实践活动的评价要强化质性评价。所谓质性评价是指在特定背景下，通过现场观察甚至亲自参与，或者是与有关人员进行深入交谈，以及查阅有关书面材料等方式，对评价对象的属性在概念或程度上做出质的规定，然后做出分析评定，以说明评价对象的性质和程度。[①] 从质性评价的概念表述中我们可以清楚地看到质性评价一定在一个“背景”下进行，在综合实践活动中应用的质性评价，其背景就是课程的实施过程、学生的活动过程、教师的指导过程。在质性评价过程中，我们的评价结果都是评价者的主观感受，这个主观感受要符合客观现实，那就要求评价者在评价背景中，不仅观察学生的行为或成果，注意对学生个体在活动过程中所表现出来的独特优点进行分析，还要理解学生行为及成果背后个人丰富多彩的经历和体验、愿望和感受。

综合实践活动课程强调质性评价，在评价中，我们要注意根据评价的对象、内容，选择适合的评价方法，使评价发挥反馈、改进、激励、导向及促发展的功能。

(四)注重评价内容的价值取向

导向作用是评价最核心的作用，评价什么？反映综合实践活动评价的价值取向，对综合实践活动的教育功能的有效发挥起着决定作用。从国家教育部为各学科课程制定的三维目标——知识与技能，过程与方法，情感、态度与价值观的顺序中可以看出，知识与技能排在首要位置。这说明，在学科课程中，对学生知识及技能掌握情况的评价，虽然不是唯一的，但仍然是一项

① 肖远军：《教育评价原理与应用》，浙江大学出版社2004年版，第14页。

不可动摇的主要内容，构成了学生学业的基础。而对于综合实践活动来说，课程的总目标是“学生能从个体生活、社会生活及与大自然的接触中获得丰富的实践经验，形成并逐步提升对自然、社会和自我之内在联系的整体认识，具有价值体认、责任担当、问题解决、创意物化等方面的意识和能力”。从这个总目标中可以看出综合实践活动课程的价值取向有别于学科课程目标。综合实践活动课程评价淡化继承性学科知识技能掌握评定，凸显学生综合素质发展水平的判断，这是综合实践活动评价的总体价值取向，这样的价值取向与综合实践活动课程总目标及课程特点相吻合。

1. 能力价值取向

综合实践活动课程目标要求学生要有问题解决能力和创意物化能力，决定了评价的能力取向。评价学生的问题解决能力即评价学生在与自然、社会及生活的接触中，能够发现问题，确定问题的性质并将问题转化为课题，制定解决问题或课题研究的方案，收集与问题有关的信息，筛选分析信息，做出判断，形成相对合理的解释并对解释的合理性进一步验证等多种能力。评价学生的创意物化能力，即评价学生在劳动技术活动中的创意设计与制作能在生活中使用的物品和艺术品的能力，运用信息技术创意设计作品的能力。

2. 情感、态度、价值观的价值取向

综合实践活动课程目标中要求的价值和责任担当是评价的情感态度价值观的取向。在综合实践活动过程中，要评价学生参与活动的态度，学生的合作意识，学生在活动中通过行为表现所外显的价值观，学生对传统文化的认识，对家乡对祖国的热爱，对党的热爱等。情感、态度、价值观的价值取向是综合实践活动评价价值取向很重要的组成部分。

案例分享：

通过自己行动的感召力解决问题

山东省肥城市仪阳镇中心小学　朱文博

在一条围绕村中唯一商业街——兴隆街环境问题的研究中，学生发现卫生差的主要原因是商贩乱扔垃圾，针对这一问题学生提出的解决方案是在广泛宣传的基础上重点向卫生差的商户进行面对面地说服宣传。鉴于此，教师提出问题，如果商贩就是不改怎么办？学生说：如果他不改，我们就每天下学后到他的摊位周围给他打扫卫生，直到他改为止。

对此教师的评价是，这组同学的办法真好，他们懂得通过自己行动的感召力解决问题，我看出他们太爱自己的家乡了。

这个案例中教师的评价到位，其透过学生的行为看到了学生热爱家乡的情感并及时加以评价，如果再从责任担当角度进一步评价，对学生的引导将会更好。

3. 体验与感受价值取向

体验与感受价值取向，是综合实践活动独特的价值取向，是综合实践活动评价过程与结果统一的体现，是学科课程评价很难具备的。学生在综合实践活动的主题探究活动中，在服务社区过程中，在考察参观工农业基地与各类场馆活动中，在研学旅行过程中，总之在融入自然和社会的活动中会获得了很多鲜活的体验，在每一次活动总结反思交流阶段，学生都要与大家分享自己的感受与体验，这些都是综合实践活动要评价的内容，由此体现了综合实践活动的体验与感受价值取向。

4. 知识与技能的价值取向

综合实践活动课程并不是不要知识与技能。相反地，综合实践活动对知识与技能的要求比之学科性课程还高。这是因为综合实践活动课程中的知识与技能已经不是单纯意义上的学科性的知识与技能，而是高度综合的多学科的知识与技能，它要求学生并不只是能够熟练背诵学过的学科知识与简单地了解相应的技能，而是要求学生能够在活动中主动灵活地运用这些知识与技能解决问题，看学生是否能够自主地生成新的知识与技能。《指导纲要》中提出"学生能从个体生活、社会生活及与大自然的接触中获得丰富的实践经验，形成并逐步提升对自然、社会、和自我之内在联系的整体认识"，是对知识与技能评价的价值取向定位。对学生运用学科知识、技能水平、通过实践建构知识的评价是综合实践活动课程评价体系中不可或缺的要素之一。

二、综合实践活动课程评价原则

综合实践活动课程是一门新的课程，如何规划综合实践活动课程？如何开展综合实践活动？什么样的综合实践活动才是好的综合实践活动？判定的依据除了《指导纲要》之外，主要依靠的就是课程的研究者和实施者对课程的实践经验及其在实践基础上的理论思考。综合实践活动课程的开发和有效实施，有赖于建立符合素质教育思想的课程评价制度，形成评价主体多元、评价内容多元、评价方式多样的发展性评价体系。然而要实现这一切，不仅需要确定课程评价的基本要求，还要制定符合课程特点、确保这些评价要求得以实现的评价的实施原则。

《指导纲要》中明确指出："教师要以促进学生综合素质持续发展为目的设计与实施综合实践活动评价。要坚持方向性、指导性、客观性、公正性等原则。”这些原则虽然是对学生评价的原则，但对课程的评价、对教师的评价、对学校的评价这些原则都可使用。

(一)方向性原则

突出发展导向就是综合实践活动课程评价的方向性原则。评价要促进学生发展是综合实践活动评价的根本原则。方向性原则在学生评价方面体现在关注评价内容中影响学生发展的因素，要关注学生在活动过程中的行为表现，透过学生的行为表现发现其在情感、态度和价值观的提升。另外，对于学生活动的成果作品不能停留在作品本身的评价，要注意挖掘作品背后蕴藏的学生的思想、创意和体验。总之，对于学生评价的内容和方法要适合学生所处的发展阶段，要考虑到学生的年龄特点及个体差异，关注学生群体发展的同时重视学生个性的发展，通过评价信息的反馈，促进学生找到今后的努力方向。

对学校评价，方向性评价原则体现在：基于学校所处地区教育发展水平的基础上，根据学校的具体情况来评价学校对综合实践活动课程管理规划和实施的动态情况，促进学校对综合实践活动课程的管理与实施。

对教师评价，方向性评价原则体现在：给予教师在综合实践活动课程资源开发与活动实施水平方面建设性意见反馈，促进教师对自己课程实施情况的客观认识，不断完善和提高课程实施的水平。

(二)客观公正性原则

保证综合实践活动课程评价的客观与公正，需要做好以下几个方面的工作：第一，兼顾结果，注重过程。不仅要关注学校、教师和学生在活动过程中取得的结果，而且要看被评价者在开发和实施课程活动中获得结果的过程。第二，发挥综合实践活动课程主体民主协商的综合评价功能，被评价的对象在评价过程中都享有充分的发言权，体现评价的客观公正性。第三，多种方法、多种手段、多角度、多层次地进行综合评价。第四，准确及时地收集评价证据。《指导纲要》要求课程评价做好写实记录。教师要指导学生客观记录参与活动的具体情况，包括活动主题、持续时间、所承担的角色、任务分工及完成情况等，及时填写活动记录单，并收集相关事实材料，如活动现场照片、作品、研究报告、实践单位证明等。活动记录、事实材料要真实、有据可查，为综合实践活动评价提供必要基础。课程评价的客观公正是建立在真实可靠的依据基础之上的。由于综合实践活动是一个不断生成与发展的过程，课程活动的实施者和参与者的行为表现、体验和感受、态度和情感也在不断地发展和变化，有的甚至可能是稍纵即逝的，因此，要做好写实记录，指导学生记录活动的具体情况，建立档案袋，及时收集事实资料，这样的评价就有其客观公正性。

(三)指导性原则

评价不是给学校、教师或学生一个等级，要充分发挥评价的指导作用，不仅是及时地向被评价者反馈评价的信息，还要将评价中发现被评价者的问题给予指导性建议，通过评价内容，指导被评价者明确如何有效地实施综合实践活动。指导性原则对于学生而言，就是在活动开展的每个阶段、每个环节和活动后，及时地通过评价给予学生指导性建议，调整学生活动中的问题，肯定学生在活动中表现出的积极因素，引导学生深入开展实践活动。

(四)伦理性原则

这一原则是针对教师和学生评价而提出的。在评价过程中，要避免学校或教师做法不当给受评者造成负面影响。评价的做法及评价信息反馈的方法都要注意保护受评者的自尊心和自信心，要注意保护受评价者的个人隐私，由于活动的资源包括家庭成员，有些涉及孩子家庭的问题教师要特别注意。另外，评价的语言不能伤及被评价者的人格。综合实践活动评价只有遵循了伦理性原则，才可能让所有师生积极地参与到活动中，使评价的功能很好地实现。

案例分享：

保护孩子的隐私

北京大兴区枣园小学　常丽君

在《家谱》的实践活动中，有位学生是活动组组长，但他提出这次不想当组长了，因为同组同学说他写的家谱不对，该学生情绪低落。教师发现问题后在课下与其交谈了解到该同学父母离异，母亲又再婚，他现在已经随了母姓，同学说不对的家谱是他妈妈家的家谱。教师了解情况后注意保护该生的隐私，指导他写了亲生父亲的家谱，并且告诉其他学生，现在也有些孩子选择母姓。

三、综合实践活动课程评价的内容

综合实践活动课程是国家规定的施于中小学生的一门必修课程，学校、教师和学生都是这一课程的开发、组织、实施和管理的活动主体和课程教育效能的实现者。因此，综合实践活动课程评价的对象包括学校、教师和学生三个方面。

(一)对学校评价的内容

学校是实现课程教育功能的基层组织。学校的办学理念、管理制度与办学条件、校领导的课程素养与课程服务意识、课程资源开发与校本课程建设情况等，都直接对学校综合实践活动课程开发与实施产生影响。排除“唯升学率论”对学校办学质量评价的干扰，将课程的实施与学校办学质量提升相结合，建立以教育行政部门、学校、家长和社会共同参与的学校评价机制，加强对学校综合实践活动课程开发实施等方面的评价是十分必要的。对学校评价的主要内容包括：学校办学思想对综合实践活动课程理念的体现程度，学校对综合实践活动课程整体实施的课程结构与课时保障，学校综合实践活动课程师资队伍建设，为开展综合实践活动所创设的校园文化环境，学校结合本校的传统文化和学校周边地域的资源特点系统开发综合实践活动资源情况，学校经费的保障，老师培训与教研制度，课程开发实施成果及其展示与交流情况等。

(二)对老师评价的内容

综合实践活动课程中的教师的角色发生了根本性的转变。与此相适应地，对综合实践活动课程教师评价，是需要从活动设计、组织、指导、监控对教师自身素养水平及其发展的需要出发，进行全方位、多元化的综合评价。评价的目的不在于简单判定教师是否优秀，而是在于与教师一起分析其在综合实践活动课程实施过程中体现的对课程理念的理解和实施的经验，提出改进建议与努力方向，促进教师的专业化发展。评价的主要内容包括教师对综合实践活动课程的理解与把握程度，教师对学生活动的组织、管理，协调和应变能力，教师对学生综合实践活动的指导情况，教师自身再学习的态度和教育科研的能力与水平，以新型的人才观、价值观为基础的课程评价激励机制的掌控情况。

(三)对学生评价的内容

综合实践活动课程的最根本目的是促进学生全面发展。对学生参与综合实践活动课程学习的态度和发展水平的评价，是综合实践活动课程价值判断的最重要依据。其评价的内容包括学生在活动中发现问题的意识和能力，学生在活动中收集信息、分析信息的能力，学生的活动规划能力，学生对研究方法的运用情况，学生参与综合实践活动探究的主动性和积极性，学生在活动过程中的体验和感受，学生在活动过程中的合作学习情况，学生活动技能的运用状况与创新表现，学生对文化的理解和审美，学生科学观、价值观的发展，学生的学习成果等。

在本章内容中，我们将重点介绍学生评价，力图通过本章的学习，较好地把握学生评价的内涵，掌握学生评价的实施方法。

第三节　综合实践活动课程中学生评价的目标、内容与方法

一、学生评价概述

综合实践活动学生评价的价值取向就是促进学生发展，在明确评价的理念、要求以及评价原则之后就要解决“评什么”和“怎么评”的问题。在现代教育评价中，我们会遇到一些评价的概念或术语，如：发展性评价、形成性评价、终结性评价、表现性评价、真实性评价、任务驱动式评价、档案袋评价等。如何理解这些概念？这些概念之间有什么联系？厘清这些问题，有助于在综合实践活动中有效地实施学生评价。

(一)发展性学生评价

在众多的评价方法及手段中，评价对学生学业的作用是改进与激励，其终极目标或价值取向是促进学生发展，而不是选拔、甄别甚至是逐利的评价，这样的学生评价都可以认为是发展性评价。因此，我们可以认为，所谓发展性评价，它不是一个具体的评价方法，而是以促进学生发展为评价理念、价值取向及终极目标的评价。这样的评价特点一是依据课程目标，使学生在评价中不断地认识自我，提高自我，促进学生在原有的基础上各方面不断提高。二是评价主体、内容与方法是多元的，通过多元评价，更全面、客观地给予学生评价，指明学生努力方向。三是注重评价过程，有机地将形成性评价与终结性评价结合起来；在评价中关注个体差异，注重学生在学习过程中的体验与感受、情感发展的心路历程。

(二)终结性评价、形成性评价与过程性评价

终结性评价是对“教学目标达成程度的判断”[①]，通常是在一个单元、一个模块或一个学期的教学结束后对学生最终学习的结果进行的评价。在综合实践活动学生评价过程中，适当地使用终结性评价对学生各方面的成就进行评价是有必要的，但终结性评价要注意学生个体存在的差异，要以质性评价为主，运用好终结性评价同样可以促进学生的发展。

形成性评价是相对于传统的终结性评价而言的。美国西密歇根大学的

---

① 陈玉琨：《教育评价》，人民教育出版社1999年版，第57页。

Scriven 教授最早区分了形成性评价与终结性评价，认为“形成性评价是指通过诊断教育活动与过程中存在的问题，为正在进行的教育活动提供信息，以提高教育活动质量的评价”[①]。之后，美国著名教育心理学家 Bloom 进一步将这一区分扩展到课堂教育教学评价中，认为“形成性评价就是在课程编制、教师教和学生学的过程中使用系统性评价，以便对这三个过程中的任何一个过程加以改进”[②]。从上述对形成性评价的描述中可以看到，形成性评价是从教育教学和学习过程的角度强调对教育活动和学生学习的信息反馈与改进，以期调整教育活动和学生的学习的评价方式。

在综合实践活动课程评价中，常会强调过程性评价。过程性评价不能等同于形成性评价，过程性评价是针对活动课程被学者提出的，过程性评价是在学生学习过程中不断地反馈给学生各方面的信息，是对学生学习过程中的表现、所取得的成绩以及所反映出的情感、态度、策略等方面的发展做出的全面评价。过程性评价内容比形成性评价内容更加丰富。就学习过程而言，过程性评价有利于明确活动运行中存在的问题和改进的方向，及时修改或调整活动计划，评价可以与学习过程相融合，成为学习过程的一个有机组成部分。综合实践活动中的过程性评价是基于对学生活动全过程的持续观察、记录做出评价，评价重视学生获得成果过程中情感态度以及学习策略等方面内容，有利于引导学生深入思维、深刻体验，在解决问题中发挥创造性；学生可以参与到评价过程中成为评价的主体；这样的评价会在学习的过程中不断激励学生、修正学生，促进学生的发展。因此，我们可以认为这样的过程性评价属于发展性学生评价理念的范畴。

(三)表现性评价、真实性评价、档案袋评价

表现性评价是指“教师在学生完成一项具体的学习任务过程中，对学生的认知、情感、技能和学习成果进行的实际考查”[③]。斯蒂金斯(Stiggins)1987 年指出“表现性评价为测量学习者运用先前所获得的知识解决新异问题或完成具体任务能力的一系列尝试”[④]。哈特(Hart Diane)提出“表现性评价是基于学生的表现或表现样本及既定的标准而进行的直接、系统的观察评价”[⑤]。我国教育部在《新课

---

① 霍力岩、黄爽：《表现性评价内涵及相关概念辨析》，载《西北师范大学学报(社会科学版)》2015 年第 3 期，第 79 页

② 霍力岩、黄爽：《表现性评价内涵及相关概念辨析》，载《西北师范大学学报(社会科学版)》2015 年第 3 期，第 79 页

③ 蔡敏：《当代学生课业评价》，上海教育出版社 2006 年版，第 155 页。

④ 崔允漷：《基于标准的学生学业成就评价》，华东师范大学出版社 2008 年版，第 141 页。

⑤ Hart Diane 著，国家基础教育课程改革“促进教师发展与学生成长的评价研究”项目组译：《真实性评价——老师指导手册》，中国轻工业出版社 2004 年版，第 176 页。

程与学生评价改革》一书中，将表现性评价定义为："教师让学生在真实或模拟的生活情境中，运用先前所获得的知识解决某个新问题或创造某种东西，以考查学生知识与技能的掌握程度，以及实践、问题解决、交流合作和批判性思考等多种复杂能力的发展状况。"①从这些描述中我们可以看出表现性评价是在学生完成任务的真实情境中对学生在认知、情感、技能和学习成果等方面进行的综合评价，并且这个评价是基于标准的。表现性评价可以认为是从评价内容角度表达的一种评价概念，它也属于发展性学生评价范畴。

真实性评价是对学生运用所学的知识和技能去完成真实世界或模拟真实世界中一件很有意义的任务过程的评价。真实性评价更强调完成任务及完成任务的情景的真实性。所以有些人认为表现性评价和真实性评价实质是相同的，只是侧重点不同，也有人认为，真实性评价是表现性评价的一种类型。

档案袋评价可以认为是从记录方式角度提出的评价方法。关于档案袋评价各国学者有不同的表述，概括地说，档案袋评价是通过收集学生个人在学习过程中的各方面成就、持续进步的表现信息、经历记录、作品等对学生成长进行的评价。档案袋可以视作一个收集积累学生各方面信息的工具，档案袋评价可视作一种以档案袋为收集信息形式的具体评价方法。通过运用档案袋评价，评价的是学生完成一个学习任务或一段时间的学习活动的成长过程与表现，可以认为档案袋评价是表现性评价的一种具体形式。

另外，在众多的评价概念中，我们还会看到即时评价、描述性评价等，这些评价概念是从评价的时间点、评价的表达方法角度形成的。其最终评价的还是学生的表现，目的还是促进学生发展。所以，这些评价我们都可以看作是表现性评价范畴。

表现性评价相对于传统的纸笔考试而言有很多优势，它使学生学习由被动反应转变成积极的意义建构；在真实的学习情境中，把学生所学内容和生活实际密切地联系起来，使学生直接面对有价值的学习任务，运用已掌握的知识和技能解决实际问题，强化学生解决问题能力；在学生解决问题的过程中，会遇到各种困难和挑战，表现性评价会更真实地反映学生在情、意方面的发展；完成任务的方法不是唯一的，所以对学生的评价标准也是多元的；表现性评价是开放的，会更好地促进学生创造力的发展；表现性评价是针对完成任务的全过程，学习过程也是评价的过程，评价信息采集充实，能更全面地反映学生的发展，在评价中学生是评价的积极参与者，更易达到教育目标。

在综合实践活动过程中，我们强调学生在真实情景中开展实践性学习，

---

① 教育部基础教育司、师范教育司：《新课程与学生评价改革》，高等教育出版社2004年版，第70页。

这是基于任务的学习活动，这样的学习活动注重实践、体验与感悟。《指导纲要》的学生评价强调“综合实践活动情况是学生综合素质评价的重要内容”。这就是要求对学生表现进行全面评价，通过评价促进学生情、意、智与技能的全面发展。

二、综合实践活动课程学生评价的目标与内容

学生评价内容是通过评价目标体系体现出来的，评价内容与评价目标之间有高度的一致性，从课程的教育目标到学生评价目标，再细化到每个活动内容的评价指标，是一个评价内容具体化的过程。综合实践活动课程评价的内容分类与学科知识有一致性，如知识内容、能力结构内容、情感、态度与价值观内容等，但评价的侧重点是不同的。综合实践活动的评价目标与内容更侧重能力结构内容、情感态度内容，对知识的评价不在于学习多少新知识，而在于如何综合运用知识及通过研究性学习获得意义上的建构。

(一)学生的情感、态度与价值观

情感、态度与价值观是个体内在的心理状态，往往不能为别人所直接观察到。态度具有评价性，它意味着是否赞同该事物；态度是有对象的，它总是针对某种事物的；态度体现一种行为倾向，不等于行为，但它最终会通过当事人的言行表现出来。

综合实践活动是基于学生的生活经验、兴趣和爱好，通过学生主动参与自主探究而完成的一种实践性学习。在学习过程中学生对活动是否有兴趣，对活动内容是否有强烈的好奇心和求知欲；在活动中学生是否主动承担并努力完成分配给自己的任务，是否能认真负责地做好资料积累和分析处理工作，是否能积极主动地提出个人的意见或建议；在活动中学生如何面对困难、挫折、冲突，在与他人各种交往中学生的态度，通过学生的外显表现，我们可以对学生的情感态度进行评价。另外，在活动中学生是否表现出积极进取、健康向上的思想道德情操和良好的个性品质，是否表现出社会责任感，等等，这些都能反映学生的价值观。在评价实施过程中情感、态度与价值观评价的内容我们可以通过兴趣、责任感、宽容、尊重、自豪感、认真、专心、积极、努力、欣赏、关心、同情心与爱心、求知欲、爱惜、气馁等关键词来表达。

(二)学生的体验与感悟

体验与感悟是综合实践活动评价目标中的一项重要内容，也是独具特色的内容。体验就是亲身经历，是在实践中认识事物；感悟是指人们对特定事物践行或经历所产生的感想与觉悟。体验是感悟的基础，感悟是体验的升华。学生在综合实践活动课程中以他们现实生活为背景，以现实生活中遇到的问题为实践研究的课题，以亲身体验和自主实践方式去了解自然、社会以及他

人与自我，他们亲身经历与感受形成了真正的感悟，通过广泛深入的实践体验，学生不断产生并积累各种各样的感悟，使学生对人生、对事物以及对世界的看法不断深入，进而形成对自然、社会与自我的整体认识。在体验感悟的基础上形成的认识，对学生的影响更直接、更深刻、更持久，对学生发展的促进作用更广泛、更有效，更能促进学生正确的价值观的形成。在综合实践活动课程学习中学生所获得的体验与感悟是任何一个学科课程所无法比拟的，这正是综合实践活动课程的独特教育价值的体现。因此，综合实践活动评价的目标与内容要特别注重对学生的体验与感悟的评价。请看下面案例：

案例分享：

《悬挂提示牌》活动片段

北京市石景山区五里坨小学 魏亚青

在实践活动中，有一个小组想到周边小区悬挂提示牌，由于他们在行动之前没有和小区的物业部门沟通，在小区的大门口就被门卫拦住了。保安告诉学生，这里是封闭式小区，外人不得进入。学生本是乘兴而来，没想到却败兴而归。

组长的反思：通过这次走进社区的综合实践活动，我认识到了自己的不足之处。在今后的活动中，我一定要先计划再行动，在活动之前就要和组内成员将遇到的困难先预料出来，然后集体想办法解决。这样，在活动中才能减少失败，做到有备而来。

(三)学生的学习方法与实践能力

实践是综合实践活动课程的核心，是体验与感悟、情感与价值观的生成、创新能力培养的基础。对学生学习方法与实践能力的评价在各学科都有，但就综合实践活动来说，由于学习是一个真正自主的过程，学生自主选题或在教师引导下发现问题的基础上自主选题，学生要围绕选题制订研究计划，恰当地选择与应用解决问题的方法、在研究和解决问题的过程中能不断发现和修正研究问题中出现的偏差，在取得成果后要选择呈现的方式以及推广与应用的策略等，这些都反映了学生的学习方法与实践能力水平，这些学习方法和实践能力在很大程度上有别于学科学习的方法与实践能力。在综合实践活动中对学生学习方法与实践能力水平的评价，可以提高学生研究问题的水平，丰富学生的学习策略，强化实践的深度，为学生终身学习奠定基础。学生的学习方法与实践能力评价是促进学生发展理念下表现性评价目标及内容的重要方面。请看下面的案例：

案例分享：

环境观察评价（节选）

北京市大兴区教师进修学校　黄慧敏

观察的目的：明确。

观察点的确定：角度选取准确，距离既可以保证理想的观察效果，又可以确保观察对象正常活动不受干扰。

观察方法的选择：与观察目标相符，顺序合理，细节没有遗漏。

观察的态度：客观，认真。

观察结果的记录：观察前做好充分的准备，观察中及时、准确地进行记录，观察结束后在第一时间整理记录。

（四）学生的创新意识与创新能力

创新意识是人们对创新与创新的价值性、重要性的一种认识水平、认识程度以及由此形成的对待创新的态度，并以这种态度来规范和调整自己的活动方向的一种稳定的精神态势；是人类意识活动中的一种积极的、富有成果性的表现形式；是人们进行创造活动的出发点和内在动力；是创造性思维和创造力的前提。

创新能力是运用知识和理论，在科学、艺术、技术和各种实践活动领域中不断提供具有经济价值、社会价值、生态价值的新思想、新理论、新方法和新发明的能力。创新能力是民族进步的灵魂、经济竞争的核心。

从创新意识与创新能力的概念中我们可以明确地看出学生创新意识与创新能力的培养是为社会提供先进的具有国际竞争能力的生产力奠定基础。因此，综合实践活动评价学生的创新意识与创新能力是引导和激励学生发展的重要目标与内容。就小学生的学习生活经历以及能力而言，创新意识与创新能力有其特点，主要表现在如下几个方面：追求个性、自主意识、独立人格、质疑、批判思维与批判精神。

综合实践活动是学生综合运用知识与技能解决问题，进行科学探究和创新能力培养的课程。学生善于从生活中发现问题，对活动过程的设计与控制，科学探究方法与手段的学习和运用，劳动技术的运用以及熟练地利用相关知识和技能解决现实问题的能力发展状况，是综合实践活动课程对学生创新意识与创新能力评价的内容基础。学生在活动中独创性的表现、敢于质疑权威、多角度地思考问题、对于教师提出的开放性问题能提供多种解答或解答有创意、敢于运用非常规的方法和手段研究和解决问题，并自觉生成富有个性化的见解或成果等，这些都是学生的创新意识与创新能力的体现。对于学生活动成果我们不能刻意要求学术含量或技术含量，更要看有没有创新意识和创新的欲望，有没有创新的思维方法，是否对新生事物有敏锐的洞察力，有无实际做出创新尝试以及与活动前期相比是否有发展和变化等内容。

（五）学生的合作意识与合作能力

综合实践活动课程在实施过程中主要以小组合作的形式开展，小组是完成一定的主题探究活动目标的组织保障。换言之，合作学习是综合实践活动课程的一种常态化的学习组织方式。与学科课程中小组合作学习相比，综合实践活动的合作学习更加深入广泛，对学生合作意识与合作能力的培养起到了重要的作用。

合作意识与合作能力是综合实践活动学生评价的重要目标，其评价内容包括：愿意与他人合作、能认真倾听他人意见；信任同伴、保持自信、具有服务意识；遇到问题能主动协商，达成共识；懂得分工、勇于承担责任；互相关心、互相帮助、互相学习、取长补短；能够包容尊重、争挑重担、勇于负责、与同伴分享成功的喜悦；善于批评与自我批评；在交流中能各抒己见、畅所欲言，在民主、平等的气氛中探讨、研究等。

三、综合实践活动课程学生表现性评价的方法与实施

（一）表现性评价运用于综合实践活动的契合性

表现性评价是综合实践活动课程评价的有效方式，钱新建从综合实践活动课程性质与表现性评价的特点两个方面的内在联系上，分析了表现性评价与综合实践活动之间高度的契合性，如表 9-1 所示。

表 9-1 综合实践活动与表现性评价的契合性分析①

综合实践活动课程性质	表现性评价的特点
综合性：超载学科中心，面向完整的生活世界，培养学生综合运用各学科知识的能力。	学生面临的问题情境是比较真实的、任务是相对复杂的，需要学生综合运用多学科的知识和技能加以解决。
实践性：以学生的直接经验为中心，以活动为主要形式，强调学生亲身参与并经历实践活动。	强调“从做中学”，主要采用实作、表现的方式，重点关注的不仅仅是学生知道多少，而是学生做了多少。

① 钱新建：《综合实践活动表现性评价的认识、开发与运用》，载《课程·教材·教法》2015 年第 5 期，第 50 页。

续表

综合实践活动课程性质	表现性评价的特点
自主性：在教师的有效指导下，学生自主选择学习活动的目标、内容、方式，开展自主学习、自主实践、自主反思。	尊重学生的创造性、主体性，鼓励学生自主运用知识，个性化地解决问题。
生成性：课程由师生双方在活动展开过程中逐步建构，学生的认识和体验随着活动的展开不断深化，活动的目标和主题不断生成。	评价过程即学生的学习过程，学生在完成表现性任务的过程中，不断生成学习的兴趣，促进自身的学习。
探究性：关注生活中的问题，能经历科学探究的一般过程，激发探究兴趣，积累探究经验，养成探究习惯，发展探究能力。	学生面临真实或近乎真实的问题情境，需要创造性地提出解决问题的办法，尝试行动并不断修正，直至解决问题、获得结果。
开放性：强调在开放的社会生活中进行学习，其目标、内容、学习活动方式与过程、评价与结果均具有开放性。	鼓励学生发散思维，允许答案多样化，提倡用自己喜欢或擅长的方式呈现解决问题的结果。

从表 9-1 中可以清晰地看出表现性评价运用到综合实践活动学生评价中，可以对学生综合运用知识与技能、学生在发现问题解决问题中的各种能力、学生的个性化学习策略、活动中组织与规划的能力、动手操作能力、自我反思与管理能力、沟通与表达的能力、创造性思维能力、学生的情感态度变化、学生的学习结果进行有效的综合评价。因此，表现性评价运用在综合实践活动学生评价中是有效度的。

(二)表现性评价的实施

表现性评价是一种基于标准的评价方式，在实施的过程中要遵循一定的评价规则。评价规则告诉不同评价者如何去评价学习表现，其中不仅规定了“内容标准”，也就是要基于哪些“准则”去评价，还规定了“表现性标准”，也就是不同水平表现的详细描述。这种基于标准的评价带来的结果是，学生通过对标准的学习，可以尽量客观地审视和评价自己的学习过程和学习成果，思考如何达到“好”的标准，并为之努力，从而改进学习，促进自身发展。

1. 表现性评价量表标准、准则与指标

随着综合实践活动课程的开展，表现性评价被老师重视，作为表现性评价的工具，表现性评价量表也普遍被教师应用。例如在一个课题研究任务完成后给学生使用的自评、互评量表，在一项任务完成的某些重要阶段给学生使用的自评或小组评价量表，在一个学习阶段或一学期配合档案袋评价使用的自评表等。量表使用起来比较方便，量表中的标准与指标明确，能够让学生很容易地利用量表进行相对准确客观的评价。让学生在活动前了解评价量

表标准，组织学生参与量表的制定，在学生开展活动过程中对学生有很好的指导作用，会较好地发挥评价的激励和导向的功能。

在实际应用中量表的设计是非常重要的，也是有一定难度的，很多老师在开展综合实践活动教学的过程中不断地进行研究，在研究中也不断地产生困惑。一位教师在她的行动研究中提出了这样一些问题：利用什么样的评价指标能更好地突出综合实践活动的特点？对不同类型的综合实践活动该使用什么评价指标？利用评价量表怎样突出孩子活动的过程性评价？如何将孩子一个学期的活动进步利用评价量表呈现出来？这些问题的核心就是评价标准的制定。

学生表现性评价量表作为实施评价的重要工具之一，从形式上看是各种表格，但其具有丰富的内涵。表中的评价标准在一定程度上引领着学生评价的目的、内容、方法等。学生评价标准的内涵是价值基础，是对学生评价标准价值判断实现的前提。综合实践活动评价的理念与原则给予了综合实践活动评价标准的价值基础，即促进学生发展。在制定学生评价标准时，支配我们的是评价理念，即评价标准的生成的逻辑是价值观念—价值取向—评价标准；在我们研究学生评价标准时，我们先审视的是标准，然后去分析其价值基础，即评价标准的研究逻辑是学生评价标准—价值取向—价值观念。不论是制定还是研究评价标准，都不能够脱离综合实践活动评价的价值基础。

评价标准是评价活动的核心，是描述一个典范行为表现所达到的一个具体期望水平或程度。评价标准可以分为质和量两个维度，质的维度主要是表达评价的内容，即评什么。通常被称为准则，可以认为评价表的内涵具体体现在评价准则上。

量的维度主要表达行为表现所达到的具体期望的程度，又被称为表现标准或水平。也就是说，表现标准要表明做得怎样才能达到准则。判断学生在活动中的表现所用的标准决定了评价的信度与效度。因此，在制定标准时，要根据培养目标抓住关键因素，有针对性，有所侧重，不要将精力引向细枝末节。

指标是被评价的特定表现所特有的一种行为表征或特征，欲达到准则的一个具体的象征。例如：准则是善于发现问题，指标为细心观察，深入分析资料，多角度地发现问题。标准或水平是达到准则的程度。

2. 评价量表设计

在制作评价量表时，要注意开发与活动目标一致并将目标具体化的准则与指标，评价指标是可以直接观察的，要注意使评价指标语言表述明确、详略得当、层次分明，有连续性，适合评价对象的年龄特点。

评价表在小学综合实践活动应用广泛多样，各有千秋，教师要根据活动的具体情况进行设计，见表 9-2。

表 9-2 学生活动评价表

评价准则	评价标准等级			备注
	非常好	比较好	再努力	
积极参与 主题选择				
问卷访谈 设计合理				
小组合作 收集资料				
适宜方法 整理成果				
制订计划 有效实施				

资料来源：北京市平谷区第五小学 张云霞。

这是一份很有代表性的评价等级量表，很多教师在教学实践中采用这种类型表格。此表准则设计明确，使评价者知道评什么。此表使用起来简单快捷。如果是学生在活动前就能看到此表，会在活动的环节上对他们起到宏观方面的指导作用。

但是此表在评价者使用时，对“非常好”“比较好”“再努力”这些表现标准(水平)的含义很难达成一致意见，这就需要设计指标对表现标准进行更细致的描述，以此表明学生被评价的行为表现上的水平差异，如表 9-3 所示。

表 9-3 学生研究问题评价表(节选)

水平 指标	水平一	水平二	水平三	评级者		
				师评	他评	自评
发现问题	通过自己的操作、观察，能够主动发现问题。	在他人的启发下，通过操作、观察能够主动发现问题。	在他人的明确指导示范下，能够观察发现问题。			
解决方法	能提出多种解决问题方法，方法简单易行。	能够提出解决问题的方法，方法不够简单。	提出解决问题的方法不可行，但能接受和运用他人提出的解决问题方法。			

资料来源：北京市西城区宣武师范附属小学 董兆英。

从表 9-3 的量表中可以看出，量表的准则是发现问题和解决问题，量表通过指标把学生的表现标准(水平)进行了描述，各表现标准(水平)下，通过指标表达了学生在所期望的学习结果上发展的不同程度，能够引导学生在活动中明确努力的方向。

3. 不同类型活动的评价指标设计

(1)考察探究活动

《指导纲要》指出考察探究活动是在教师的指导下基于自身兴趣，从自然、社会和学生自身生活中选择和确定研究主题，开展研究性学习，分析并解决问题的过程。考察探究活动涉及的主题活动繁多，从人与自然维度，例如“神奇的影子”“保护水资源”“身边的动植物”等；从人与社会维度，例如“寻找生活中的标志”“家乡特产的调查”等；从人与自我维度，例如“读写姿势调查”“小学生课余生活状况调查”等。虽然，考察探究活动面向的内容领域众多，但是其学习方式基本上是以“基于问题的学习”为主线，也就是通过发现问题、解决问题得到能力的提升。不论是科学探究还是人文探究，其中的研究方式都有着共通之处。小学阶段的考察探究活动，其活动要素主要包括提出问题、形成课题、制订研究计划、实施研究计划、交流与总结研究成果、反思和改进等，根据活动的主题维度不同，每个环节的开展过程或者其中的研究方法选择的侧重可能会有所不同。基于上述分析，建构如下评价准则与指标分析，见表 9-4。

表 9-4　考察探究活动的学生表现性评价准则与指标的分析

评价准则	指标分析
提出问题	评价的内容是学生能否根据生活经验和日常的观察与思考，或者在老师创设的情景下提出有价值问题的能力。其评价指标可以包含参与提问的态度、提问的角度、问题的表达(能否清晰、简洁、有条理地表述问题)、问题的价值(所提的问题是否有意义，有没有研究价值)。
形成主题	评价的内容是学生的问题聚焦能力，即能从与主题相关的各种问题中，运用分析、归纳、概括等方法，结合现实情况，最终形成可研究的具体主题。其评价指标可以包括主题的界定(主题研究的内容范围，研究对象等是否都明确)、主题的表达(主题的描述是否规范，是否包含了关键内容)、主题的合理性(主题的研究价值、可操作性)。
制定研究方案	评价的内容是学生的规划意识和能力，即能够基于要研究的主题，综合考虑各种因素和条件，列出需要解决的问题及其顺序的水平。其评价指标可以包括参与的态度(能够积极参加研究方案的讨论，提出合理的意见和建议，主动承担小组任务)、研究方法的选择、研究方案的合理性(综合考虑主题实施的各个因素来设计环节，并且环节之间有承接性、紧密性)、方案的可行性(能否将资源的支持、人员的分配和时间的安排考虑周全)。

续表

评价准则	指标分析
实施研究方案	评价的内容是学生在实际研究中所体现出来的各种能力与品质，不同的主题领域的侧重点略有不同，例如在科技探究活动中，可以关注学生与观察实验有关的能力，或者控制影响因素的能力；在人文探究中，需要关注学生对考察方式、访谈法和问卷法等研究方法使用的能力，对信息和数据进行加工处理的能力(分类、整理、统计等)。评价时还需要关注学生依据事实对研究问题进行分析、解释获得研究结论的能力。特别提出的是该准则的评价要考虑沟通合作能力(如遇到问题主动协商，达成共识，主动调整；与他人共同完成任务的过程中主动调整，合理分工，认真完成自己的任务，并对他人提供帮助)、应变能力(根据实施的问题修改方案，改变实践方法等)、实践态度、责任担当、面对困难的表现等，具体的指标选择需要根据学生的实际情况，以及相应的活动目标而决定。
交流与反思	评价的内容是学生对研究过程与结果的总结能力、将研究成果进行展现的水平(条理清楚、准确生动地陈述自己的研究过程和成果)、认真倾听并思辨接纳他人的想法与见解并改进的能力、参与交流讨论的情况。评价指标可以包括参与的态度(积极主动的参加汇报活动，能够协助小组完成汇报，对其他小组同学的汇报进行评价)、研究报告的水平(报告中能够清晰地反映研究的整体过程，呈现格式符合规范，重点突出，详略得当)、成果的汇报(能够将研究成果进行展示，展示的方式有吸引力，能够适时与听众互动)、反思的水平(能发现活动中的经验和不足，有效吸收他人的建议，对自己的课题进行进一步的深入研究，或者对必要的结论进行修改，或者选用更适合的研究方法再次研究)。

关于制定学生在考察探究活动中不同表现的水平，要根据学生的实际情况来划分。对低学段的学生，由于认知水平和年龄特点的限制，主要评价学生的参与态度，对于准则中的指标要简化，学生能在教师指导下提出问题、获得初步收集信息等能力，完成活动，就为好的水平。对于中学段的学生来说，学生也很难进行独立的研究调查活动，特别是一些有难度的主题，学生的活动过程可能会有很多困难。因此，在进行水平划分时，也不可将“好”的表现标准定得过高，应重在评价学生的在参与研究过程中表现出的参与热情和良好品质，学生能够提出相对有意义的研究问题，在教师指导下制定出完整可行的方案，并且能够坚持运用适当的研究方法实施方案，完成汇报有初步反思即可定为“好”的表现。对于高学段的学生来说，参与考察探究活动不仅是为了培养研究兴趣，更重要的是对研究方法和过程的学习与领悟，以及情感的提升。因此在制定“好”的标准时，应适当提高要求，在教师指导下不仅要能提出问题，还要描述成符合规范的课题；研究方案不仅要求完整，还

要注重针对性和可行性；不仅要坚持实施方案，还要注重能够根据实际情况进行方案调整；不仅要能够汇报研究成果，还要能进行深入反思和改进设想。

(2)社会服务活动

《指导纲要》中指出社会服务是学生在教师的指导下，走出教室，参与社会活动，以自己的劳动，满足社会组织或他人的需要。社会服务的关键要素包括：明确服务对象与需要；制订活动计划；开展服务行动；反思服务经历；分享服务经验。社会服务活动相关的活动主题有："家务劳动我能行""我是校园志愿者""走进敬老院"等。社会服务活动评价准则与指标分析见表 9-5。

表 9-5　社会服务活动的学生表现性评价准则与指标的分析

评价准则	指标分析
明确服务对象与需要	评价的是学生在教师指导下观察社会生活确立服务对象及明确服务对象需求的能力，例如，通过体验访谈等活动，了解被服务人群的生活，获得真切的体验和感悟，以深入了解被服务者的需求，思考服务的方式方法，同时获得关心他人等良好品质的提升。
在体验中发现问题，制订活动计划	评价的学生通过体验和调查，发现问题的能力和意识，比如通过参与社区的志愿活动，发现社区在哪些方面还可以再改善，居民中还有哪些急需解决的问题等，根据问题思考服务的方式方法，制订出细致周全的有针对性的活动计划。
开展服务行动	评价的是学生在参与服务性活动的过程中所表现出的参与热情，完成任务的毅力以及学生用所学知识开展服务行动的能力和水平。其评价指标可以包括方法的选择、宣讲的能力、在服务中换位思考的意识、团队合作意识、遇到问题后解决情况、服务的实际效果等。
反思服务经历，分享服务经验	评价的是学生能否通过服务实践活动，获得个性化经验的程度。通过参与活动，形成相关意识。提升服务社会等情感态度价值观。其反思的内容是多元的，可以是方法性的、体验性的或者是理解性的。

社会服务活动中不同表现的水平，要根据学生的实际情况来划分。低学段的学生，强调参与简单的劳动态度和完成活动情况，能够在教师指导下表达一点真实感受或反思即是好的水平。对于中学段的学生来说，开展社会服务活动的目的是让学生体验服务的过程，并丰富他们的情感世界，其在体验中发现问题以及进行服务反思的能力有限，重在态度上的评价，因此若学生能够完整地将服务活动坚持下来，有真实体验有反思即可定为"好"的标准。对于高学段的学生来说，他们已经有一定的服务经验，因此在设定"好"的标准时，要注重在社会服务活动中的收获与反思，不仅要能按照要求和程序完成服务活动，还要能精进自己的服务方法，提升服务效果，获得真实体验，

有关意识、情感态度方面有所提升。

(3)设计制作活动

设计制作活动包括劳动技术和信息技术两方面，主要指学生运用各种工具、工艺进行设计，并动手操作，将自己的创意、方案付诸现实，转化为物品或作品的过程。设计制作活动能提高学生创新精神与动手实践能力。它涉及的主题活动内容广泛，例如“魅力陶艺世界”“走进创意木艺坊”“我是电脑小画家”等，设计制作活动要素主要包括：创意设计、选择活动材料和工具、动手制作、交流展示物品或作品、反思与改进等。设计制作活动评价准则与指标分析见表 9-6。

表 9-6　设计制作活动的学生表现性评价准则与指标分析

评价准则	指标分析
创意设计	评价学生的创意设计能力，考查学生在生活中观察发现事物的问题或人们的需求的能力，制作前对作品的构思，能以绘图或者多媒体软件等方式呈现出来。其评价指标需要根据选题而定，可以包括呈现设计的创新性、实用性、寓意等。
材料和工具的选择	评价学生在操作性学习中的规划能力，即能否根据作品的需要，选择合适的工具，并且合理利用现有的制作材料，安排制作的流程。
动手制作	评价学生将设计转化为实体作品过程中所表现出的运用各种工具、工艺的能力和水平，评价指标可以包括相关劳动技法的熟练程度，比如十字绣针法、黏土捏法的掌握，简单信息技术使用与制作，以及制作过程中表现出的情感态度，如能够持之以恒的完成作品，在制作过程中能遵守操作规范，注意安全。
交流展示物品或作品	通过学生作品的交流，评价学生在参与设计制作过程中表现出的良好品质、设计思想内涵、将自己的想法转化成有创意的成品情况、创作的态度。
反思与改进	评价对作品及作品制作各方面进行反思，对作品的改进水平，改进的意识、合理性等。

关于划分设计制作中不同表现的水平，要根据实际的学生情况来划分。对于低学段学生，制作主要是在教师指导下完成简单的制作，初步体验动手操作的乐趣，评价注重态度，对自己作品的简单评价。对于中学段的学生来说，独立设计并制作出较为完善的作品也较难，因此在进行表现标准的划分时，应重在对基本技能的掌握和对工具的使用及参与的态度上，若学生能够拥有参与的热情，乐于尝试，根据教师提供的样品或步骤，进行规范操作或有一点自己的设计思想完成一个成品，即可定为“好”的表现。对于高学段的学生来说，学生拥有一定的基础，在工具的使用和材料的选择上已经没有过

多的问题，因此，在设定“好”的表现时，应该在注重作品完成度的同时，关注到学生的创作能力、创作精神，综合评价作品的设计水准，作品设计蕴含的思想以及学生对成品进行再次改进和创作的能力。

(4)职业体验及其他活动

班团队活动、职业体验、游学活动等以体验性学习为主。体验性学习基于学生身心发展特点、兴趣爱好、未来职业发展及成长需要，在丰富的活动场所、真实的自然或社会环境、职业实践活动中，让学生在全身心参与、亲身实践中获得真切的情感体悟，促进学生进一步认识自我，了解社会，获得对生活世界与职业世界的深刻理解。与体现性学习相关的主题活动有“我是‘非遗’小传人”“走进博物馆、纪念馆、名人故居、农业基地”“带着问题去春(秋)游”“找个岗位去体验”等。职业体验等活动要素有：选择或设计职业情景、实际岗位演练或其他实践体验、总结反思和交流经历过程，概括提炼经验，行动应用。职业体验等活动评价准则与指标分析见表 9-7。

表 9-7　体验性学习的学生表现性评价准则与指标分析

评价准则	指标分析
选择或设计职业情景	评价学生选择感兴趣的职业情况，通过各种途径了解职业基本特点的程度，初步设计参与职业体验的方案。
实际岗位演练或其他实践体验	评价学生在体验活动中表现出的参与度和相关能力，即评价学生积极参与的体验情况，主动承担任务，有目的、有计划地进行场馆的参观，及时记录有用的信息，在职业体验等活动中演练相关的技能要领，了解职业角色，完成体验任务，注意秩序和精神面貌等。由于体验的主题广泛、方式众多，因此在设置评价指标时应该根据实际情况进行选择。
概括提炼经验	评价学生通过体验活动个人收获情况。学生能否通过体验，获得经验的积累和情感的提升，或者其他个性化感悟。可以基于学生的“物化成果”比如观后感、场馆参观的个性化游览图的设计、体验报告等来评价学生的体验收获。
行动应用	评价学生将体验获得的经验和技能应用到学习、生活等方面的意识和行动。

根据《指导纲要》的内容，对于低学段学生体验性学习评价主要是积极参与少先队组织建设态度，了解团队最基本浅显的知识情况，认识少先队员的身份和责任，达到这几点就是好的水平。对于中学段的学生来说，能够有组织地在教师的带领下完成体验活动，并且能够拥有较高的热情，不松散，不游离于活动之外，能获得体验感受与一定的反思即可定为“好”的表现。对于高学段的学生来说，在此基础上还要评价学生在体验活动中的深入多方面的反思与收获，例如通过体验报告来评价学生的体验效果等。

在综合实践活动课程中实施表现性评价要注意合理使用学生表现性评价

量表。在教学实践过程中，教师若能利用好量表，因势利导，充分挖掘其教育功能，会事半功倍。如教师可以带领学生进行量表的设计，不仅加深了学生对于活动目的和评价标准的认识，同时也充分调动了学生的主观能动性，使得评价量表的指导作用增强。教师还可以根据活动目的灵活地安排量表的发放时机，在阶段性活动之后发放量表，可以帮助学生对自己的活动过程和实践收获进行总结，比较客观地了解自己的学习程度和水平，特别是像一些大主题、长周期的研究性学习活动，学生利用量表进行自我鉴定和评价，不仅能及时巩固活动成果，同时还能再次强化研究性学习中的方法性的、过程性的知识要点。在访谈活动前发放量表，可以让学生学习关于访谈法的要点，提前对自己的访谈活动进行必要的调整，有利于访谈活动的实施。总之，量表中明确的准则与表现标准的呈现，可以指导学生向“好”的标准努力。

四、综合实践活动课程中档案袋评价方法与实施

《指导纲要》中明确要求学生评价要建立档案袋。在活动过程中，教师要指导学生分类整理、遴选具有代表性的重要活动记录、典型事实材料以及其他有关资料，编排、汇总、归档，形成每一个学生的综合实践活动档案袋，并纳入学生综合素质档案。档案袋是学生自我评价、同伴互评、教师评价学生的重要依据，也是招生录取中综合评价的重要参考。

(一)档案袋评价

档案袋评价也叫成长记录袋评价，20 世纪 90 年代后作为考评的一种新方法被国际教育界广泛重视，美国很多学校将档案袋评价作为中小学生学业评价的重要手段。所谓档案袋评价就是学生经过长期、有计划地对其在学习过程中各方面成长发展的记录，包括在学习过程中的收获与进步、体验与感悟、反思及学习成果与作品。这些记录、成果与作品反映了学生有个性特征的学习技能和策略的水平，反映了学生一个阶段各方面成长的过程。

(二)档案袋内容

有些学者根据收集评价的内容将档案袋划分两种类型，即成果表现档案袋和过程表现档案袋。前者所包含的是学生的各种作品，而后者则是学生学习过程的表现及其变化程度资料。综合实践活动的学生评价是过程与结果并重的发展性评价。因此，运用档案袋评价方法时，不仅要收集学生的各种作品，还要收集学生学习过程的表现及其变化程度的资料。学生的各种作品包括：调查报告、手工作品或作品照片、科技制作作品或作品照片、科学研究小论文、电脑作品、手抄报等。学生学习过程资料包括：某项活动中提出的问题与筛选的问题，学生活动的方案以及修改后的方案、调查问卷、采访提

纲、观察记录、活动反思、活动中发生的故事与体验和感悟、活动总结等。综合实践活动学生评价档案袋中的资料内容形式多样，只要能反映学生学习过程的真实资料都可以放在其中。

(三)档案袋评价的作用

档案袋评价的作用非常符合综合实践活动发展性学生评价的理念要求，能够反映学生的综合素质发展，使教师和学生都能直观地看到学生情感方面的发展、能力上的发展，能够较客观地对学生表现进行评价。档案袋评价是由学生自己决定收集具体的评价资料，学生成为评价的主体，能够培养学生的主体意识，激发学生学习的潜能，促进学生的反思。另外，档案袋内容的收集是基于活动目标在教师指导下进行的，学生通过交流、展示，可以看到彼此的进步，分享成长的快乐。所以，档案袋评价对活动的开展、促进学生各方面能力的发展有指导意义。

(四)档案袋评价方法实施

1. 明确评价目的和内容

建立综合实践活动评价的档案袋首先要学生明确评价的目标内容，根据目标内容师生共同确定档案袋收集的内容，如：学生设计的活动方案、活动过程中遇到和处理某个突出事件的感悟，活动过程记录的资料、活动成果等。

2. 制定评价标准

档案袋评价最终是师生共同参与的，在进行评价前教师最好和学生共同制定评价标准，明确评价指标，在活动之初可以设计量表供学生活动过程中参考，这样对学生学习的指导和档案袋内容的积累都有积极的作用。

3. 指导收集资料的分类

档案袋评价准备档案的时间比较长，一般需要用一个学期或一个学年，所以教师在使用这样的评价时，要注意对学生积累档案袋资料内容和方法的指导，将材料分类，如反映实践活动最佳成果的内容、反映体现学习过程的内容(如活动方案的初稿以及修改稿，访谈记录等)、反映学生学习态度、体验与感受的记录内容等。对档案袋内容积累与分类要定期指导交流，不能像学科考试那样到期末集中检查，这样能够保证学生档案袋内容的质量，避免档案袋成为毫无分类、毫无重点的“储藏袋”。

4. 交流与评价

档案袋评价不仅是档案袋的展示，关键一步是在交流展示的基础上，学生要利用评价等级量表开展自评和互评，教师根据档案袋内容以及学生的自评互评内容用描述性语言对学生进行综合评价。

表 9-8 是一个配合档案袋评价的评价量表，是七年级开展的综合实践活动

“探究不同植被对空气温度和湿度的影响”使用的，学生利用评价量表，在展示的基础上进行自评和互评。

表 9-8　探究不同植被对空气温度和湿度的影响[①]

活动阶段	档案袋中文件	评价细则	评价等级
制定方案阶段	活动方案（1 份）	活动方式方法合理；时间安排合理；分工合理；能预测困难并提出解决困难的措施。	☆☆☆☆☆
收集信息阶段	文献资料（2 篇）	能查到 2 篇与本次研究直接相关的文献，并记录文献的来源。	☆☆☆☆☆
	研究方法说明（1 份）	能叙述清楚测量不同植被环境温度和湿度的具体方法；分析可能对测量结果造成干扰的因素，能提出减少误差的措施。	☆☆☆☆☆
	测量记录表（5 份）	能根据需要自己设计并绘制出记录表格；认真完成所有的测量活动，将 5 天的数据清晰完整地记录在表格中。	☆☆☆☆☆
处理信息阶段	数据统计表（1 份）	能设计并绘制出统计表，将 5 天的测量数据填入统计表中，并对数据进行统计，计算出平均值。	☆☆☆☆☆
	数据统计图（1 份）	根据统计数据画出折线统计图或柱状统计图，对统计数据进行比较。	☆☆☆☆☆
	结果分析（1 份）	能根据数据对研究结果做出客观合理的分析。	☆☆☆☆☆
	研究结论（1 份）	能得出合理的研究结论，并据此对校园绿化提出可行的建议。	☆☆☆☆☆
展示交流阶段	研究成果（2 项）	撰写出研究论文或报告，据此做出展示的幻灯片或手抄报。研究成果要做到内容完整、数据真实、语言通顺、结论合理、制作精美。	☆☆☆☆☆
评价反思阶段	活动评价单（1 份）	能对本组在活动中的表现做出客观评价，并具体指出其他小组的优点或不足。	☆☆☆☆☆
	活动反思（多份）	能写出自己的真实感想，并能总结自己的活动收获（每个学生写 1 份）。	☆☆☆☆☆

资料来源：北京中关村中学　徐军。

① 田慧生、冯新瑞：《综合实践活动有效实施与评价策略》，教育科学出版社 2016 年版，第 229 页。

五、综合实践活动课程中的即时评价与实施

(一)即时评价

即时评价就是教师在课堂教学真实的环境中，运用话语甚至附加肢体语言和表情，对学生在学习过程中的学习态度、学习方法、思维过程、情感体验、学习成果等方面进行即时点评。即时评价反馈及时，针对性强，能很好地起到反馈、激励、调控和导向的作用。在综合实践活动课程中，即时评价的主体不仅有教师还包括同伴以及参与活动的其他成员，在课程实施过程中被普遍地应用。

(二)即时评价的特点和作用

在综合实践活动学习过程中，由于教师能够和学生进行广泛的活动和交流，师生和同伴可以在整个活动中随时随地地对学生的活动方法、言行、进步做出评价。因此，即时评价的第一个特点就是即时性，教师或同伴对学生某一个展示环节、某一个体验感受的表达以及学生的方法等即时发表评价，使评价者即时获得反馈信息，可以获得方法指导、获得鼓励、获得情感态度价值观某一方面的导向等；即时评价的第二个特点是评价的便捷性，即时评价可以是几句话，也可以是一个微笑、一个眼神、一个点头的动作，这些语言虽然简单，但也可起到对学生鼓励的作用；即时评价第三个特点就是针对性强，在活动过程中，针对学生某一个表现进行即时评价，对学生的反馈、导向和激励作用非常显著。

(三)即时评价的应用

在应用过程中，即时评价对教师的要求很高，教师既要有教学机智、调控能力，更要有教学智慧。表面上看，对学生表现的即时评价是随机的、无序的，教师无法预先进行准备，应该说这是一种错误的理解。即时评价是有规律可循的，对即时评价的准备蕴含在教师活动设计过程中。要做好即时评价，教师在活动设计时就要深刻领悟综合实践活动学生培养目标，非常具体清晰地理解具体活动对学生的培养目标。教师要明确每个活动环节设计的目的是什么，教师要怎样引导学生，主要评价点有哪些。在活动中对学生的评价一定是伴随着活动进程而进行的，我们明确了活动目标和内容，就会知道在活动的各环节重点进行哪些方面的评价，进而在学生发生一些行为或表达一些想法时教师能有的放矢地进行评价，这样在学生活动过程中就可以即时地对学生进行具有实效的评价，从而避免“你真棒”“你真好”的空洞评价。在教学实践过程中，有些教师按活动的不同阶段总结出一些常用的评价语言，

对学生活动的实施很有指导意义(见表 9-9)。

表 9-9　活动不同阶段对学生常采用的即时评价语言

活动准备阶段(开放性)	活动实施阶段(诊断性)	总结交流阶段(描述性)
你们选择的活动主题很切合实际，有意义，继续努力！	如果采访的同时，能够录音，效果会更好。	这个小组利用周六的下午去调查，不仅有文字记录还拍摄了活动照片，展示内容非常丰富。
你们很喜欢这个主题，教师很为你们高兴，不过要有一份详细的活动方案才能让活动更成功！	若作品的色彩再丰富一些就更加吸引人了。	能将资料分类整理好，并安排好汇报分工，你们小组很成功。
活动方案制定得很细致，仔细核对一下，实践过程有没有疏漏，预祝你们成功！	统计调查问卷的结果，可是一项细致的工作，一定要有耐心啊！	你们询问了 12 位路人，对 5 人成功地进行了采访，你们不怕失败、不怕挫折，很了不起。

资料来源：北京顺义区东风小学　徐晓芳。

综合实践活动课程中教师是问题研究与思考的引导者、开展活动的合作者、活动方法的指导者，这就要求教师必须有民主开放的教育思想，真诚友善的合作精神，要密切关注学生的思想动向，认真倾听学生的心声，善于发现学生的个性特点，注意挖掘学生内心深处的活动，发现学生的闪光点，运用即时评价不仅是对某一被评价学生的激励或指导，更是对全体学生在某一发展方面的导向。请看下面的案例。

案例分享：

为什么这样设计

北京市西城区四根柏小学　司　毅

在一个为贫困山区交流生设计三日游的活动中，有一组学生设计的路线是：

第一天 游览十三陵、长城

第二天 天文馆、科技馆

第三天 故宫、北海、景山

在交流环节学生提出了他们的设计方案后，教师提出了问题：你们为什么这样设计？

学生的回答是：我们一方面考虑了景点的区域，景点之间是否顺路，另一方面我们觉得第一天玩得太累了，考虑体力问题，安排第二天上午同学们可以躺着看天文馆里的天象内容，既学习又休息，第三天很累，可他们参观完后就可以上火车了，在火车上能休息。

教师的评价：他们在设计路线时考虑了同学的体力，懂得关心他人。

在上述案例中教师通过提问挖掘出学生内心世界的闪光之处，将学生语言、行为等表现的内涵进行即时评价，不仅有激励作用，对全体学生来说还有导向作用，引导学生懂得关心他人。如果教师对这次活动的目标理解得更加透彻，教师可以这样评价学生：他们从时间、路线安排上考虑了每天的最佳参观路线，这是一种科学的态度，他们还从学生的体力情况出发制定了三天的参观行程，这就是关心他人的人文关怀，他们的设计是科学态度和人文关怀的结晶。教师还可以进一步评价：他们的三日游设计了长城、故宫等我国独特的、最有价值的人文景观，还设计了天文馆和科技馆科技知识学习的地方，把科学和人文内容在这三日游中很好地结合，他们太有智慧了。用这样的话语评价学生，使学生的思想立意进一步得到提高，懂得制定方案时要多元地思考问题，要注意科学与人文相结合，这个即时评价对汇报小组学生有激励作用，产生成就感和自豪感；对全体学生来说，是对学生思维方法的指导、对学生情感态度的引导、对学生价值观追求的导向。这些评价应该说都是基于活动目标的评价。教师的即时评价魅力不仅要表现在话语上的深刻，还要注意表情、语气、幽默和肢体语言的运用，如在活动中发现学生有创新时，有些教师能够用夸张的表情和语气说：哇！你是怎么想的？太有创意了！给大家介绍一下。这样的评价会引发学生强烈的学习兴趣，激励更多的学生在活动中求新、求异、求创造。

即时评价还可以运用于学生之间的互评，提高学生的批判思维能力，提供学生相互沟通和交流的机会。即时评价对于小学生来说有较大的难度，需要教师在方法上进行引导，可以给孩子一个评价的模式，例如，先说针对同伴作品或言论，你的看法或观点是什么，再说能够支撑看法或观点的原因或证据，最后提出改进的建议。这样可以使学生有逻辑地表达思想，呈现清晰的思维过程。

六、综合实践活动课程中的描述性学生评价与实施

(一)描述性学生评价

描述性学生评价是一种质性评价，是通过书面语言将被评价者的各方面表现情况以及达到的水平描写叙述下来，使被评价者或他人较全面地了解被评价者的综合信息。在我国长期学科教学中通过考试分数对学生学业水平进

行评价的背景下，教师在学科课程中运用描述性语言对学生学业水平进行评价还是很少的。由于综合实践活动课程的综合性、实践性、发展性等特点，综合实践活动课程的学生评价，特别是一个长周期的活动后或学期期末的总结性评价，很适合运用描述性学生评价的方法对学生进行综合评价。

(二)描述性学生评价的特点

在综合实践活动课程中运用描述性学生评价，可对学生的认知、实践、情感体验与感悟、人际交往等各方面进行综合评价。描述性学生评价也可对学生在活动中的一个表现进行简单叙述，从而反映学生在某方面的突出成绩与发展。描述性学生评价能够尊重和体现学生个体差异、突出学生综合素质的评价，与即时评价相比较，描述性学生评价内容一般以书面形式发给学生，能够由学生保留，学生可以反复阅读评价内容，对评价的理解也会更加深入。因此，描述性学生评价有长效特点。

(三)描述性评价的内容

描述性学生评价内容能够根据学生在具体课程实施过程中开展的实践活动表现，对学生的品德(自律、诚实、面对困难的态度、礼貌、公正、尊重、责任、爱心等)、学力(参与学习的积极性、对知识的学习与运用能力、提出问题和解决问题的能力、社会态度与感受力、人际交往技能、评价能力、思维的独立性、文化与审美等)等进行细致的描述。这种描述性学生评价摆脱了学生分数的概念，能够更好地表达学生学业综合发展状况，使学生更容易接受，能起到很好的激励、反馈和促发展作用。

(四)描述性评价的实施

描述性学生评价在实施的过程中有一定难度，主要是教师的工作量大。一方面要求教师熟悉每一位学生，注意观察和记录每一位学生在课程实施过程中的表现；另一方面要求学生注意积累学习活动过程中的资料，帮助教师了解自己。只有这样，老师对每一位学生的描述性评价更加真实、具体，有针对性和个性。在综合实践活动课程中教师的描述性评价可以结合学生的自评和互评，教师在学生自评互评的描述性评价的基础上，对学生进行描述性评价。另外，在实施学生自评或互评的描述性评价前，教师要指导学生明确评价什么，怎样表达。

综合实践活动课程评价包括学生评价、教师评价及学校评价。本章在讨论综合实践活动课程评价基础上重点探讨综合实践活动中的学生评价。要明确综合实践活动课程评价对课程的实施起着导向和质量监控作用，综合实践活动课程评价是决定课程有效实施的重要环节。通过课程评价的研究，要建立促进学生、教师和课程不断发展的评价体系，即课程发展性评价体系。

本章小结

一、基本概念

1. 评价与价值

评价是对价值判断的活动，目标是揭示主体与客体之间的价值关系，是对客体满足主体需要程度的价值判断活动。“评价不能创造价值，但评价可以揭示价值的存在，使人们意识到价值的存在，是价值实现的重要途径。”

“价值这个普遍的概念是从人们对待满足他们需要的外界事物的关系中产生的”，价值“是人们所利用的并表现了对人的需要的关系的物的属性”。

2. 发展性评价：它不是一个具体的评价方法，而是以促进学生发展为评价理念、价值取向及终极目标的评价。这样的评价特点是：评价主体、内容与方法是多元的；注重评价过程；有机地将形成性评价与终结性评价结合起来；在评价中关注个体差异。

3. 形成性评价：形成性评价是从教育教学和学习过程的角度强调对教育活动和学生学习的信息反馈与改进，以期调整教育活动和学生的学习的评价方式。

4. 表现性评价：它是在学生完成任务的真实情境中对学生在认知、情感、技能和学习成果等方面进行的综合评价，并且这个评价是基于标准的。表现性评价可以认为是从评价内容角度表达的一种评价概念，它也属于发展性学生评价范畴。

二、基本内容

1. 综合实践活动课程评价理念

将评价与课程、教学和学习活动融为一个整体；实现评价价值取向、评价标准、评价内容、评价主体多元化；实现对过程的评价与对结果的评价并重；树立评价是为了促进发展的观点。

2. 综合实践活动课程评价的作用

综合实践活动课程评价是对课程意义和价值的判断活动，通过这个判断活动对课程实施具有反馈、改进、激励和导向等作用。

3. 综合实践活动课程评价要求

加强学生自我评价与学生之间的相互评价；尊重学生个体差异，进行综合评价；强化质性评价，将质性评价与量性评价结合运用；注重评价内容的价值取向。

4. 综合实践活动课程评价原则

发展性原则、指导性原则、客观公正性原则、伦理性原则。

5. 学生评价的目标与内容

学生评价的目标与内容主要包括学生的情感、态度与价值观；学生的体验与感悟；学生的学习方法与实践能力；学生的创新意识与创新能力；学生的合作意识与合作能力等。

6. 综合实践活动课程学生评价的方法与实施

在综合实践活动的学生评价过程中教师经常会应用表现性评价量表进行自评与互评，应用档案袋方法进行自评与师评，应用即时评价方法进行互评与师评。

探究与实践

1. 观看一个综合实践活动视频案例，交流探讨案例中教师的评价是否到位，如何更好地发挥评价作用。

2. 尝试为一个综合实践活动案例设计评价方案。

参考文献

一、期刊

[1]霍力岩，赵清梅．多元智力理论的评价观及其对学生发展评价的启示[J]．比较教育研究，2005(4)：45—50．

[2]牛金成，周卫东．小学综合实践活动课程实施中的师生表现评价[J]．教育测量与评价(理论版)，2010(10)：31—34．

[3]冯生尧．美国综合课程评述[J]．外国教育资料，1992(5)：23—31．

[4]陈瑶，洪明．综合实践活动类课程在美国的新发展——美国高技术学校述评[J]．基础教育参考，2007(10)：33—37．

[5]潘利若，姚梅林．美国服务性学习对我国中小学综合实践活动课常态化实施的启示[J]．教育科学，2011，27(2)：85—89．

[6]刘定一．系统课程：无人区中的跨学科课程[J]．跨学科课程研究，2003(4)．

[7]张海燕．美国中小学跨学科课程模式简析[J]．外国教育研究，2008(8)：71—74．

[8]林春福，杨天平．美国中小学跨学科课程模式：主要类型、老师角色及其启示[J]．课程·教材·教法，2010(2)：109—112．

[9]赵国金．美国小学课程改革与发展的历程、特点及趋势[J]．教学与管理(小学版)，2011(12)：62—64．

[10]陈晓端，范牡丹．当代美国中小学课程标准：特点与问题[J]．现代中小学教育，2006(8)：45—47．

[11]白彦茹．美国中小学课程述评[J]．外国教育研究，2002(7)：33—37．

[12]张华．活动课程的“概念重建主义”理论探索[J]．外国教育资料，1996(1)：55—61．

[13]王定华．美国中小学课程考察[J]．课程·教材·教法，2003(12)：59—66．

[14]钱旭升．全球视野中的综合类活动课程述评[J]．浙江师范大学学报(社会科学版)，2002(4)：81—84．

[15]卢浩，杨海燕．美国中小学“服务学习”课程：内涵、方案、实施及评价[J]．外国教育研究，2005(1)：63—67．

[16]陈志敏．美国中小学课程评价的特点及发展趋势[J]．中国民族教育，2013(1)：42—44．

[17]黄萍．德国小学教育考察记[J]．广西教育，2013(24)：47—48．

[18]陈晓萍．德国小学科学教育改革及启示[J]．新课程研究(教师教育)，2007(2)：26—28．

[19]汪霞，李萍．德国小学课程及其特点[J]．教育学报，1999(5)：42—45．

[20]刘锴."另类"的德国小学[J].青年老师，2011(4)：19.
[21]欧阳康.实践哲学思想溯源——从苏格拉底到亚里士多德[J].华中科技大学学报(社会科学版)，2006(1)：18－23.
[22]金生.教育哲学是实践哲学[J].教育研究，1995(1)：17－22.
[23]李长伟.从实践哲学的角度透析近代教育学的分裂[J].华东师范大学学报(教育科学版)，2006(3)：21－30.
[24]涂长福.实践哲学的若干进路及其问题[J].天津社会科学，2002(6)：4－10.
[25]吴彤.科学实践哲学发展述评[J].哲学动态，2005(5)：40－43.
[26]张传燧.综合实践活动课程的哲学审视[J].湖南师范大学教育科学学报，2004，3：13－18.
[27]王楠楠.从实践哲学视野看综合实践活动课程[J].教育科学论坛，2011(6)：14－16.
[28][奥]路·冯·贝塔朗菲.普通系统论的历史和现状[J].王兴成，译.国外社会科学，1978(2)：66－74.
[29]林益.一般系统论研究的过去、现在和未来(上)[J].空军工程大学学报(自然科学版)，2001(6)：1－6.
[30]魏宏森.现代系统论的产生与发展[J].哲学研究，1982(5)：62－67.
[31]张华.综合实践活动课程：理念与框架[J].教育发展研究，2001(1)：44－47.
[32]高清海，孙利天.论20世纪西方哲学变革的主题与当代中国哲学的走向——转向现实生活世界的哲学变革[J].江海学刊，1994(1)：97－104.
[33]钟启泉，安桂清.综合实践活动课程：实质、潜力与问题[J].北京大学教育评论，2003(3)：66－69.
[34]钟启泉.综合实践活动课程的设计与实施[J].教育发展研究，2007(3)：43－47.
[35]冯新瑞.研究性学习在学科教学中应用的探讨[J].课程·教材·教法，2002(5)：11－15.
[36]熊梅.浅谈综合实践活动课程实施的样态特征[J].中国教育学刊，2001(3)：54－56.
[37]郑友训.论综合实践活动课程实施中的老师行为[J].教学与管理(理论版)，2003(7)：30－32.

二、著作

[1][美]亚瑟·K.埃利斯.课程理论及其实践范例[M].北京：教育科学出版社，2005.
[2][捷]夸美纽斯.大教学论[M].北京：教育科学出版社，1999.
[3]施良方.课程理论[M].北京：教育科学出版社，1996.
[4]吴式颖.外国现代教育史[M].北京：人民教育出版社，1997.
[5]卢梭.爱弥儿[M].平沤，译.北京：商务印书馆，1991.
[6]布鲁纳.教育论著选[M].邵瑞珍，张渭城，译.北京：人民教育出版社，1989.
[7]冯平.评价论[M].北京：东方出版社，1995.
[8]马克思，恩格斯.马克思恩格斯全集(第19卷)[M].北京：人民出版社，1965.
[9]陈玉琨.教育评价学[M].北京：人民教育出版社，1999.

[10]袁贵仁．价值学引论[M]. 北京：北京师范大学出版社，1991.
[11]蔡敏．当代学生课业评价[M]. 上海：上海教育出版社，2006.
[12]肖远军．教育评价原理与应用[M]. 杭州：浙江大学出版社，2004.
[13]崔允．基于标准的学生学业成就评价[M]. 上海：华东师范大学出版社，2008.
[14]谭兵．课堂评价策略[M]. 北京：北京师范大学出版社，2010.
[15]莫雷．教育心理学[M]. 北京：教育科学出版社，2007.
[16]罗伯特·西格勒，玛莎·阿利巴利．学生思维发展[M]. 刘电芝，等，译．北京：世界图书出版公司，2006.
[17]Guy RLefrancois. 孩子们：儿童心理发展[M]. 王全志，孟祥芝，等，译．北京：北京大学出版社，2004.
[18]陈树杰．综合实践活动课程引论[M]. 北京：首都师范大学出版社，2010.
[19]朱慕菊．走进新课程：与课程实施者对话[M]. 北京：北京师范大学出版社，2002.
[20]钟启泉，崔允漷，张华．为了中华民族的复兴为了每位学生的发展[M]. 上海：华东师范大学出版社，2001.
[21]郭元祥．综合实践活动课程设计与实施[M]. 北京：首都师范大学出版社，2001.
[22]郭元祥．综合实践活动课程的实施[M]. 北京：高等教育出版社，2003.
[23]顾建军．小学综合实践活动设计[M]. 北京：高等教育出版社，2005.
[24]李臣之．综合实践课程教学论[M]. 广州：广东高等教育出版社，2007.
[25]潘洪建，李庶泉．小学综合实践活动指导[M]. 南京：江苏大学出版社，2010.
[26]北京教育科学研究院基础教育教学研究中心．北京市中小学综合实践活动教学指南[M]. 北京：北京科学技术出版社，2013.
[27][日]文部科学省．小学学习指导纲要[M]. 出版者不详，1998.
[28][日]文部科学省．小学学习指导纲要解说(总则篇)[M]. 出版者不详，1999.
[29][日]文部科学省．小学学习指导纲要[M]. 出版者不详，2008.
[30]田慧生．综合实践活动课程的理论探索与实践反思[M]. 北京：教育科学出版社，2007.
[31]田慧生．综合实践活动课程实施中的问题与策略[M]. 北京：教育科学出版社，2007.
[32]谢新观．远距离开放教育词典[M]. 北京：中央广播电视大学出版社，1999.
[33]彭漪涟，马钦荣．逻辑学大辞典[M]. 上海：上海辞书出版社，2010.
[34]田慧生，冯新瑞，等．综合实践活动有效实施与评价策略[M]. 北京：教育科学出版社，2016.
[35]靳玉乐，于泽元．课程论[M]. 北京：人民教育出版社，2015.
[36]中华人民共和国教育部．中小学综合实践活动课程指导纲要[M]. 北京：北京师范大学出版社，2017.

三、主要网址

[1]综合实践活动课程研究网．http：//www. chinazhsj. com.
[2]人民教育出版社课程教材研究所．http：//www. pep. com. cn.

[3]新思考——综合实践活动 . http：//ipac. cersp. com.
[4]综合实践活动网 . http：//jxjy. com. cn.
[5]台湾教育研究院网 . https：//www. naer. edu. tw/files/15-1000-14336，c1594-1. php?Lang＝zh-tw.